AF375964

TRAITÉ

THÉORIQUE ET PRATIQUE

DE

DROIT PUBLIC

ET ADMINISTRATIF

SUPPLÉMENT

IX

IMPRIMERIE

CONTANT-LAGUERRE

BAR LE-DUC

TRAITÉ

THÉORIQUE ET PRATIQUE

DE

DROIT PUBLIC

ET ADMINISTRATIF

CONTENANT

L'EXAMEN DE LA DOCTRINE ET DE LA JURISPRUDENCE
LA COMPARAISON DE NOTRE LÉGISLATION AVEC LES PRINCIPALES LOIS POLITIQUES ET ADMINISTRATIVES
DE L'ANGLETERRE, DES ÉTATS-UNIS, DE LA BELGIQUE, DE LA HOLLANDE,
DES PRINCIPAUX ÉTATS DE L'ALLEMAGNE ET DE L'ESPAGNE;
LA COMPARAISON DE NOS INSTITUTIONS ACTUELLES AVEC CELLES DE LA FRANCE
AVANT 1789

PAR A. BATBIE

Professeur à la Faculté de droit de Paris, Avocat à la Cour d'appel, Sénateur,
Ancien Ministre de l'Instruction publique et des Cultes

SUPPLÉMENT

CONTENANT LA LÉGISLATION, LA JURISPRUDENCE, LE DROIT COMPARÉ
DU 1er JANVIER 1885 AU 1er JANVIER 1893

PAR ARMAND BOILLOT

Docteur en droit, Avocat à la Cour d'appel de Paris

TOME NEUVIÈME

PARIS

(LIBRAIRIE
DU RECUEIL GÉNÉRAL DES LOIS ET DES ARRÊTS
ET DU JOURNAL DU PALAIS

L. LAROSE, ÉDITEUR
22, RUE SOUFFLOT, 22

1894

AVIS.

Le supplément au « *Traité théorique et pratique de
droit public et administratif* » pour la période comprise entre le 1ᵉʳ janvier 1885 et le 1ᵉʳ janvier 1893, a
été établi d'après le plan conçu par notre savant et très
regretté maître, M. Batbie.

L'ordre alphabétique des matières a été adopté car,
mieux que tout autre, il assure la facilité des recher-
ches. D'ailleurs, il eût été difficile sinon impossible de
suivre un plan méthodique; les modifications, surve-
nues depuis la publication du Traité, en effet, ont eu
moins pour objet les parties générales du droit public
et administratif que des points spéciaux qui, le plus
souvent, n'ont entr'eux aucun lien direct. Enfin, seul,
l'ordre alphabétique permettait de faire de ce supplément un complément indispensable de la Table-réper-
toire du Traité.

Chaque matière est successivement examinée sous
le triple rapport de la législation, de la jurisprudence,
du droit comparé, ou, suivant les circonstances, sous

2

l'un ou l'autre de ces aspects seulement. La partie relative à la jurisprudence française a reçu un développement particulièrement étendu, de manière à maintenir au supplément du Traité son caractère naturel plus pratique que théorique. Pour le droit comparé, au contraire, il a paru suffisant de signaler, sur chaque point, par leur titre, les principales lois votées à l'étranger, sans en entreprendre une analyse plus ou moins résumée (ce qui aurait eu pour résultat, et sans grande utilité, de donner au supplément une étendue excessive) et d'indiquer avec précision au lecteur, désireux d'en connaître les dispositions, l'ouvrage où il pourra en trouver soit le texte traduit, soit le commentaire.

A. B.

Nota. — Le texte des arrêts et avis du Conseil d'État, les jugements du Tribunal des conflits, les arrêts de la Cour des comptes, cités dans le supplément, se trouve rapporté soit par le « *Recueil des arrêts du Conseil d'État,* » soit par la « *Revue générale d'administration,* » le plus souvent avec des notes intéressantes, soit par le « *Journal du Palais* » (partie administrative). — Pour les arrêts de la Cour de cassation et les arrêts de Cour d'appel, le recueil où leur texte a été inséré est indiqué avec les éléments nécessaires à une prompte recherche.

SUPPLÉMENT

AU TRAITÉ THÉORIQUE ET PRATIQUE

DE

DROIT PUBLIC ET ADMINISTRATIF.

ABUS. — **Jurisprudence.** — La question de savoir si le refus par un prêtre catholique du sacrement de baptême constitue une infraction aux règles consacrées par les canons reçus en France, et, par voie de conséquence, un procédé dégénéré en oppression ou scandale public, est de la compétence du Conseil d'État. Les tribunaux civils doivent surseoir, jusqu'à décision de la juridiction administrative, à statuer définitivement à l'action en dommages-intérêts intentée contre le prêtre par le particulier qui prétend avoir éprouvé un préjudice du fait de ce refus[1].

— Les ecclésiastiques peuvent être traduits soit par le ministère public, soit par les particuliers, pour des délits relatifs à leurs fonctions, devant les tribunaux ordinaires de répression, sans avoir été préalablement déférés comme

[1] Cass. civ., 16 février 1885, *J. Pal.*, 1885, p. 1147.

d'abus au Conseil d'État[1]. Par cet arrêt, la Cour de Cassation, revenant sur sa jurisprudence antérieure, admet que la poursuite intentée, même à la requête des particuliers, peut être portée devant les tribunaux ordinaires sans le préalable administratif du recours pour abus. Elle se range ainsi complètement à la jurisprudence du Conseil d'État[2].

ACTIONS ET OBLIGATIONS DES SOCIÉTÉS (*Enregistrement*). — Jurisprudence.

— En principe, d'après les articles 6 et 7 de la loi du 23 juin 1857, le droit de 0,20 p. 100 n'est applicable qu'aux transmissions d'actions ou d'obligations qui s'effectuent au moyen d'un transfert opéré dans la forme déterminée par l'article 36 du Code de commerce, et ce droit proportionnel est remplacé par une taxe annuelle de 0,12 p. 100 pour les transmissions dont le mode ne donne pas à l'administration de l'enregistrement une connaissance également certaine des mutations[3].

Toute cession d'actions ou d'obligations d'une compagnie industrielle est assujettie à un droit de transmission, de 0,50 p. 100 fr. de la valeur négociée, et ce droit est converti en une taxe annuelle et obligatoire de 0,20 p. 100 du capital des titres, lorsqu'ils sont au porteur ou que la transmission peut en être opérée sans un transfert sur les registres de la société; mais le droit de 0,50 p. 100 de la valeur négociée est seul exigible toutes les fois que la vali-

---

[1] Cass. crim., 2 juin 1888, *J. Pal.*, 1888, p. 658; Cass. crim., 4 août 1888.

[2] Cons. d'Ét., 17 mars 1881 ; — 3 août 1884, *J. Pal.*, chron. — *Contrà*, Pau, 15 mars 1888, *J. Pal.*, 1888, p. 658.

[3] Cass. req., 10 juillet 1889, *J. Pal.*, 1890, p. 307.

dité de la transmission est subordonnée à l'existence d'un transfert régulier[1].

Les dispositions légales qui autorisent l'administration de l'enregistrement à demander la communication des livres, registres et pièces de comptabilité des sociétés par actions, sont générales et absolues; elles ne permettent pas, par suite, de distinguer entre les pièces de comptabilité qui sont soumises au timbre et à l'enregistrement et celles qui n'y sont pas soumises[2].

Il en est de même pour les congrégations, communautés et associations religieuses, autorisées ou non, soumises à l'obligation de communication par l'article 9, § 3, de la loi du 29 décembre 1884[3].

ADJOINTS (Voir *Maires*). — **Jurisprudence.** — L'obligation de pourvoir à la vacance d'un poste d'adjoint au maire dans les cas prévus par l'article 79, § 2, de la loi du 5 avril 1884 est-elle impérative même lorsqu'il s'agit d'une commune dont la municipalité est composée d'au moins trois membres?

Aucune disposition légale expresse n'oblige les conseils municipaux au complet à pourvoir immédiatement à la vacance d'un poste d'adjoint non spécial, lorsqu'elle vient à se produire dans une municipalité composée de plus de deux membres. Dès lors les conseils municipaux apprécient souverainement la question d'opportunité du remplacement de l'adjoint manquant. La situation ne change pas, par le fait seul que le conseil municipal n'est point au complet. Il n'existe aucun texte positif prescrivant la convo-

[1] Cass. civ., 15 janvier 1890, *J. Pal.*, 1890, p. 311 et la note.
[2] Cass. req., 22 mars 1887, *J. Pal.*, 1888, p. 655.
[3] Cass. req., 14 mai 1889, *J. Pal.*, 1890, p. 668.

cation des électeurs au cas où un seul adjoint est à remplacer dans une commune dont la municipalité comprend au moins trois membres et où le conseil municipal n'est pas au complet. Il semble découler de l'article 79 de la loi du 5 avril 1884 que cette convocation n'est obligatoire que lorsque tous les adjoints, qui forment une personne morale indivisible, viennent à manquer soit ensemble, soit successivement. Mais la nécessité de cette convocation peut résulter des circonstances de fait dont le gouvernement est seul juge [1]

Aux termes des articles 49 et 84 de la loi du 5 avril 1884, c'est l'ordre de nomination qui détermine le rang des adjoints ; par suite, le conseil municipal ne peut valablement procéder à l'élection du deuxième adjoint lorsque le postedu premier adjoint n'a pas de titulaire [2].

Par application de l'article 73 de la loi du 5 avril 1884, le nombre des adjoints doit être fixé, en prenant pour base non le chiffre de la population totale, mais celui de la population normale [3]

Le traitement du secrétaire employé par un adjoint spécial, à l'expédition des actes de l'état civil et les frais de bureau de l'adjoint spécial constituent une dépense obligatoire pour la commune [4].

AFFICHAGE. — Jurisprudence. — N'est pas légalement pris et n'est pas protégé par la sanction de l'article 471 du Code pénal, l'arrêté préfectoral portant réglementation de l'affichage et pris, en vertu des lois des 14 décembre

---

[1] Avis consultatif du Conseil d'État des 7 et 13 juillet 1887.
[2] Cons. d'Ét. cont., 11 décembre 1885.
[3] Cons. d'Ét. cont., 20 janvier 1888.
[4] Cons. d'Ét. cont., 5 mars 1889.

1789, 24 août 1790, 22 juillet 1791, au nom de la sécurité et de la tranquillité publiques [1].

Est entaché d'excès de pouvoir, comme pris en violation des dispositions de la loi du 29 juillet 1881, l'arrêté préfectoral interdisant l'affichage d'un écrit dans les communes du département [2].

L'article 68 de la loi du 29 juillet 1881, en proclamant la liberté de l'affichage, n'a pas abrogé la disposition finale de l'article 3 du décret du 25 août 1852, prescrivant, pour faciliter la surveillance des agents du fisc, l'inscription d'un numéro d'ordre sur chaque exemplaire apposé [3].

Le maire d'une commune, qui excèderait ses pouvoirs en interdisant au gérant d'un journal l'exposition, en quelque endroit que ce soit, d'affiches ou d'écrits ne rentrant dans aucun des cas d'exception prévus par la loi du 29 juillet 1881, peut, agissant en vertu des pouvoirs que lui confèrent les articles 91 et 97 de la loi du 5 avril 1884, légalement interdire l'exposition d'emblèmes et de châssis transparents de nature à compromettre la tranquillité publique [4].

Le droit de réglementation résultant antérieurement pour l'autorité municipale a cessé d'exister, depuis la loi du 29 juillet 1881, et aucune mesure préventive de nature à restreindre la liberté de l'affichage ne peut être prise par les maires sous forme d'arrêtés ou de règlements ; par suite est pris en dehors des pouvoirs conférés à l'autorité municipale et dénué de sanction pénale, l'arrêté d'un maire interdisant d'apposer, sans son autorisation préa-

[1] Cass. crim., 10 janvier 1885, *J. Pal.*, 1885, p. 181.
[2] Cons. d'Ét. cont., 2 avril 1886.
[3] Cass. crim., 1er mai 1855, *J. Pal.*, 1886, p. 193.
[4] Cons. d'Ét. cont., 6 juillet 1888.

lable, aucune affiche sur les édifices appartenant à la commune [1].

Est entaché d'excès de pouvoir l'arrêté municipal obligeant les habitants de la commune à s'adresser à un afficheur, désigné par le maire, pour apposer des affiches sur les édifices communaux [2].

AFFICHES. — **Législation.** — La loi de finances du 26 décembre 1890 (art. 5 à 10) a établi, à partir du 1er janvier 1891, un droit spécial sur les annonces murales peintes ou permanentes. Toute affiche inscrite dans un lieu public, sur les murs, sur une construction, sur toile, au moyen de peinture ou de procédés ayant pour effet de rendre l'annonce durable, est soumise à la taxe nouvelle. Ce droit de timbre est calculé pour une année entière, à partir de l'apposition de l'affiche, d'après la population de la commune où elle est apposée; il est fixé à : 1° 0 fr. 60 par mètre carré ou portion de mètre carré, dans les communes de moins de 2,500 habitants; 2° 0 fr. 75 dans les communes de 2,500 à 40,000 habitants; 3° de 1 fr. par mètre carré dans celles d'une population supérieure à 40,000 habitants; 4° à Paris, de 1 fr. 50 par mètre carré ou fraction de mètre carré. Ces droits ne sont pas soumis aux décimes. La contravention à ces dispositions est punie d'une amende de 100 francs, en principal, outre le recouvrement de la taxe; et, pour les affiches postérieures à la promulgation de la loi, la condamnation est solidaire entre l'intéressé et l'entrepreneur d'affichage.

Le décret d'administration publique du 18 février 1891

[1] Cass. crim., 17 janvier 1891.
[2] Cass. crim., 30 juin 1892.

a pourvu aux conditions d'application de la taxe sur les affiches peintes. Les personnes qui veulent inscrire des affiches sur un lieu public sont tenues d'en faire la déclaration préalable au bureau de l'enregistrement de la circonscription. Cette déclaration contient le texte de l'affiche, les noms de l'intéressé, les noms de l'entrepreneur d'affichage, la dimension de l'affiche, le nombre des exemplaires de l'affiche, la désignation des emplacements, le nombre d'années pendant lequel la taxe sera acquittée. La taxe est due pour une année entière, sans fraction, à compter du jour de la déclaration. Elle est exigible dans les vingt jours de l'expiration de chaque année et continuée d'année en année, par une sorte de tacite reconduction, jusqu'à la déclaration faite aux préposés de l'enregistrement de la suppression de l'affichage. Si, pendant le cours de la perception, une modification est apportée aux affiches, par exemple en cas de cession du fonds de commerce, de changement d'adresse, de modifications dans la raison sociale, la déclaration doit en être faite, pour ordre et sans frais, à l'administration de l'enregistrement.

Il soumet les entrepreneurs d'affichage à diverses prescriptions dans le but d'assurer la perception de la taxe nouvelle. Ceux-ci doivent, avant de commencer leurs opérations, en faire la déclaration au bureau de l'enregistrement du siège de leur établissement et de leurs agences. Ils sont obligés de tenir un répertoire, parafé par le juge de paix, sur lequel sont inscrites, par ordre de date, les annonces soumises à la taxe affichée par leur intermédiaire. Ce livre est soumis à la vérification des préposés de l'enregistrement. Pour la facilité du contribuable, les entrepreneurs qui sont agréés par l'administration de l'enregistrement et qui ont fourni une caution solvable sont autorisés à recevoir non seulement les déclarations d'affichage mais encore, pour le compte de l'État, le paiement de la taxe. Déclarations et paiements sont portés sur un registre visé par le directeur de l'enregistrement, et dont le modèle est arrêté par l'administration ; les états récapitulatifs des déclarations ainsi que le montant des droits ainsi perçus sont remis trimestriellement, dans les dix premiers jours de chaque terme, au bureau de l'enregistrement. L'autorisation, tout exceptionnelle, accordée à un entrepreneur d'affichage peut être retirée par décision du directeur général de l'enregistrement, notifiée en la forme administrative, dans les cas de contravention, de faillite de l'entrepreneur, ou d'insolvabilité de la caution.

Les contraventions aux prescriptions de la loi et du règlement sont constatées par procès-verbaux dressés soit par les fonctionnaires de l'administration de l'enregistrement, soit par les commissaires de police, soit par les gendarmes, gardes champêtres et autres agents de la force publique. Ces derniers reçoivent, à titre d'indemnité, un quart de l'amende prononcée pour chaque contravention qu'ils ont constatée. Le recouvrement des droits et celui des amendes sont poursuivis dans la forme et d'après les règles établies par la législation spéciale au timbre.

Jurisprudence. — Le fait d'inscrire, sur une construction une affiche peinte n'ayant pas acquitté les droits d'affichage constitue la contravention prévue par l'article 30 de la loi du 8 juillet 1852. Elle est encourue du jour de l'apposition et persiste tant que dure l'état des choses; par suite de ce caractère de continuité, elle ne peut se couvrir par prescription[1].

[1] C. Paris, 7 juillet 1887.

AGENTS DU GOUVERNEMENT (Responsabilité des).

— Jurisprudence. — La responsabilité incombant à l'Etat, à raison d'un dommage causé à des particuliers par le fait d'un agent concourant à l'exécution d'un service public, n'est de la compétence des tribunaux judiciaires que dans le cas où la connaissance leur en a été expressément attribuée par une disposition légale [1].

Droit comparé. — *Canton de Saint-Gall.* — Loi du 4 janvier 1886 sur la responsabilité des autorités et fonctionnaires publics [2].

Autriche-Hongrie. (Croatie, Slavonie, Dalmatie). Loi du 5 février 1886 relative à la responsabilité disciplinaire des fonctionnaires et employés appartenant à l'administration des districts et comitats [3]. — Loi du 8 juillet 1886 sur les municipes (Hongrie), chap. VII, art. 89 à 94; De la responsabilité des membres de la commission et des fonctionnaires [4]. — Loi du 8 juillet 1886 sur les communes (Hongrie), chap. VII, art. 87 à 89. De la responsabilité des administrateurs et des représentants des communes [5].

Etats-Unis d'Amérique. New-York. Loi du 4 juin 1886 relative aux actions contre le maire et les aldermen à raison du préjudice souffert par leur faute [6].

Empire d'Allemagne (Grand-Duché de Bade). Loi du 24 juillet 1888 sur la situation, les droits et les obligations des fonctionnaires et ordonnance assurant l'exécution de certaines dispositions de cette loi [7].

[1] Trib. des conf., 10 mai 1890.
[2] *Ann. de lég. étr.*, ann. 1885, p. 475.
[3] *Ann. de lég. étr.*, ann. 1886, p. 384.
[4] *Ann. de lég. étr.*, ann. 1886, p. 313.
[5] *Ann. de lég. étr.*, ann. 1886, p. 338.
[6] *Ann. de lég. étr.*, ann. 1886, p. 807.
[7] *Ann. de lég. étr.*, ann. 1888, p. 368 et 1889, p. 275.

ALIGNEMENT. — **Jurisprudence.** — En matière de voirie urbaine, l'arrêté préfectoral, qui arrête un plan général d'alignement n'a pas pour effet d'incorporer à la rue la parcelle envahie sur la ligne, mais seulement de la frapper d'une servitude de reculement et de non réparation pour les immeubles bâtis, d'une servitude *non œdificandi* pour les terrains nus. Par suite, le droit à indemnité est ouvert seulement par l'arrêté individuel d'alignement, délivré par l'autorité municipale et emportant dépossession du propriétaire[1].

Le propriétaire d'un immeuble non atteint par les modifications d'un plan général de l'alignement relatif à la rue sur lequel il est situé, n'est pas recevable, faute d'intérêt, à attaquer, comme entaché d'excès de pouvoir, l'arrêté préfectoral approuvant ces modifications; spécialement le propriétaire riverain d'une voie publique, à l'encontre d'un arrêté modifiant les alignements du côté opposé de la voie et en réduisant ainsi la largeur, si toutefois son immeuble n'est pas touché directement par le nouveau plan d'alignement[2].

Une maison, comprise dans sa presque totalité dans les limites d'un plan d'alignement, ne peut être réunie à la voie publique que par voie d'expropriation ou d'acquisition amiable; par suite, elle est exempte de la servitude de reculement[3].

La délivrance des cotes d'alignement et de nivellement a pour effet d'obliger tout à la fois le propriétaire à les suivre, à peine de contravention, et la commune à exécu-

---

[1] Cass. civ., 21 avril 1885, *J. Pal.*, 1885, p. 731.

[2] Cons. d'Et. cont., 4 décembre 1885.

[3] Cons. d'Ét. cont., 22 juin 1888. Voir dans le même sens, Cons. préf. Seine, 25 juin 1886.

ter les travaux de nivellement indiqués; et ce, à peine de dommages-intérêts envers le propriétaire en cas d'inexécution ou d'ajournement[1].

Le juge de simple police n'est pas compétent pour apprécier si les travaux effectués dans l'intérieur d'une maison frappée de la servitude d'alignement sont ou ne sont pas confortatifs; l'autorité administrative est seule compétente à cet égard pour statuer sur le caractère des travaux constatés par l'agent qui a rédigé le procès-verbal de contravention[2].

L'action publique, en matière de contravention de voirie, se prescrit par une année à compter de la date du procès-verbal (640, C. Instr. crim.) et le moyen de prescription, étant d'ordre public, peut être invoqué en tout état de cause, même devant la Cour de cassation, pour la première fois[3].

L'arrêté préfectoral d'alignement individuel, pris dans l'intérêt de la viabilité publique, ne peut préjuger les droits de propriété ou de préemption que des tiers prétendraient avoir sur un terrain délaissé; et c'est l'autorité judiciaire qui a compétence pour statuer sur les contestations de cette nature[4].

Est entaché d'excès de pouvoir l'arrêté d'un maire statuant sur une demande régulière d'alignement : 1° s'il se borne à indiquer au requérant qu'il peut construire à une distance fixe de l'axe de la voie publique, sans référence à un plan sur lequel ledit axe serait déterminé; 2° si l'alignement délivré a pour effet de donner à la voie publi-

---

[1] Cons. d'Ét. cont., 6 juillet 1888.
[2] Cass. crim., 3 août 1888.
[3] Même arrêt.
[4] Trib. conflits, 24 novembre 1888.

que, au droit de la propriété, une largeur, à compter de la limite de la voie, supérieure à celle résultant des actes administratifs approuvant l'alignement[1].

Il appartient au préfet, sous l'empire du décret du 25 mars 1852, de statuer sur la modification demandée au plan général d'alignement d'une rue, alors même que ce plan a été approuvé par le Gouvernement sous l'empire de la législation antérieure[2].

Il ne peut être procédé, en l'absence d'un plan général d'alignement, à l'élargissement d'une rue, par le retranchement partiel d'un terrain riverain, autrement que par la voie de l'expropriation pour cause d'utilité publique[3].

ALLUMETTES CHIMIQUES. — **Législation.** — A partir du 1er janvier 1890, et en exécution d'un décret du 30 décembre 1889, le monopole de la fabrication et de la vente des allumettes est directement exploité par l'État.

APPEL COMME D'ABUS. — **Droit comparé.** — *Prusse.* — Lois des 21 mai 1886 et 29 avril 1887, modifiant les lois politico-religieuses[4].

Tessin. — Loi du 28 janvier 1886, relative à l'organisation ecclésiastique[5].

Grand-Duché de Hesse. — Loi du 7 septembre 1889 portant modification à la loi du 23 avril 1875 sur les abus commis par les ministres des cultes[6].

---

[1] Cons. d'Et. cont., 1er août 1890.
[2] Cons. d'Ét. cont., 19 mai 1892.
[3] Cass. crim., 27 janvier 1892, *J. Pal.*, 1892, p. 604.
[4] *Ann. de lég. étr.*, années 1886, p. 160 et 1887, p. 315.
[5] *Ann. de lég. étr.*, année 1886, p. 1036.
[6] *Ann. de lég. étr.*, année 1889, p. 277.

Empire d'Allemagne. — Loi du 6 mai 1890 abrogeant la loi du 4 mai 1874 sur l'abus dans les fonctions ecclésiastiques[1].

ARMÉE. — **Législation.** — La loi du 15 juillet 1889 sur le recrutement militaire a remplacé la loi du 27 juillet 1872. Elle est basée sur les trois idées principales suivantes : 1° obligation du service militaire égal pour tous les Français valides sans exception; toutefois, en temps de paix, parmi ceux-ci un certain nombre, dans les cas limitativement indiqués par la loi elle-même, bénéficient d'un congé après un an de service. Mais l'institution du volontariat est supprimée[2]. La loi de 1872 avait posé le même principe; mais en fixant à cinq ans la durée du service militaire, elle s'était heurtée à une difficulté insoluble, la question financière. « En effet, le service obligatoire et la « durée restreinte du service sont deux idées indissoluble- « ment liées l'une à l'autre; en d'autres termes, la durée « restreinte du service est la conséquence forcée du prin- « cipe même de l'obligation. Aussi ce grand et salutaire « principe, inscrit en tête de la loi de 1872, est-il resté « en partie lettre morte. Votre commission a voulu qu'il « fût désormais strictement appliqué. A l'avenir, grâce à « la réduction de la durée du service, tous les jeunes gens « valides, sans exception, seront incorporés dans les rangs « de l'armée, sans qu'il en résulte une charge appréciable « pour le Trésor[3]. » 2° Imposition d'une taxe militaire à laquelle sont assujettis tout ceux qui, pour une raison quelconque, bénéficieront de l'exonération, totale ou par-

---

[1] *Ann. de lég. étr.*, année 1890, pp. 176 et 182.
[2] Voir *infrà*, Révision.
[3] Rapport au Sénat (*J. off.*, doc. parl. de mai 1888, p. 134).

tielle, du service dans l'armée active[1]. 3° Réduction du service militaire à trois ans.

D'après la loi de 1889 (art. 37) la durée du service militaire était fixée : 1° à trois ans, pour l'armée active; 2° à sept ans, pour la réserve de l'armée active; 3° à six ans pour l'armée territoriale; 4° à neuf ans, pour la réserve de l'armée territoriale. Mais cette répartition a été modifiée de la façon suivante par une loi du 19 juillet 1892. Tout Français fait partie successivement : 1° de l'armée active pendant trois ans; 2° de la réserve de l'armée active pendant dix ans; 3° de l'armée territoriale pendant six ans; 4° de la réserve de l'armée territoriale pendant six ans.

Droit comparé. — *Espagne.* — Loi du 11 juillet 1885 de recrutement et de remplacement dans l'armée[2].

Norwège. — Loi du 16 juin 1885 sur le recrutement[3].

Suède. — Loi du 5 juin 1885 sur le service militaire[4].

Egypte. — Décret du 26 mars 1885 relatif au service militaire[5]. Décret du 9 juin 1886 sur l'exonération du service militaire[6]. Décret du 12 juin 1889 portant modification de l'article 4 du décret du 26 mars 1885[7].

Autriche. — Loi du 6 juin 1886 sur le landsturm[8]. Loi du 11 avril 1889 concernant l'établissement d'une nouvelle loi sur l'armée[9].

---

[1] Voir *infrà,* Révision.

[2] *Ann. de lég. étr.,* année 1885, p. 294.

[3] *Ann. de lég. étr.,* année 1885, p. 505.

[4] *Ann. de lég. étr.,* année 1885, p. 530.

[5] *Ann. de lég. étr.,* année 1885, p. 577. — [6] *Ann. de lég. étr.,* année 1886, p. 733. — [7] *Ann. de lég. étr.,* année 1889, p. 877.

[8] *Ann. de lég. étr.,* année 1886, p. 259. — [9] *Ann. de lég. étr.,* année 1889, p. 339.

Hongrie. — Loi 19 juin 1886 sur le landsturm[1]. Loi n° 22 réglementant l'appel au service militaire des membres du Reichstag[2].

Suisse. — Loi du 4 décembre 1886 sur l'organisation du landsturm[3].

Serbie. — Loi du 1er novembre 1886 sur l'organisation de l'armée[4]. Loi du 15 avril 1890 modificative de celle du 1er novembre 1886[5].

République de l'Équateur. — Loi du 17 mai 1886 sur le recrutement de l'armée[6].

Massachusetts. — Loi du 14 juin 1887 sur l'organisation de la milice. — Loi du 21 juin 1890 concernant quelques modifications à la loi sur la milice[7].

Portugal. — Loi du 12 septembre 1887 sur le recrutement de l'armée[8].

États-Unis d'Amérique. Colombie. — Loi du 1er mars 1889 portant organisation de la milice des districts[9].

Italie. — Décret du 6 août 1888 approuvant le texte unique des lois sur le recrutement de l'armée (lois des 2 juillet 1882, 8 juillet 1883, 14 juillet 1887, 1er mars 1888, 8 mars 1888, 12 juillet 1888) et décret du 2 juillet 1890 approuvant le règlement d'administration publique pour l'exécution de la loi sur le recrutement de l'armée[10].

---

[1] *Ann. de lég. étr.*, année 1886, p. 278.

[2] *Ann. de lég. étr.*, année 1889, p. 386.

[3] *Ann. de lég. étr.*, année 1886, p. 531.

[4] *Ann. de lég. étr.*, année 1886, p. 691. — [5] *Ann. de lég. étr.*, année 1889, p. 856.

[6] *Ann. de lég. étr.*, année 1886, p. 911.

[7] *Ann. de lég. étr.*, années 1887, p. 367 et 1890, p. 818.

[8] *Ann. de lég. étr.*, année 1887, p. 530.

[9] *Ann. de lég. étr.*, année 1889, p. 893.

[10] *Ann. de lég. étr.*, années 1888, p. 507 et 1890, p. 374.

Empire d'Allemagne. — Loi du 11 février 1888 relative aux modifications du service militaire. — Loi du 27 janvier 1890 modificative de la loi impériale du 2 mai 1874. — Loi du 8 février 1890 sur le service militaire des ecclésiastiques[1].

ARMÉE (Organisation de l'). — **Législation.** — Le principe posé, par la loi du 20 mars 1880, que le corps de l'état-major serait un corps ouvert, a produit, en pratique, des inconvénients auxquels la loi du 24 juin 1890 sur le service d'état-major a eu pour but de remédier, sans toutefois revenir au principe antérieur du corps fermé. Les officiers sortant de l'école supérieure de guerre et ayant obtenu le brevet d'état-major sont appelés à faire, en temps de paix, dans un état-major, un stage réduit de quatre ans à une durée de deux ans. À l'expiration de cette période de deux ans, ils peuvent soit être mis hors cadres pour être maintenus dans le service, soit être rendus à leur arme jusqu'à nouvel ordre. Le nombre des officiers employés, en temps de paix, dans le service d'état-major est élevé à 640 au maximum : 30 colonels, 40 lieutenants-colonels, 170 commandants, 400 capitaines. Ces officiers sont placés hors cadres, mais ils continuent d'appartenir à leur arme respective et d'y concourir pour l'avancement.

ARRONDISSEMENT. — **Jurisprudence.** — Le legs fait à un arrondissement, avec destination aux pauvres de l'arrondissement, doit être accepté, non par le départe-

---

[1] *Ann. de lég. étr.*, années 1888, p. 240 et 1890, pp. 178, 180.

ment au nom de l'arrondissement, mais par le préfet, agissant au nom des pauvres de l'arrondissement[1].

ARONDISSEMENT (Conseil d'). — **Législation**. — Les procureurs généraux, avocats généraux et substituts du procureur général près les Cours d'appel ne peuvent, aux termes de l'article 8 de la loi du 10 août 1871, § 2, être élus membres du conseil d'arrondissement, ainsi que du conseil général, dans l'étendue du ressort de la Cour. L'inéligibilité ne visant expressément que ces fonctionnaires, il en résultait que les premiers présidents, présidents de chambre et conseillers à la Cour d'appel étaient éligibles. La loi du 24 juillet 1891 les a rendus inéligibles à ces assemblées.

Elle a également étendu l'inéligibilité aux militaires des armées de terre et de mer, en activité de service, à l'exception de ceux appartenant à la réserve de l'armée active, et à l'armée territoriale et aux officiers maintenus dans la première section de l'état-major général comme ayant commandé en chef devant l'ennemi.

Ces causes d'inéligibilité sont introduites, pour les magistrats, dans le but d'assurer leur impartialité et de sauvegarder leur dignité qui pourrait être compromise dans les ardeurs de la lutte électorale, et pour les militaires, dans l'intérêt de la discipline de l'armée. D'ailleurs les mêmes causes d'inéligibilité atteignent déjà les militaires, dans les mêmes conditions, pour les élections au Sénat, à la Chambre des députés, et aux conseils municipaux.

Le décret du 24 juin 1892 a déterminé le nombre des

[1] Avis du Cons. d'Et., section de l'intérieur, 21 juillet 1885, *Rev. génér. d'adm.*, 85.3.317.

conseillers que chaque canton doit élire dans les arrondissements de sous-préfecture où il y a moins de neuf cantons,
d'après les nouveaux états de population dressés à la suite
du recensement quinquennal de 1891.

Aux termes de la loi du 22 juin 1833, réglementant les
élections aux conseils d'arrondissement, en cas de vacance
d'un siège, l'assemblée électorale qui doit y pourvoir doit
être réunie dans le délai de deux mois (art. 11). Mais cette
loi ne prévoyait pas le cas où le renouvellement légal de
la série à laquelle appartient le siège vacant doit avoir lieu
avant la première session ordinaire du conseil, de sorte
qu'un conseiller d'arrondissement pouvait être élu sans
être appelé à siéger dans l'intervalle qui s'écoule entre son
élection et la date du renouvellement de la série dans
laquelle il est compris. Cette situation avait été réglée
pour le Sénat (loi du 2 août 1875, art. 23), pour la Chambre des députés (loi du 16 juin 1885, art. 7), pour les
conseils généraux (loi du 10 août 1871, art. 22), pour les
conseils municipaux (loi du 5 avril 1884, art. 43). Par
application des principes posés dans ces diverses dispositions, la loi du 14 avril 1892 décide que « si le renouvel-
« lement légal de la série à laquelle appartient le siège va-
« cant doit avoir lieu avant la prochaine session ordinaire
« du conseil d'arrondissement, l'élection partielle se fera
« à la même époque. »

Le mandat des conseillers généraux, comme celui des
conseillers d'arrondissement, dure, en principe, six années.
Les uns et les autres sont renouvelés, par moitié, tous les
trois ans. A cet effet, en cas de renouvellement intégral
des conseils généraux et des conseils d'arrondissement, les
cantons sont divisés en deux séries, et le tirage au sort
indique celle des séries qui est soumise, la première, au

renouvellement, après une période exceptionnelle de trois ans. Les hasards du tirage au sort ont fait que, dans un assez grand nombre de départements, dans un même canton, le même jour, il doit être procédé à une double élection d'un conseiller général et d'un conseiller d'arrondissement. Cette simultanéité des élections ne pouvait que produire de nombreux inconvénients qu'une loi du 23 juin 1892 a voulu faire disparaître en modifiant les échéances des mandats. Dans les cantons où s'impose la coïncidence d'une double élection, la durée des pouvoirs des conseillers d'arrondissement à élire, en 1892 et en 1895, est réduite à trois ans; toutefois les nouveaux pouvoirs de ces conseillers, par la suite, sont, conformément à la règle générale, de six ans. Grâce à cette combinaison, le tour du renouvellement de ces conseillers d'arrondissement ne tombera plus à l'avenir en même temps que l'élection du conseil général dans le même canton.

Jurisprudence. — Les conditions d'éligibilité au conseil d'arrondissement sont les mêmes que celles relatives au conseil général; spécialement, il suffit à l'élu de justifier qu'il avait droit, au 1er janvier de l'élection, d'être inscrit au rôle des contributions directes [1].

ASSOCIATIONS SYNDICALES. — Législation. —

D'importantes modifications ont été apportées à certains points essentiels de la loi du 21 juin 1865 sur les associations syndicales (art. 1, 4, 9, 11, 14, 18, 23,) par la loi du 23 décembre 1888. Par de nouvelles dispositions, le législateur a voulu favoriser le développement de l'initiative privée en lui facilitant les moyens d'accomplir des travaux

[1] Cons. d'Ét. cont., 5 août 1877.

d'utilité générale dont l'exécution jusqu'à présent incombait uniquement à l'administration publique.

Le nombre des travaux pour l'exécution desquels une association syndicale peut être constituée est augmenté. On a ajouté à la liste de la loi de 1865 qui ne visait que des travaux agricoles, des travaux d'utilité urbaine : 1° ceux d'assainissement dans les villes et villages ; 2° ceux d'ouverture, d'élargissement et de pavage de voies publiques et toute amélioration, ayant un caractère d'intérêt public dans les villes et villages. L'énumération primitive est ainsi complétée par l'article 1er de la loi nouvelle.

La division des associations syndicales en associations libres et associations autorisées est maintenue. Pour les premières, les dispositions nouvelles se bornent à étendre leur cercle d'action par suite de l'adjonction de nouveaux travaux qui peuvent en faire l'objet. Pour les secondes, elles créent, à côté des associations syndicales autorisées, telles que les avait instituées l'ancienne loi, une classe nouvelle d'associations autorisées dont les travaux doivent être, avant l'autorisation préfectorale, déclarés d'utilité publique. La première espèce des associations autorisées a pour objet l'exécution et l'entretien des travaux : 1° de défense contre la mer, les fleuves, les torrents et rivières navigables ou non navigables ; 2° de curage, approfondissement, redressement et régularisation des canaux et cours d'eau non navigables ni flottables et des canaux de dessèchement et d'irrigation ; 3° le dessèchement des marais ; 4° des étiers et ouvrages nécessaires à l'exploitation des marais salants ; 5° d'assainissement des terres humides et insalubres ; 6° d'assainissement dans les villes et faubourgs, bourgs, villages et hameaux (nos 1 à 6 de l'art. 1er de la loi du 23 décembre 1888). La seconde espèce, l'exécution et l'entretien des travaux : 1° d'ouverture, d'élargissement, de prolongement et de pavage de voies publiques et de toute autre amélioration ayant un caractère d'utilité publique, dans les bourgs, villages et hameaux ; 2° d'irrigation et de colmatage ; 3° de drainage ; 4° des chemins d'exploitation et de toute autre amélioration d'intérêt collectif (nᵒˢ 7, 8, 9, 10 de l'art. 1ᵉʳ).

Comme sous l'empire de la loi de 1865, les premières sont autorisées par arrêté préfectoral, seulement au lieu de l'être uniquement à la demande des propriétaires intéressés ou d'office, elles peuvent l'être aujourd'hui sur l'initiative du maire. On a pensé justement que, lorsqu'il s'agit de faire des travaux comportant la formation d'une association syndicale dans une commune, le maire, qui a toute la compétence nécessaire en ce qui concerne les intérêts des habitants de la commune, pourrait utilement prendre l'initiative (art. 9 de la loi de 1865 et 3 de la loi de 1888). Les secondes sont autorisées dans la même forme, mais à la condition que les travaux qu'elles ont en vue d'entreprendre aient préalablement été reconnus d'utilité publique par un décret d'administration publique.

En pareille matière, un des points primordiaux de la législation porte sur les mesures à prendre pour sauvegarder les intérêts de la minorité des associations autorisées. La loi de 1865 avait répondu, dans une certaine limite, à cette préoccupation ; mais la loi nouvelle complète le système.

L'article 5. détermine à quelles conditions une association syndicale peut obtenir l'autorisation préfectorale. Une distinction doit être faite suivant la nature des travaux. Pour les travaux compris aux nᵒˢ 1, 2, 3, 4 et 5 (voir ci-dessus), l'autorisation ne peut être accordée, comme d'après la législation antérieure, qu'après l'adhésion de la majorité des intéressés représentant au moins les deux tiers de la superficie des terrains ou les deux tiers des intéressés représentant plus de la moitié de la superficie. L'autorisation ne peut être accordée, pour les travaux compris aux nos 6, 7, 8, 9, 10, que si elle est sollicitée par les trois quarts des intéressés représentant plus des deux tiers de la superficie et payant plus des trois quarts de l'impôt foncier afférent aux immeubles. La majorité comprend donc trois éléments : un certain nombre d'associés, représentant une certaine superficie ainsi qu'un certain taux d'impôt foncier. En outre, pour les travaux d'utilité urbaine (nos 6, 7) la loi exige l'assentiment du conseil municipal, s'ils intéressent une commune, ou celui du conseil général au cas où ils concernent un département. Il a été reconnu, au cours de la discussion parlementaire que les conditions mises à la formation des associations syndicales autorisées sont également requises pour la transformation des associations syndicales libres en associations syndicales autorisées (art. 5).

Lorsque les travaux à entreprendre par l'association sont les travaux d'utilité urbaine, d'irrigation, de drainage, d'amélioration agricole (nos 6, 7, 8, 9, 10 de l'art. 1er), ils ne peuvent être commencés, même après le décret déclaratif d'utilité publique, qu'en vertu d'une autorisation spéciale délivrée par le préfet. Il convenait de donner une sécurité plus grande aux créanciers et de fortifier le crédit de l'association. A ce besoin il a été pourvu par la nécessité de l'autorisation du préfet qui est tenu de ne l'accorder qu'après paiement préalable des indemnités de délaissement et d'expropriation, la garantie formelle des membres de l'association pour le paiement des travaux, des fournitures et des indemnités de dommage. Les membres de l'association ne peuvent se contenter d'un engagement exprès, ils doivent fournir des sûretés acceptées par les intéressés ou fixées par le tribunal civil, en cas de désaccord. En ce qui concerne les créanciers qui n'ont pu stipuler des garanties spéciales, parce que leur créance n'avait point pris naissance ou même n'avait pu être prévue, lors du commencement des travaux, principalement les tiers qui souffrent un dommage direct et matériel par suite de l'exécution des travaux, un recours subsidiaire leur est accordé, en cas d'insolvabilité de l'association syndicale. Ce recours, admis déjà par la jurisprudence, en matière de travaux publics, en cas d'insolvabilité du concessionnaire ou de l'entrepreneur, a lieu contre l'État, le département ou la commune. Mais ce recours n'est recevable qu'à cette double condition que les travaux entrepris par l'association syndicale intéressent l'État, le département et la commune et leur ont profité (art. 3).

On sait que l'article 14 de la loi de 1865 consacre le droit du propriétaire, non adhérent, à l'association syndicale de délaisser moyennant indemnité, le terrain lui appartenant et sur lequel l'association doit exécuter ses travaux. Cette faculté de délaissement n'existait que pour certains travaux (n°s 1, 2, 3, 4, 5 de l'art. 1er); elle existe actuellement pour tous les travaux, quels qu'ils soient, entrepris par les associations syndicales. L'indemnité est fixée, pour les travaux d'utilité urbaine (n°s 6 et 7), selon les formes déterminées par la loi du 3 mai 1841, sur l'expropriation pour cause d'utilité publique; pour ceux auxquels la faculté de délaissement a été étendue par la nouvelle loi (n°s 8, 9, 10) et ceux spécifiés sous les n°s 4, 5, conformément à la loi du 21 mai 1836 sur les chemins vicinaux; pour les autres enfin (nᵒˢ 1, 2, 3) d'après les règles fixées par la loi de 1865, maintenues par la loi nouvelle, c'est-à-dire par un jury convoqué dans les termes de la législation sur les chemins vicinaux (art. 6).

Une autre garantie légale résultait, pour la propriété privée, de ce qu'au cas où l'exécution des travaux de toute nature poursuivis par une association syndicale autorisée nécessitait l'expropriation de terrains, l'expropriation devait être précédée d'un décret déclarant l'utilité publique; et l'indemnité de dépossession était fixée d'après les mêmes formes qu'en matière de chemins vicinaux. Cette garantie a été maintenue. Elle a paru même insuffisante pour les travaux d'utilité urbaine. Pour ces travaux, l'expropriation est poursuivie et l'indemnité fixée par le jury par application de la loi du 3 mai 1841 (art. 7).

Fréquemment l'État, les départements, les communes, les établissements publics sont intéressés, en qualité de propriétaires d'immeubles, aux travaux projetés par une association syndicale. La loi détermine les conditions sous lesquelles leur adhésion peut être donnée : pour l'État, par le ministre des finances, comme en matière d'expropriation d'utilité publique et pour le département, la commune et les autres établissements publics par le préfet, le maire, ou les administrateurs, tous autorisés par délibération du conseil général, du conseil municipal ou du conseil d'administration[1].

Un règlement d'administration publique, destiné à assurer l'exécution de la loi sur les associations syndicales, doit avoir pour but de déterminer notamment le mode

---

[1] Art. 4 de la loi de 1865 et 2 de la loi de 1888.

de convocation de l'assemblée des syndics, la majorité nécessaire à la validité des votes, leurs pouvoirs, les procédés à suivre pour la répartition de la dépense. Mais il ne paraît pas encore, à l'heure actuelle, avoir été publié.

II. Le phylloxéra, qui menace le vignoble français, a été assimilé à un fléau de la nature de ceux contre lesquels des mesures de défense peuvent être prises, à l'aide d'associations syndicales. La loi du 2 août 1879 a organisé des associations libres qui n'ont pas donné les résultats qu'en attendait le législateur. Aussi, pour combattre avec plus d'efficacité l'invasion du fléau, la loi du 17 décembre 1888 a tracé l'organisation de syndicats autorisés, sans apporter de changements à la législation précédente sur les associations syndicales libres.

Les associations syndicales autorisées pour la défense des vignes contre le phylloxéra, sont, en principe, soumises à la loi générale du 21 juin 1865 sur les syndicats, modifiée par la loi du 23 décembre 1888. Cependant, en raison de leur caractère particulier, elles sont l'objet d'une réglementation spéciale [1].

L'initiative de la constitution d'un syndicat est réservée aux propriétaires intéressés, à l'exclusion de l'administration. Cette dérogation au droit commun a pour motif que les propriétaires sont les meilleurs juges de l'utilité d'une association qui touche directement à leurs intérêts privés et qu'elle porte nécessairement, par sa nature obligatoire, une atteinte grave à leur liberté. L'autorisation est accordée par arrêté préfectoral, après avis du comité local d'études, du professeur départemental d'agriculture, et

---

[1] Loi du 15 décembre 1888, art. 1er.

enquête à la mairie des communes comprises dans le périmètre proposé lequel ne doit comprendre qu'une zone de vignes présentant des conditions communes d'attaque et de défense, dont les propriétaires sont appelés à délibérer sur la constitution du syndicat. Pour la constitution, la loi exige la majorité des trois quarts de la surface des terrains et les deux tiers des intéressés ou bien les deux tiers de la superficie en vignes et les trois quarts des intéressés. Si le périmètre des terrains est situé sur deux ou plusieurs départements, les conseils généraux ou les commissions départementales donnent leur avis qui est obligatoire pour le ministre de l'agriculture chargé, dans ce cas, du pouvoir de constituer le syndicat.

Les syndicats n'ont pas une durée indéfinie; ils sont établis pour une période de cinq années à la fin de laquelle ils peuvent être renouvelés par simple déclaration des syndics faite à la préfecture.

La loi ne permet l'établissement de syndicats obligatoires qu'à la condition stricte que, dans la région, l'invasion est menaçante ou même déjà manifestée par quelques taches. Assurément, il eût été inutile de recourir à des moyens préservatifs, lorsque l'invasion est chose accomplie.

L'adhésion des propriétaires est présumée acquise, mais ils ne sont pas obligés d'y demeurer malgré eux et de supporter une part des dépenses auxquelles ils ne veulent pas contribuer, les dépenses de l'association étant à la charge de ses membres. Cependant l'obligation qui ne frappe pas les personnes frappe particulièrement les propriétés; et, les propriétaires qui refusent d'adhérer à ce syndicat sont tenus de renoncer pendant toute la durée du syndicat à la culture de la vigne sur leur terrain moyennant une indemnité. Cette renonciation est formée, dans le délai d'un mois à compter de l'affichage de l'extrait de l'acte d'association et de l'arrêté d'autorisation, au secrétariat de la préfecture; l'indemnité, à la charge du syndicat, est fixée sur un rapport de deux experts par le juge de paix[1].

La loi confie au comité directeur du syndicat, l'entière direction des mesures qu'il aura prescrites, à l'exclusion des propriétaires séparément afin d'assurer l'unité, la rapidité d'action, conditions essentielles du succès. Il peut même faire valoir, au cas où le traitement par submersion serait adopté, une servitude légale analogue à celle qui pèse sur les propriétaires des fonds intermédiaires au profit du propriétaire, qui veut se servir pour l'irrigation de ses terrains inférieurs, des eaux dont il a le droit de disposer. Cette servitude n'est établie qu'à charge d'indemnité réglée en premier ressort par le juge de paix après expertise.

Un décret d'administration publique pour l'exécution de la loi dont l'analyse précède, a été rendu le 19 février 1890. Il contient spécialement des règles sur l'instruction des demandes de constitution, les formes auxquelles sont assujettis les actes d'autorisation. Pour la nomination et les attributions du comité directeur, le décret se borne à rendre applicables les règles du droit commun.

Jurisprudence. — Les travaux entrepris par les associations syndicales constituent des trauvaux publics; par suite, sur une réclamation tendant à obtenir réparation du préjudice causé par leur exécution, en cas d'expertise et de désaccord entre les deux experts des parties, il doit

---

[1] Loi du 21 mai 1836, art. 16.

être procédé à une tierce-expertise et le tiers-expert doit être nommé par le préfet [1].

Les associations syndicales autorisées, tout en présentant pour des régions déterminées un caractère incontestable d'utilité publique, reconnu par le gouvernement, ne font pas partie intégrante de l'administration et ne s'y rattachent pas d'une façon intime; dès lors, elles rentrent dans la catégorie non des établissements publics, mais des établissements déclarés d'utilité publique [2].

La délibération par laquelle une commission syndicale établit une perception et en fixe le tarif ne constitue pas un règlement de police dont la violation constitue une contravention réprimée par l'article 471, § 15, du Code pénal [3].

Est de la compétence de la juridiction administrative l'action en dommages-intérêts intentée, contre le représentant de l'État, séquestre d'un canal dont l'établissement et le fonctionnement ont été assurés par une association syndicale, à raison de l'inexécution des obligations prises par le syndicat relativement à l'arrosage des propriétés, de ses membres [4].

AUTORISATION DE PLAIDER. — **Jurisprudence.** — Est entachée d'excès de pouvoir la décision d'un conseil de préfecture statuant sur la demande en autorisation de plaider formée par une commune, et intervenant plus de deux mois après l'introduction de la requête [5].

[1] Art. 56 de la loi du 16 septembre 1807. Cons. d'Ét. cont., 26 février 1886.

[2] Cass. civ., 1er décembre 1886, *J. Pal.*, 1887, p. 254 et la note.

[3] Cass. crim., 23 février 1888, *J. Pal.*, 1888, p. 814.

[4] Trib. confl., 13 décembre 1890.

[5] Déc. en Cons. d'Ét., 23 octobre 1886.

L'autorisation donnée à une commune d'ester en justice à l'effet de poursuivre la démolition de constructions édifiées par un tiers sur un terrain communal, comprend l'autorisation de revendiquer la propriété du terrain [1].

Le principe, en vertu duquel une commune ne peut se pourvoir devant un autre degré de juridiction, sans une nouvelle autorisation, se restreint au cas d'appel ou de pourvoi en cassation ; dès lors, au cas où la commune a porté le litige devant un tribunal qui s'est déclaré incompétent, elle est fondée à se pourvoir devant le juge compétent sans autorisation nouvelle du conseil de préfecture [2].

BALAYAGE. — **Législation.** — Les décrets du 23 décembre 1883 et du 6 février 1889 ont successivement approuvé, pour une période de cinq années, les tarifs, votés par le conseil municipal de Paris, pour la perception de la taxe de balayage.

BANS. — **Législation.** — La légalité des bans autres que le ban de vendange semble avoir été reconnue dans les travaux préparatoires de la loi sur le Code rural (titres II et III) du 9 juillet 1889. Cette loi qui traite seulement des bans de vendange ne parle pas, à la vérité, des bans de moisson et de fauchaison. Mais sur ces autres bans, l'exposé des motifs au Sénat porte ce qui suit : « Dans certains pays, peu nombreux, il est vrai, il y « a des bans de fauchaison, des bans de moisson. Le « Code rural n'en dit rien ; en cela il imite la loi de 1791 « et donne l'entière liberté de maintenir ces usages ou de

[1] C. Chambéry, 3 mars 1885.
[2] C. Chambéry, 3 mars 1885.

« les laisser tomber en désuétude. » De même on lit dans
le rapport présenté à la Chambre des députés : « Le lé-
« gislateur ne croit pas devoir s'occuper des bans de mois-
« son et de fauchaison, mais il ne les proscrit pas. »

BAN DE VENDANGE. — Législation. — La loi sur le
Code rural (titres II et III) du 9 juillet 1889 (art. 13) supprime en principe le ban de vendange avec faculté de
rétablissement par l'autorité locale. Il ne peut être établi
que par délibération du conseil municipal, approuvée par
délibération du conseil général. Une fois établi dans la
commune il est réglé, chaque année, par arrêté du maire.
Les vignobles clos ne sont pas soumis aux prescriptions
de l'arrêté municipal. Un vignoble est réputé clos, aux
termes de l'article 6 de la même loi, lorsqu'il est entouré
soit d'une haie vive, soit par un mur, une palissade, un
treillage, une haie sèche d'une hauteur d'un mètre au
moins, soit par un fossé de $1^m,20$ au moins à l'ouverture
et de $0^m,50$ de profondeur, soit par des traverses en bois
ou des fils métalliques distants entre eux de $0^m,33$ au
plus et s'élevant à 1^m de hauteur, soit, enfin, par toute
autre clôture continue et équivalente.

BAUX (*Enregistrement*). **— Jurisprudence. —** Les
concessions temporaires de sépulture ne constituent pas
des locations verbales d'une durée supérieure à trois ans,
assujetties à la déclaration et au paiement du droit de
0,20 p. 0/0 par la loi du 23 août 1871 (art. 11)[1].

« Quand le bailleur a opté dans le bail pour la conserva-
« tion du bâtiment, quand il s'est réservé d'opter ultérieu-

[1] Solut. Régie, 11 novembre 1885, *J. Pal.*, 1887, p. 352.

« rieurement pour la conservation ou la démolition entière,
« quand, à défaut de stipulation à cet égard, il s'est mis
« sous l'application de l'article 555 du Code civil qui réserve
« son option, la conservation du bâtiment par le proprié-
« taire du sol procède de l'accomplissement d'une condition
« résolutoire qui fait remonter sa propriété au jour où les
« constructions ont été établies. Dans aucune de ces hypo-
« thèses, le droit de vente ne peut être réclamé[1] ».

La stipulation d'une indemnité, en matière de résiliation
de bail, soit à la charge du bailleur soit à la charge du
fermier, constitue, au point de vue de l'impôt, une disposition entièrement indépendante de la résiliation assujettie au droit de 0,50 p. 0/0 par application de l'article
69, § 2, n° 8 de la loi du 22 frimaire an VII[2].

BOIS ET FORÊTS. — Jurisprudence. — Les contestations qui peuvent naître entre l'administration et l'adjudicataire de la chasse dans une forêt domaniale, notamment
l'action en résiliation du bail ou en réduction de la redevance annuelle, est de la compétence de l'autorité judiciaire, quel que soit le caractère des faits ayant causé
la privation de la jouissance alléguée par le demandeur[3].

Le bail du droit de chasse dans une forêt domaniale,
par voie d'adjudication constitue un contrat de droit commun et les contestations auxquelles son exécution donne
lieu sont de la compétence de l'autorité judiciaire[4].

Les cautions de l'adjudicataire d'une exploitation des
bois d'une commune, solidairement responsables avec lui

---

[1] Solut. Régie, 8 août 1885, *J. Pal.*, 1887, p. 480.
[2] Solut. Régie, 29 octobre 1890, *J. Pal.*, 1892, II, p. 95.
[3] Trib. des confl., 20 novembre 1884.
[4] Trib. des confl., 21 mars 1891.

de toute contravention aux clauses et charges de l'adjudication, ne sont pas fondées à exciper contre la commune de l'exploitation anticipée des bois formant le gage de leur créance, pour obtenir décharge de leur cautionnement[1].

Si les terres, contiguës à une forêt, et non complantées en bois, ne sont pas, par le seul fait de cette contiguïté, soumises aux prescriptions du Code forestier, il en est autrement lorsqu'il est reconnu et constaté que ces terres sont une dépendance de la forêt sans qu'il y ait lieu d'avoir égard soit aux modifications que l'action du temps a apportées à leur situation soit à leur mode accidentel de culture[2].

L'habitant d'une commune affouagère qui est propriétaire d'immeubles dans la commune, y paie des impôts mobiliers et immobiliers, une patente, les prestations et l'impôt des voitures, qui est marié et chef de famille, alors même qu'il aurait chez un tiers sa résidence, réunit les conditions exigées pour être admis à l'affouage[3].

BREVETS D'INVENTION. — **Jurisprudence.** — Le paiement de l'annuité afférente à un brevet d'invention effectué avant le commencement de chacune des années de la durée du brevet, entre les mains d'un percepteur, n'entraîne pas déchéance du brevet, alors même que la quittance délivrée par le receveur particulier des finances est postérieure au jour de l'échéance[4].

[1] Cass. civ., 19 janvier 1892, *J. Pal.*, 1892, p. 265.

[2] Cass. req., 22 mars 1892.

[3] Bourges, 29 octobre 1889, *J. Pal.*, 1890, p. 235.

[4] Nîmes, 5 mars 1887 et Cass. crim., 23 juin 1888, *J. Pal.*, 1887. 1. 340, 1888. 1. 1072.

Droit comparé. — *Norwège.* — Loi du 16 juin 1885 sur les brevets d'invention[1].

Suède. — Loi du 16 mai 1884 et ordonnance du 26 juin 1885 sur les brevets d'invention[2].

Uruguay. — Loi du 11 novembre 1885 sur les brevets d'invention[3].

Brésil. — Décret du 5 novembre 1887 sur les brevets d'invention[4].

Mexique. — Loi du 7 juin 1890 sur les brevets d'invention[5].

Canada. — Loi du 24 avril 1890 modifiant l'acte des brevets d'invention[6].

Grande-Bretagne. — Loi du 25 juin 1886 pour préciser l'application de la loi du 25 août 1883 sur les brevets d'invention[7]. Loi du 24 décembre 1888 amendant la loi du 25 août 1883 sur les brevets d'invention, les dessins et les marques de fabrique[8].

Confédération Suisse. — Referendum du 10 juillet 1887 relatif à la protection des dessins, modèles et inventions[9]. Loi fédérale du 29 juin 1888 sur les brevets d'invention[10]. Règlement, du 12 octobre 1888, d'exécution pour la loi fédérale du 29 juin 1888[11].

---

[1] *Ann. de lég. étr.*, année 1885, p. 508.

[2] *Ann. de lég. étr.*, années 1884, p. 641 et 1885, p. 518.

[3] *Ann. de lég. étr.*, année 1885, p. 735.

[4] *Ann. de lég. étr.*, année 1887, p. 972.

[5] *Ann. de lég. étr.*, année 1890, p. 838.

[6] *Ann. de lég. étr.*, année 1890, p. 952.

[7] *Ann. de lég. étr.*, année 1886, pp. 30, 52. — [8] *Ann. de lég. étr.*, année 1888, p. 202. — [9] *Ann. de lég. étr.*, année 1887, p. 655. — [10] *Ann. de lég. étr.*, année 1888, pp. 619, 633, 638. — [11] *Ann. de lég. étr.*, année 1888, p. 649.

Schaffouse. — Décret du 19 février 1889 sur la contre-façon[1].

Valais. — Loi du 25 novembre 1889 sur la contrefa-çon[2].

Bâle. — Arrêté du 7 novembre 1889 relatif à l'exécution de l'article 30 de la loi fédérale sur les brevets[3].

Genève. — Loi du 2 février 1889. Exécution de la loi fédérale sur les brevets[4].

Saint-Gall. — Loi du 23 novembre 1888 sur la compétence en matière de brevets[5].

Thurgovie. — Décrets des 4 mars et 20 mai 1889 sur la compétence en matière de contrefaçon[6].

BUDGET COMMUNAL. — **Jurisprudence.** — Le receveur municipal, à la charge duquel aucune faute personnelle n'est relevée, ne peut être déclaré responsable des poursuites qu'il a exercées dans l'intérêt, par l'ordre et pour le compte de la commune, en vertu de rôles régulièrement établis et visés par les autorités administratives à l'effet d'obtenir le recouvrement d'une taxe dont la légalité n'était pas contestée en principe[7].

Le traitement et les frais de bureau des commissaires de police constituent une dépense obligatoire pour les communes d'une population supérieure à 5,000 habitants, d'après l'article 136, § 6, de la loi du 5 avril 1884[8]. Et le

[1] *Ann. de lég. étr.*, année 1889, p. 705.
[2] *Ann. de lég. étr.*, année 1889, p. 713.
[3] *Ann. de lég. étr.*, année 1889, p. 664.
[4] *Ann. de lég. étr.*, année 1889, p. 688.
[5] *Ann. de lég. étr.*, année 1889, p. 701.
[6] *Ann. de lég. étr.*, année 1890, p. 654.
[7] Cass. civ., 21 mars 1887, *J. Pal.*, 1887, p. 392.
[8] Cons. d'Ét. cont., 26 décembre 1885 et 31 janvier 1890.

chiffre de la population doit s'entendre de la population totale et non seulement de la population agglomérée[1].

Après le refus du maire de mandater sur un crédit ouvert au budget communal une dépense régulièrement effectuée, le préfet peut assurer le paiement de cette dépense, par voie de mandatement d'office, alors que le conseil municipal n'a pris aucune délibération rapportant l'ouverture de ce crédit[2].

Contient un excès de pouvoir l'arrêté préfectoral ordonnant l'inscription d'office au budget communal, comme dette exigible, d'une somme représentant une dette con_testée[3].

La perception des droits de stationnement et de location sur la voie publique n'est légale qu'après fixation par le conseil municipal, sauf approbation par l'autorité supérieure; elle ne peut se fonder sur un contrat de bail consenti de gré à gré par la commune[4].

Le préfet a le droit, en réglant le budget d'une commune dont le conseil municipal ne peut disposer des deniers communaux en exécution de l'article 145, § 2, de la loi du 5 avril 1884, de rejeter des crédits destinés à payer même des dépenses obligatoires[5].

Si un conseil municipal n'alloue pas les fonds exigés pour une dépense obligatoire ou n'alloue qu'une somme insuffisante, l'allocation nécessaire est inscrite au budget par arrêté du préfet en conseil de préfecture, après mise

---

[1] Cons. d'Ét. cont., 16 juillet 1886.
[2] Cons. d'Ét. cont., 8 juin 1888.
[3] Cons. d'Ét. cont., 12 décembre 1890.
[4] Cass. civ., 4 novembre 1890, *J. Pal.*, 1891, p. 24.
[5] Cons. d'Ét. cont., 5 février 1892.

en demeure préalable du conseil municipal de prendre une délibération spéciale à ce sujet[1].

Lorsqu'une commune ne se trouve pas dans les cas prévus par les § 2 des articles 145 et 147 de la loi du 5 avril 1884, le préfet n'excède pas ses pouvoirs en rejetant divers articles de dépenses facultatives et imprévues inscrits au budget communal[2].

Le produit des droits de voirie, qui sont perçus pour les permissions accordées non seulement sur les voies publiques faisant partie du domaine municipal mais encore sur celles qui dépendent de la grande voirie, n'a aucune affectation spéciale dans le budget communal; loin donc que leur objet principal soit l'entretien des chemins, ils servent à l'acquittement des charges quelconques incombant aux communes[3].

Les communes pourvues d'un abattoir et où il existe un octroi ne peuvent, sans violer l'article 10 du décret du 12 février 1870, établir, sur les viandes foraines, une taxe égale aux droits d'abattoir et d'octroi auxquels sont imposées les viandes des animaux tués à l'intérieur de la commune. La commune où il existe un abattoir, mais qui n'a pas d'octroi, ne peut, en s'autorisant de la nécessité d'assurer la salubrité publique et de ne pas favoriser les bouchers forains au détriment des bouchers de l'intérieur, établir, sur les viandes foraines, une taxe égale à celle perçue à l'abattoir[4].

L'autorité judiciaire est compétente pour connaître des contestations auxquelles peut donner lieu la perception de

---

[1] Cons. d'Ét. cont., 26 février 1892.
[2] Cons. d'Ét. cont., 26 février 1892.
[3] Cass. civ., 12 mai 1891.
[4] Avis du Conseil d'État, 2 mai 1888.

la taxe d'abatage perçue dans un abattoir municipal, cette taxe constituant un impôt indirect; ces contestations sont portées en premier et dernier ressort, devant le tribunal de première instance[1].

BUREAUX DE BIENFAISANCE. — HOSPICES ET ÉTABLISSEMENTS DE BIENFAISANCE. — Législation.

— L'importance des questions d'assistance publique et l'intérêt que leur porte le gouvernement de la République ont déterminé le pouvoir exécutif à décréter l'institution, auprès du ministère de l'Intérieur, d'un conseil supérieur de l'assistance publique. L'organisation et les attributions en sont fixées par le décret du 14 avril 1888.

Le conseil supérieur de l'assistance publique se compose de membres de droit et de membres nommés. En font partie de droit, à raison de leurs fonctions : le directeur de l'assistance publique — le directeur de l'administration départementale et communale — le directeur de l'administration pénitentiaire, tous trois dépendant du ministère de l'Intérieur, — le directeur des affaires civiles au ministère de la justice — le directeur de l'enseignement primaire au ministère de l'instruction publique — le doyen de la faculté de médecine de Paris — le secrétaire perpétuel de l'Académie de médecine — le président du conseil supérieur de santé des armées — le président du conseil supérieur de santé de la marine — le vice-président du conseil de surveillance de l'administration générale de l'assistance publique à Paris. Les membres, autres que les membres de droit, dont le nombre n'est pas limité, sont nommés par décret du Président de la République. En dehors de

---

[1] Cass. civ., 15 janvier 1889; 7 décembre 1887; 22 janvier 1890; *J. Pal.*, 1890, p. 815 et suiv.

ces deux catégories de membres du conseil supérieur, des fonctionnaires de l'administration publique ou des personnes dont le concours pourrait être utile peuvent être admis, par le ministre de l'Intérieur, à assister aux séances du conseil, à titre temporaire mais avec voix consultative seulement (art. 9).

La durée du mandat des membres de droit n'est pas réglée; le mandat ne prend fin qu'à l'expiration des fonctions. Pour les membres désignés, ils sont renouvelables par moitié tous les trois ans, les membres sortants pouvant être l'objet d'une nouvelle nomination (art. 4).

Le conseil supérieur de l'assistance publique est présidé, en principe, par le ministre de l'Intérieur; à son défaut, par un vice-président choisi par le conseil parmi les membres nommés par décret (art. 5). Il tient annuellement deux sessions ordinaires, aux mois de janvier et de juin; et peut se réunir en session extraordinaire, le cas échéant, sur la convocation du ministre (art. 6).

Ses attributions consistent, aux termes de l'article 1er du décret d'institution, « dans l'étude et l'examen de toutes les « questions qui lui sont renvoyées par le ministre et qui in- « téressent l'organisation, le fonctionnement et le dévelop- « pement des différents modes et services d'assistance. »

Jurisprudence. — La section de l'Intérieur du Conseil d'État a émis l'avis sur le renvoi du ministre de l'Intérieur, à la date du 2 juin 1885, que la loi du 5 avril 1884 sur les conseils municipaux n'a pas innové en ce qui concerne les aliénations, acquisitions, échanges, partages de biens immobiliers appartenant aux bureaux de bienfaisance et que le préfet doit conserver sa compétence en cette matière[1].

---

[1] Décret du 25 mars 1852, tableau A, n° 55.

Les membres de la commission administrative d'un hospice n'ont pas qualité, n'ayant aucun intérêt direct et personnel, à déférer au Conseil d'État, comme entaché d'excès de pouvoir, un arrêté préfectoral nommant un membre de cette commission[1].

Droit comparé. — *Californie.* — Loi du 14 mars 1885 relative aux corporations religieuses, sociales et de bienfaisance[2].

Grande-Bretagne. — Poor Ireland, art. 1886, chap. 17, relatif à l'assistance des pauvres en Irlande[3]. Loi relative aux pouvoirs paroissiaux en vue de l'assistance publique en Écosse (art. 51)[4].

Allemagne. Saxe. — Loi du 15 avril 1886 portant modification de la loi générale sur l'assistance publique et la loi du 30 avril 1890 modifiant la loi organique sur l'assistance publique[5].

Bavière. — Loi du 3 février 1888 modifiant le fonctionnement de l'assistance publique[6].

Wurtemberg. — Loi du 2 juillet 1889 modifiant la législation relative au domicile de secours[7].

Neuchâtel. — Loi du 7 avril 1887 réformant le système d'assistance[8]. Loi du 5 mars 1888 « Loi des Communes » titre 3, articles 41 à 59[9]. Loi du 23 mars 1889 sur l'assistance publique[10].

---

[1] Cons. d'Ét. cont., 2 novembre 1888.

[2] *Ann. de lég. étr.*, année 1885, p. 635.

[3] *Ann. de lég. étr.*, année 1885, p. 19. — [4] *Ann. de lég. étr.*, année 1885, p. 19.

[5] *Ann. de lég. étr.*, années 1886, p. 176; 1890 p. 278.

[6] *Ann. de lég. étr.*, année 1888, p. 350.

[7] *Ann. de lég. étr.*, année 1889, p. 270.

[8] *Ann. de lég. étr.*, année 1887, p. 685. — [9] *Ann. de lég. étr.*, année 1888, p. 707. — [10] *Ann. de lég. étr.*, année 1889, p. 691.

Vaud. — Loi du 24 août 1888 sur l'assistance des pauvres[1].

Unterwald. — Ordonnance du 29 mai 1889 relative à l'inspection des indigents. Ordonnance du 29 mai 1889 concernant l'entretien des enfants pauvres.

Saint Gall. — L. 20 décembre 1889 concernant l'assistance des voyageurs nécessiteux.

Genève. — Loi sur la création d'un hospice général[2].

Islande. — Loi sur l'assistance publique du 10 août 1887.

Suède. — Loi du 22 mars 1889 portant modification à la législation sur l'assistance publique.

Italie. — Loi du 17 juillet 1890 sur les œuvres de charité[3].

Grande-Bretagne. — Act 52. Loi modifiant la législation sur les aliénés;

Loi amendant la législation concernant les aliénés;

Loi du 25 juin 1886 relative à la garde et au traitement des idiots et des faibles d'esprit;

Loi du 29 mars 1890 sur les aliénés[4].

Espagne. — Décret du 19 avril 1887 réorganisant le service des secours aux aliénés pauvres[5].

Bâle. — Loi du 8 février 1886 sur l'organisation des maisons d'aliénés[6].

Finlande. — Loi du 28 mai 1889 sur les établissements d'aliénés.

---

[1] *Ann. de lég. étr.*, année 1888, p. 738.

[2] *Ann. de lég. étr.*, année 1886, p. 544.

[3] *Ann. de lég. étr.*, année 1890, p. 385.

[4] *Ann. de lég. étr.*, années 1885, p. 18; 1886, p. 13; 1886, pp. 21, 36; 1890, p. 15.

[5] *Ann. de lég. étr.*, année 1886, p. 539.

[6] *Ann. de lég. étr.*, année 1886, p. 796.

Massachussets. — Loi du 23 juin 1886 sur la garde des aliénés[1].

Louisiane. — Loi du 12 juillet 1888 sur les aliénés[2].

New-York. — Loi du 14 mai 1889 établissant une commission d'État pour les aliénés[3].

Californie. — Loi du 9 mars 1885 sur les aliénés[4].

Province de Québec. — Loi du 9 mai 1885 relative aux aliénés[5].

Jurisprudence. — Les ressources d'une association privée de bienfaisance, fondée par un bureau de bienfaisance et ayant ultérieurement été séparée de cet établissement, ne constituent pas des deniers publics; par suite leur gestion n'est pas soumise au contrôle du conseil de préfecture[6].

N'est pas entaché d'excès de pouvoir l'arrêté préfectoral qui autorise l'acceptation des donations faites aux établissements publics de bienfaisance, en l'absence de réclamations de la part de la famille, même au cas où le donateur s'est réservé l'usufruit des biens donnés[7].

CADASTRE. — **Législation.** — Le gouvernement a proposé au Parlement, dans la session législative de 1890, la mise à l'étude de la question du renouvellement du cadastre. D'après son projet, il ne s'agirait pas seulement de remédier, par la rénovation d'un cadastre par trop

---

[1] *Ann. de lég. étr.*, année 1888, p. 934.
[2] *Ann. de lég. étr.*, année 1889, p. 925.
[3] *Ann. de lég. étr.*, année 1885, p. 639.
[4] *Ann. de lég. étr.*, année 1885, p. 657.
[5] *Ann. de lég. étr.*, année 1889, p. 703.
[6] Cons. d'Ét. cont., 9 mai 1890.
[7] Cons. d'Ét., 27 février 1891.

ancien, aux inégalités de la répartition de l'impôt foncier des immeubles non bâtis. Le cadastre renouvelé, après que les abornements généraux et la triangulation seraient rigoureusement déterminés, « constituerait la base de la « propriété foncière, il assurerait la sécurité des hypothè- « ques et la régularité des transactions immobilières; il « fournirait enfin à l'agriculture, par le développement « des institutions de crédit, les moyens d'action qui lui « font défaut aujourd'hui. En un mot, il deviendrait le « grand livre terrier de la France[1]. » Le Parlement a ouvert (loi du 26 décembre 1890) un crédit de 1 million de francs pour commencer les études nécessitées par le projet.

Un décret du 30 mai 1891 a institué au ministère des finances sous la présidence du ministre, une commission administrative du cadastre avec mission d'étudier les questions que soulève le renouvellement des opérations cadastrales tant au point de vue de l'assiette de l'impôt que de la détermination juridique de la propriété immobilière et de son mode de transmission. Les membres de cette commission ont été pris dans le Parlement, le Conseil d'État, les Facultés de droit et les différentes branches des services publics intéressés à la réforme.

CARTES A JOUER. — **Législation.** — Le décret du 26 mars 1889 autorise les fabricants de cartes à jouer à les confectionner avec les moulages autres que les moulages officiels, à la condition que les formes, les dimensions, figures et dessins de ces cartes soient préalablement agréés par la Régie (art. 1). Il est interdit aux graveurs de graver des moules ou des planches propres à imprimer des

---

[1] Voir le rapport du ministre des finances, *J. off.* du 30 mai 1891.

cartes à jouer avant d'avoir soumis à l'administration des contributions indirectes les dessins et figures et obtenu l'autorisation de les reproduire (art. 2).

Aux termes d'un décret, en date du 12 avril 1890, les jeux de cartes destinés à l'intérieur, qu'ils soient au portrait français ou au portrait étranger, sont frappés d'un timbre spécial. Ce timbre est apposé pour les jeux au portrait français intérieur sur l'as de trèfle; et, pour les jeux au portrait étranger, sur une carte, toujours la même pour chaque portrait dont la désignation est faite par la Régie. Les jeux destinés à l'exportation, tant au portrait français qu'au portrait étranger, ne sont pas soumis à l'application de ce timbre spécial.

CERCLES. — Législation. — La taxe établie par la loi du 16 septembre 1871 sur les cercles et lieux de réunion a été modifiée par la loi du 17 juillet 1889. La loi de 1871 prenait pour base le montant des cotisations; l'impôt, d'après la loi de 1889 (art. 4) devait porter sur les « ressources totales annuelles du cercle. »

Ce dernier procédé a rencontré, dans la pratique, de sérieuses difficultés provenant de ce qu'il n'est pas facile dedéterminer en quoi consistent les ressources d'un cercle. De plus, certains cercles, n'ayant en apparence que de faibles ressources, sont exploités par des gérants qui y joignent les recettes venant du jeu et qui, en fait, ne peuvent être évaluées car elles ne passent point en écriture. C'est ainsi que le législateur a été amené à prendre pour base de la taxe à la fois les cotisations et la valeur locative de chaque cercle. Le premier indice a pour effet d'assurer l'exemption partielle aux cercles modestes et dont les cotisations sont par suite peu élevées; le second, d'écarter de l'exemption les cercles qui, avec de faibles cotisations, ont un local dispendieux, correspondant à d'autres ressources, telles que le jeu.

Faisant l'application de ces principes, la loi du 8 août 1890 (art. 33), divise en trois catégories les cercles, sociétés, et lieux de réunion où se payent des cotisations; elle les frappe d'une taxe réglée à la fois sur le montant des cotisations, y compris les droits d'entrée, et sur le montant de la valeur locative des bâtiments, locaux et emplacements affectés à l'usage de l'établissement. Pour la 1re catégorie, comprenant les cercles dont les cotisations s'élèvent à 8,000 fr. et au-dessus ou la valeur locative à 4,000 fr. et au-dessus, la taxe est fixée à 20 p. 0/0 du montant des cotisations et à 8 p. 0/0 de la valeur locative. Pour la 2° catégorie, comprenant ceux dont les cotisations sont de 3,000 à 8,000 fr. et la valeur locative de 2,000 à 4,000, la taxe est de 10 p. 0/0 des cotisations et de 4 p. 0/0 de la valeur locative. Enfin pour la 3° catégorie dans laquelle sont rangés les établissements dont les cotisations sont inférieures à 3,000 fr. et la valeur locative n'atteint pas 2,000 fr. la taxe est de 5 p. 0/0 du montant des cotisations et 2 p. 0/0 de la valeur locative.

Un règlement d'administration publique rendu, en exécution de la loi de 1890, à la date du 30 décembre 1890, a déterminé les mesures d'exécution des dispositions précédentes. Les gérants sont tenus de déclarer, dans le premier mois de chaque année, à la mairie de la commune : 1° le nombre des membres du cercle, ainsi que le montant des cotisations et droits d'entrée; 2° les locaux affectés à l'usage du cercle. Ces déclarations sont vérifiées par les agents des contributions directes, à l'aide des documents de la comptabilité tenue dans chaque cercle.

CHEMINS DE FER. — **Législation**. — Lors de l'établissement d'un chemin de fer d'intérêt local, l'État peut s'engager, en cas d'insuffisance du produit brut pour couvrir les dépenses de l'exploitation à 5 p. 0/0 par an du capital de premier établissement, à subvenir pour partie du paiement de cette insuffisance (loi du 11 juin 1880, art. 13). Le concessionnaire est tenu de remettre au préfet du département un compte détaillé par année des produits bruts de l'exploitation ainsi que des frais d'entretien et d'exploitation. Ces comptes sont soumis à l'examen d'une commission, instituée par le ministre des travaux publics; ils déterminent le capital de premier établissement qui doit servir de base à la fixation de la subvention à allouer par l'État (Décret du 20 mars 1882, art. 1, 3, 4, 7). Dans le cas de désaccord entre l'État, le département ou la commune et le concessionnaire, le décret de 1882 renvoyait l'examen des comptes à une commission différente, instituée par le ministre des travaux publics et composée d'un conseiller d'État, président, de six membres dont trois au choix du ministre des finances et de secrétaires avec voix délibérative dans les affaires confiées à leur rapport. Aux termes d'un décret du 23 mars 1885, l'examen des comptes est, en cas de contestation, soumis à une commission composée : 1° de deux conseillers d'État, dont l'un est désigné comme président; 2° de quatre membres désignés par le ministre des finances; 3° de trois membres désignés par le ministre des travaux publics; 4° d'inspecteurs généraux des finances; 5° d'inspecteurs généraux des ponts et chaussées ou des mines (art. 1).

Un comité de l'exploitation technique des chemins de fer est institué au ministère des Travaux publics. Il a été réorganisé par décret du 19 octobre 1891.

Le comité est présidé par le ministre; à son défaut, par un inspecteur général des ponts et chaussées ou des mines, nommé pour un an et renouvelable, avec la qualité de vice-président. Il se compose de membres de droit et de seize membres, nommés pour deux ans et rééligibles, par arrêtés ministériels. Les membres de droit sont le directeur des chemins de fer au ministère des travaux publics et les inspecteurs généraux des ponts et chaussées ou des mines chargés de la direction du contrôle de l'exploitation des chemins de fer. Les membres à la nomination du ministre comprennent : 1 inspecteur général des ponts et chaussées ou des mines, vice-président, 3 inspecteurs généraux ou ingénieurs en chef des mines; inspecteurs généraux ou ingénieurs en chef des ponts et chaussées, 1 représentant du ministre de la guerre, 1 représentant de l'administration des chemins de fer de l'État, 7 membres choisis, à raison de leur compétence, en dehors de toute catégorie. L'arrêté ministériel désigne celui des membres qui remplira les fonctions de secrétaire; un secrétaire adjoint est choisi parmi les ingénieurs des ponts et chaussées et des mines avec voix consultative.

Les attributions du comité portent sur toutes les questions qui concernent la police, la sûreté, l'usage des chemins de fer et des ouvrages qui en dépendent, par exemple les règlements généraux et spéciaux de l'exploitation, l'entretien et le perfectionnement du matériel, les accidents de chemins de fer, leurs causes, et les mesures propres à en empêcher le retour, les inventions relatives à l'industrie des chemins de fer. Les mesures destinées à améliorer le service du contrôle sont soumises à une section du comité, dite « section du contrôle » qui se compose du vice-président, des inspecteurs généraux directeurs du contrôle et du directeur des chemins de fer. En outre, des commissions peuvent être formées, au sein du comité, par le vice-président qui peuvent se composer soit des ingénieurs en chef du contrôle, soit des ingénieurs ordinaires du même service, soit même des ingénieurs étrangers au service du contrôle et même aux corps des ponts et chaussées et des mines. Le vice-président et le directeur des chemins de fer sont membres de droit de toutes les commissions ; le secrétaire et le secrétaire-adjoint peuvent y être attachés en qualité de rapporteurs. Le comité donne son avis au ministre, et, lorsque la question revêt un caractère particulier d'importance, il a la faculté d'en demander le renvoi au conseil général des ponts et chaussées ou au conseil général des mines.

Les séances du comité de l'exploitation des chemins de fer, ainsi que la section du contrôle, sont ordinaires ou extraordinaires ; les délibérations sont prises à la majorité des voix ; en cas de partage, celle du président est prépondérante.

Indépendamment du « comité de l'exploitation technique des chemins de fer », il existe, au ministère des travaux publics, un « comité consultatif des chemins de fer. » Les attributions de ce dernier comité portent notamment sur l'homologation des tarifs, sur l'interprétation des actes de concessions et des cahiers des charges, sur les traités passés par les administrations des chemins de fer et soumis à l'approbation du ministre, sur les émissions d'obligations ; elles comprennent aussi les questions relatives à l'établissement ou à l'exploitation des chemins de fer d'intérêt général ou local, le rachat des concessions ou la fusion des compagnies. Tantôt son avis est obligatoire, tantôt il est purement facultatif. Les cas où l'avis du comité consultatif est obligatoire sont énumérés par le décret du 7 septembre 1887 (art. 6), les cas où il est facultatif pour le ministre sont indiqués à l'article 7.

La composition du comité consultatif des chemins de fer a été, en dernier lieu, déterminée par décret du 19 décembre 1889. Il se compose de quatre membres de droit et de 45 membres nommés par décret. Les quatre membres de droit sont le directeur général des douanes, le directeur des chemins de fer au ministère des travaux publics, le directeur des routes, de la navigation et des mines au ministère des travaux publics, le directeur du personnel, du secrétariat et de la comptabilité au même ministère. Les 45 autres membres sont choisis par le Président de la République parmi les membres du Parlement (12 membres), du Conseil d'État (6), de la Chambre de commerce de Paris (3), le corps des ponts et chaussées (3), etc.

Le comité délibère sur un rapport écrit qui lui est présenté par un de ses membres; il peut procéder, avec l'assentiment du ministre, à des enquêtes et entendre les représentants des administrations de chemins de fer et ceux du commerce et de l'industrie, pour faciliter ses travaux.

Jurisprudence. — L'administration des chemins de fer de l'État est une administration publique au sens de l'article 4 de la loi du 28 pluviose an VIII; par conséquent, le conseil de préfecture est compétent pour statuer sur les difficultés qui pourraient s'élever entre elle et un entrepreneur de travaux publics concernant le sens et l'exécution des clauses de leurs marchés encore que le contentieux de l'exploitation soit soumis aux règles du droit commun et à la juridiction de l'autorité judiciaire [1].

[1] Trib. confl., 22 juin 1889.

Le fait par un garde-barrière de contrevenir à un arrêté ministériel portant que les passages accolés aux barrières demeurent sous la surveillance des gardes-barrières qui doivent en interdire la circulation à l'approche des trains — arrêté qui ne constitue pas un acte administratif proprement dit dont l'interprétation échappe à l'autorité judiciaire — engage, au cas d'accident dû à la négligence de son agent, la responsabilité de la compagnie des chemins de fer [1].

Il appartient aux tribunaux d'interpréter les termes et de vérifier la légalité des arrêtés préfectoraux pris en matière de police des chemins de fer ainsi que d'interpréter les règlements et les ordres de service institués pour l'exécution des arrêtés préfectoraux par les commissaires de surveillance administrative [2].

Le marché de fournitures passé par l'administration des chemins de fer de l'État pour l'exploitation de son réseau constitue un acte de commerce, soumis aux règles de droit commun et à la juridiction des tribunaux ordinaires [3].

L'établissement d'une voie ferrée sur l'accotement d'un chemin de grande communication pour l'exploitation de carrières ne peut être autorisée par un simple arrêté préfectoral [4].

Est entaché d'excès de pouvoir l'arrêté préfectoral autorisant, sans approbation préalable du conseil général, le prolongement de la voie ferrée d'un chemin de fer d'intérêt local et la construction d'une nouvelle gare [5].

---

[1] Cass. civ., 12 juin 1888, *J. Pal.*, 1889, p. 287.
[2] Cass. civ., 24 juin 1890, *J. Pal.*, 1891, p. 1307.
[3] Cass. req., 8 juillet 1889, *J. Pal.*, 1890, p. 1124.
[4] Cons. d'Ét. cont., 30 novembre 1891.
[5] Cons. d'Ét. cont., 22 janvier 1892.

CHEMINS DE FER (Servitudes). — **Jurisprudence.** —
Ne constituent pas des contraventions de grande voirie :

1° Le fait par un particulier de briser une clôture placée
par la compagnie du chemin de fer, au devant de sa propriété et le long d'une avenue d'accès de la gare, si cette
clôture n'a pas été établie en vertu d'une autorisation régulière délivrée par le ministre des travaux publics ;

2° L'existence de jours directs et d'accès pris sur l'avenue d'accès ;

3° L'écoulement des eaux pluviales sur l'avenue de la
gare, par lui-même, s'il n'est pas établi que ces eaux ont
causé des dégradations à cette voie[1].

La juridiction administrative est compétente pour fixer
l'indemnité due à un industriel pour dommages causés par
la fumée des locomotives circulant sur une ligne de chemins de fer[2].

De même pour statuer sur les demandes formées par
les riverains en raison des dommages qui leur seraient
causés par les haies de clôture[3].

CHEMINS RURAUX. — **Jurisprudence.** — La décision
d'une commission départementale procédant au classement et à la reconnaissance, comme chemins ruraux, de
chemins dont la propriété est revendiquée par des tiers
est entachée d'excès de pouvoir et doit être annulée[4].

L'article 34 de la loi du 20 août 1881, aux termes duquel les propriétaires riverains sont tenus de contribuer
proportionnellement à la mise en état de viabilité et à

---

[1] Cons. d'Et. cont., 22 mai 1885.
[2] Cons. d'Et. cont., 6 mai 1887.
[3] Cons. d'Et. cont., 28 juin 1889.
[4] Cons. d'Et. cont., 17 mai 1889.

l'entretien des chemins et sentiers d'exploitation, s'applique à tous ces chemins sans distinction, même aux chemins de vidange de bois appartenant à des particuliers[1].

Ne constitue pas une contravention le fait par un propriétaire d'avoir bâti un mur sur un chemin public, qui a le caractère de chemin rural, s'il n'existe pas dans la commune de plan général d'alignement et si aucune prescription n'a été faite aux particuliers de demander l'alignement et la permission de construire[2].

En l'absence d'un arrêté de classement relatif à un chemin rural il appartient au juge de rechercher, d'après les circonstances de fait, telles que les renseignements produits par les habitants, les documents relatifs à la viabilité de la commune[3].

CHEMINS VICINAUX. — Législation. — La liquidation de la caisse des chemins vicinaux a été prononcée par une loi du 22 juillet 1885, et le service des avances consenties par l'État aux départements et aux communes, pour l'achèvement de l'œuvre vicinale, a été temporairement assuré à l'aide de subventions budgétaires annuelles. En 1886, le gouvernement a proposé à la Chambre des députés un projet de loi organisant un système nouveau destiné à être substitué à l'ancienne caisse des chemins vicinaux. A la date du 23 juin 1888, la Chambre des députés adoptait une série de mesures réglant les conditions nouvelles auxquelles les départements et les communes pourraient emprunter à l'État, durant une pé-

---

[1] Cass. req., 10 juin 1890, *J. Pal.*, 1891, p. 614.
[2] Cass. crim., 30 janvier 1892.
[3] Cass. crim., 29 mai 1891.

riode de dix années, de 1888 à 1898, une somme totale
de 80 millions, à raison de 8 millions par an. Mais le projet de la Chambre des députés n'a pas été adopté par le
Sénat. Depuis lors, et à titre purement provisoire, le Parlement a autorisé l'inscription au budget d'un crédit annuel de 8 millions pour les exercices 1889 et 1890. Enfin,
en attendant une solution définitive de la question pen-
dante, une loi du 31 décembre 1890 dispose que le montant des emprunts à la caisse des chemins vicinaux non
réalisés au 31 décembre 1890 et les reliquats disponibles
des allocations antérieures formeront un nouveau fonds
d'avances destiné aux travaux à exécuter par application
de la loi du 12 mars 1880, ainsi qu'au rachat des ponts à
péage dépendant du réseau vicinal. D'après les statistiques
produites au cours de la discussion de la loi de 1890, le
nouveau fonds s'élèverait, au 31 décembre de cette année,
à la somme de 38 millions environ.

Jurisprudence. — L'arrêté de classement, par la commission départementale, d'un chemin vicinal (art. 86 et 88
de la loi du 10 août 1871) est présumé parvenu à la connaissance de tous les intéressés, en dehors de toute notification individuelle, par la publication qui en est faite
par voie d'affiches dans la commune avec invitation par
le maire à ceux-ci de prendre communication des plans
relatifs au classement, déposés à la mairie à la disposition
de tous [1].

La décision d'une commission départementale portant
déclassement du chemin vicinal d'une commune et refus
de classement d'un chemin faisant suite et situé sur une

---

[1] Cass. req., 19 février 1885, *J. Pal.*, 1889, p. 76.

commune voisine, ne peut pas être déférée au Conseil d'État par les membres d'un conseil municipal faute d'y être intéressés directement et personnellement [1].

La construction d'un mur sur un terrain situé en bordure d'un chemin vicinal, et appartenant à l'administration, mais qui n'est pas une dépendance nécessaire de ce chemin, ne constitue pas une anticipation sur le domaine public vicinal; par suite, la démolition n'en peut être ordonnée par le conseil de préfecture [2].

L'arrêt d'une Cour d'appel qui apprécie un arrêté de classement d'un chemin vicinal pour décider si un passage revendiqué a été classé comme voie publique vicinale ou est demeuré propriété privée viole le principe en vertu duquel la connaissance et l'interprétation d'actes administratifs échappent à sa compétence; il doit être sursis à statuer jusqu'à ce que cette interprétation ait été donnée par l'autorité administrative [3].

Le débat sur l'existence et sur la régularité de la notification d'un arrêté préfectoral d'occupation temporaire, entre le propriétaire d'une parcelle de terrain et un entrepreneur de chemins vicinaux, constitue une question préjudicielle de la compétence de la juridiction administrative et rend obligatoire un sursis [4].

D'après la loi du 21 mai 1836 (art. 17), à défaut d'une notification régulière de l'arrêté, dix jours au moins avant le commencement de sa mise à exécution, l'occupation constitue une voie de fait donnant ouverture à l'action

[1] Cons. d'Et. cont., 20 novembre 1885.
[2] Cons. d'Et. cont., 11 mars 1887.
[3] Cass. civ., 24 janvier 1887, *J. Pal.*, 1888, p. 759.
[4] Cass. civ., 18 octobre 1887, *J. Pal.*, 1887, p. 1028.

en réintégrande de la compétence, au fond, des tribunaux ordinaires[1].

L'occupation, en vue du prolongement d'un chemin vicinal, de terrains situés aux abords des bâtiments et formant une portion des dépendances de l'habitation, constitue l'occupation de terrains *bâtis* au sens de la loi du 8 juin 1864 ; par suite, la déclaration d'utilité publique de l'opération doit avoir lieu dans les formes prévues par la loi du 3 mai 1841, sur l'expropriation pour cause d'utilité publique, et non par décision de la commission départementale[2].

Il est de principe que le sol, compris dans les limites d'un chemin vicinal, est imprescriptible et ne peut conséquemment faire l'objet d'une action possessoire tant qu'il conserve cette destination ; par suite, le tribunal civil, saisi d'une action en réintégrande dont la solution dépend du point de savoir si une décision de la commission départementale a implicitement ou explicitement statué sur le sort de l'ancien chemin litigieux, doit, tout en maintenant éventuellement sa compétence sur le fond de l'affaire, surseoir à statuer jusqu'après la solution par la juridiction administrative de la question préjudicielle[3].

La demande en réparation du dommage causé par la construction de la chaussée d'un chemin vicinal en empiètement sur le mur et la propriété riveraine du demandeur est de la compétence de l'autorité judiciaire qui n'a pas toutefois le pouvoir d'ordonner la suppression des travaux[4].

Les chemins vicinaux de grande communication étant

[1] Cass. civ., 18 octobre 1887, *suprà*.
[2] Cons. d'Et. cont., 24 novembre 1887.
[3] Trib. confl., 22 juin 1889.
[4] Trib. confl., 13 décembre 1889.

soumis à l'autorité du préfet, c'est contre ce fonctionnaire, représentant les communes intéressées, et non contre le service vicinal qui ne possède aucune personnalité juridique, que doivent être dirigées les actions en réparation du préjudice causé aux riverains par l'établissement de ces chemins[1].

Le tribunal de simple police, à l'exclusion du conseil de préfecture, est compétent pour statuer, tant pour l'application de la peine que pour la réparation du dommage, sur les contraventions résultant de détériorations ou de dégradations commises sur les chemins vicinaux[2].

En matière d'expropriation pour les travaux d'ouverture d'un chemin vicinal, l'arrêté de cessibilité ne peut, à peine de nullité, être pris par le préfet sans en avoir référé à l'autorité supérieure et obtenu son consentement préalable, si le conseil municipal de la commune intéressée a, lors de l'enquête, exprimé l'avis qu'il y a lieu de modifier le tracé proposé[3].

CHIENS (Taxe des). — **Législation.** — Le décret du 22 décembre 1886 a modifié les articles 7 et 9 du décret réglementaire du 4 août 1855 relatif à la taxe municipale sur les chiens. D'après le décret de 1855 l'état matrice des personnes imposables était dressé par le maire et les répartiteurs assistés du percepteur des contributions directes; et, ce fonctionnaire avait mission de transmettre cet état au directeur des contributions directes. Aux termes du décret modificatif de 1886 l'état matrice destiné à

---

[1] Cons. d'Et. cont., 19 décembre 1890.
[2] Cons. d'Et. cont., 6 mars 1891.
[3] Cass. civ., 8 avril 1891, *J. Pal.*, 1891, p. 646.

servir de base à la confection du rôle est rédigé, de concert avec le maire et les répartiteurs, par le contrôleur des contributions directes qui est chargé de le transmettre au directeur de ces contributions. Au cas où le maire et les répartiteurs refuseraient leur concours, l'état serait dressé par le contrôleur seul; mais, dans cette hypothèse, l'état matrice devrait être soumis au préfet par le directeur des contributions directes. Les difficultés qui surgiraient, dans la confection de l'état matrice, entre le contrôleur, le maire et les répartiteurs sont tranchées par le préfet sur le rapport du directeur des contributions directes. La décision du préfet est susceptible de recours devant le ministre de l'intérieur lorsqu'elle est en contradiction avec la proposition du directeur. En aucun cas, elle ne fait obstacle au droit pour le contribuable d'exercer ses réclamations après la publication du rôle.

CIMETIÈRES. — **Jurisprudence**. — La délibération d'un conseil municipal, portant injonction au maire de se conformer aux prescriptions de la loi du 5 avril 1884 (art. 97, § 4) sur le maintien du bon ordre dans les cimetières, est nulle, la police des cimetières appartenant non au conseil municipal mais au maire sous la surveillance de l'administration supérieure[1].

Le décret qui déclare d'utilité publique la création d'un cimetière et autorise l'expropriation des terrains nécessaires à cette opération doit être annulé, s'il est constant qu'aucune affiche n'a été apposée dans la commune où le cimetière doit être établi, pour annoncer l'ouverture à la

[1] Cons. d'Ét. cont., 15 juillet 1887.

préfecture de l'enquête préalable à la déclaration d'utilité publique [1].

Il appartient aux tribunaux civils de connaître des actions ayant pour objet les droits et les obligations résultant des concessions dans les cimetières ainsi que le paiement des taxes afférentes aux inhumations; de plus, l'autorité compétente pour appliquer les tarifs, l'est nécessairement pour reconnaître le sens et la portée des dispositions de loi ou de règlement à appliquer sans qu'il y ait lieu à l'existence d'une question préjudicielle de la compétence de l'autorité administrative [2].

Aux termes de l'article 2 de l'ordonnance du 6 décembre 1843, non abrogée, c'est au préfet qu'il appartient d'ordonner, en cas de nécessité, la translation d'un cimetière, le conseil municipal entendu, et de déterminer le nouvel emplacement du cimetière sur l'avis du conseil municipal, après enquête de *commodo* et *incommodo* [3].

Commet un excès de pouvoir le maire qui, en cas d'agrandissement et de nouvel aménagement d'un cimetière, interdit les inhumations dans les anciennes concessions trentenaires à partir de la cinquième année qui précède leur expiration et refuse aux concessionnaires le renouvellement sur place des anciennes concessions, alors que la destination des terrains primitivement concédés n'est pas modifiée et qu'ils continuent à rester affectés aux inhumations [4].

Les communes n'ont pas le droit de concéder, dans les cimetières, des emplacements particuliers soit à l'adminis-

---

[1] Cons. d'Ét. cont., 27 janvier 1888.
[2] Trib. confl., 7 mai 1892.
[3] Cons. d'Ét. cont., 11 décembre 1891.
[4] Cons. d'Ét. cont., 8 avril 1892.

tration militaire, soit à des associations laïques ou religieuses[1].

CLOCHES. — **Jurisprudence.** — Ne constitue pas une infraction à la loi pénale, au cas où un règlement est intervenu entre l'autorité diocésaine et l'autorité préfectorale pour la sonnerie des cloches, avec énumération des exercices religieux pouvant être annoncés par ce moyen, le fait que la sonnerie aurait été employée dans des cas autres que ceux prévus dans la nomenclature, une réglementation de cette nature ne pouvant être considérée comme un arrêté administratif visé par l'article 471 n° 15, du Code pénal[2].

COLONIES. — **Législation.** — Un corps unique d'administrateurs coloniaux pour les fonctionnaires chargés en sous-ordre de l'administration des colonies a été institué par décret du 2 septembre 1887, modifié par décret du 12 décembre 1888. Le cadre et la hiérarchie des administrateurs coloniaux comprend 6 administrateurs principaux de 1re classe, 6 administrateurs principaux de 2e classe, 8 administrateurs de 1re classe, 8 administrateurs de 2e classe, 8 administrateurs de 3e classe, 8 administrateurs de 4e classe. Ils sont nommés par le Sous-Secrétaire d'État aux colonies, après épreuves d'admissibilité déterminées par arrêté du Sous-Secrétaire d'État.

— Un corps spécial du commissariat colonial a été constitué par décret du 5 octobre 1889, modifié par décret du 21 février 1890. Il est formé de la portion du corps du

---

[1] Avis du cons. d'Ét., 3 août 1892.
[2] C. de cass. crim., 12 mai 1887.

commissariat de la marine affectée au service des colonies. Il comprend les grades de : commissaire général de 1re et de 2e classe. — Commissaire (assimilation au grade de colonel). — Commissaire-adjoint (assimilation au grade de chef de bataillon). — Sous-commissaire de 1re et de 2e classe (assimilation au grade de capitaine). — Aide-commissaire (assimilation au grade de lieutenant). Les différents grades sont conférés par décret, sur la proposition du ministre chargé des colonies. Le commissariat colonial se recrute parmi les élèves-commissaires à la nomination du ministre; les nominations au grade d'aide-commissaire ont lieu exclusivement au concours.

— Le corps de l'inspection des services administratifs et financiers des colonies a été institué par un décret du 20 juillet 1887 et son organisation réglée par le décret du 25 novembre 1887 successivement modifié par les décrets des 9 août 1889, 3 février 1891.

— Le décret du 23 novembre 1889 a créé une École coloniale à Paris et en a réglé l'organisation administrative et financière. Aux termes de ce décret, l'École coloniale relève du Ministre chargé des colonies et est administrée par un conseil d'administration dont les membres sont nommés par lui. Le budget de l'École est arrêté par le conseil d'administration et approuvé par le Ministre.

Le fonctionnement de l'École coloniale est déterminé par un décret du 23 novembre 1889. Elle se divise en deux sections : une section indigène et une section française. La première est destinée à donner à de jeunes indigènes des colonies et des pays de protectorat une éducation française et une instruction primaire supérieure; la seconde, la plus importante, à donner l'enseignement des sciences coloniales et à assurer le recrutement des différents services coloniaux. La durée normale des cours est de deux ans, dans la section indigène, et, de trois ans, dans la section française. Le programme de l'enseignement ainsi que les épreuves exigées des candidats au cours des études et à la sortie de l'école est déterminé par arrêté ministériel, rendu sur la proposition du conseil d'administration. A la fin de la troisième année, avant les examens de sortie, un arrêté ministériel fixe le nombre des places mises dans chaque carrière à la disposition des élèves de l'École qui sont appelés, d'après l'ordre du classement, et à la condition de remplir les conditions spéciales à chaque carrière, à choisir celle dans laquelle ils désirent entrer. Les principales carrières ouvertes aux élèves brevetés de l'École coloniale sont : l'administration centrale des colonies — la magistrature coloniale, si le candidat est licencié en droit — le commissariat colonial, si le candidat, licencié en droit, a suivi le cours spécial du commissariat, — le corps des administrateurs coloniaux, etc., etc.

Conseil supérieur des colonies. — La composition du conseil supérieur a subi des modifications successives par décrets du 22 juillet 1885 et du 30 mai 1890. Il est présidé par le Sous-Secrétaire d'État des colonies. Le président est remplacé, en cas d'absence, par deux vice-présidents nommés par décret, il est assisté de secrétaires nommés par arrêtés ministériels. Il comprend : 1° les sénateurs et les députés des colonies; 2° neuf délégués, élus pour trois ans, par certaines colonies et certains protectorats; 3° des membres de droit désignés à raison de leurs fonctions et choisis parmi les présidents de section au Conseil d'État, les conseillers d'État, les directeurs généraux, chefs de services et membres des comités permanents des ministères; 4° des membres, en nombre illimité, à la nomination du ministre chargé des colonies, désignés à raison de leur compétence spéciale des questions coloniales et choisis parmi les membres du Parlement, les fonctionnaires ou anciens fonctionnaires des colonies; 5° de délégués des chambres de commerce de Paris, Lyon, Marseille, Bordeaux, Rouen, le Hâvre, Nantes; 6° le président ou un délégué de la société de géographie de Paris, de la société de géographie commerciale de Paris, de la société des études coloniales et maritimes, de la société de colonisation et de la société académique indochinoise.

Le conseil supérieur forme quatre sections correspondant chacune à un groupe de colonies. Chaque section se compose : 1° des sénateurs, députés et délégués des colonies comprises dans le groupe correspondant à la section et de membres nommés par arrêté ministériel et choisis parmi les membres désignés en raison de leurs connaisssances spéciales des questions coloniales. En outre, le président du conseil supérieur peut lui adjoindre d'autres membres du conseil suivant la nature des questions soumises à la section. Chaque section a son président, nommé par décret, et son secrétaire, nommé par arrêté du Sous-Secrétaire d'État aux colonies.

Les attributions du conseil supérieur des colonies sont aussi étendues qu'importantes. Il est appelé à donner son avis sur les projets de loi, de règlements d'administration publique ou de décrets renvoyés à son examen, ainsi qu'en général sur toutes les questions qui lui sont soumises par le gouvernement.

I. *Algérie.* — Par addition au décret du 23 septembre 1875, relatif à l'organisation des conseils généraux en Al-

gérie, le décret du 29 août 1892 dispose que, si le conseil
général ne se réunit pas au jour fixé par le décret de convocation, en nombre suffisant pour délibérer, la session
est de plein droit renvoyée au lundi suivant, avec convocation spéciale faite par le préfet. En ce cas, les délibérations sont valables, quel que soit le nombre des membres
présents, et la durée légale de la session commence à courir seulement du jour de la seconde convocation. De plus,
si, au cours de la session, les membres présents ne forment pas la majorité du conseil, les délibérations sont
renvoyées au surlendemain et elles sont valables quel que
soit le nombre des votants. Dans les deux cas les noms
des absents sont inscrits au procès-verbal.

En vertu de l'article 1 du décret du 21 août 1890, la délégation faite au gouverneur général, par le ministre des
finances, en matière de domaine, ne s'applique pas aux
affaires mixtes qui nécessitent l'intervention directe d'un
ou de plusieurs autres ministres.

La procédure contentieuse devant les conseils de préfecture, telle qu'elle est réglée par la loi du 22 juillet
1889 [1], a été rendue applicable aux conseils de préfecture
des départements de l'Algérie par un décret du 31 août
1889. Deux seules modifications de détail ont été apportées
à la loi générale. En matière de contraventions de la compétence du conseil de préfecture, le délai accordé à l'inculpé pour fournir ses défenses écrites est de quinze
jours à partir de la citation, dans le même délai l'inculpé
doit faire connaître s'il entend user du droit de présenter
des observations orales à l'audience. Pour l'Algérie, ce
délai de quinzaine est porté à trente jours par l'article 1

---

[1] Voir *infrà, Conseils de préfecture, Procédure.*

du décret du 31 août 1889. De même, en principe, la partie doit être avertie par une notification, en la forme administrative, du jour où l'affaire sera portée en séance publique soit à sa personne, soit au mandataire ou défenseur domicilié dans le département; dans les deux cas l'avertissement doit être donné au moins quatre jours avant la séance (art. 44, § 1 et 2 de la loi du 22 juillet 1889). Aux termes de l'article 2 du décret du 31 août 1889, ce délai est de huit jours au moins avant la séance pour les conseils de préfecture de l'Algérie. Il est inutile d'insister sur les motifs de cette double prorogation de délai.

II. *Grandes Colonies (Guadeloupe, Martinique, Réunion)*. — Le chef du service administratif de la marine dans chacune des colonies de la Martinique, de la Guadeloupe et de la Réunion est appelé, par décret du 23 novembre 1887 à siéger, comme membre titulaire, avec voix délibérative, au conseil privé de la colonie.

— Aux termes d'un décret du 4 août 1886, modifiant l'article 11 du décret du 26 juillet 1884 sur l'organisation des conseils généraux dans les trois grandes colonies, si le conseil général ne se réunit pas, au jour fixé par l'arrêté de convocation, en nombre suffisant pour délibérer, la session est de plein droit renvoyée au lundi suivant, sur convocation spéciale faite d'urgence par le directeur de l'intérieur. Les délibérations sont alors valables quel que soit le nombre des membres présents et la durée légale de la session commence seulement à partir de la seconde réunion. De même si, au cours de la session, les membres présents ne forment pas la majorité du conseil, les délibérations sont renvoyées au surlendemain et sont valables quel que soit le nombre des votants.

Les inéligibilités et les incompatibilités pour les conseils généraux de la Guadeloupe, de la Martinique et de la Réunion sont fixées par le décret du 20 août 1886. Sont inéligibles notamment les gouverneurs, directeurs de l'intérieur dans la colonie, les procureurs généraux et leurs substituts dans l'étendue du ressort de la Cour, les présidents et juges dans l'arrondissement du tribunal, les officiers commandant une circonscription territoriale dans l'étendue de leur commandement, les officiers du commissariat chargés de l'inscription maritime, etc. Le mandat de conseiller général est incompatible avec certaines fonctions par exemple avec celles de gouverneur, de directeur de l'intérieur, de commissaires et agents de police en plus de celles qui sont désignées par la loi du 10 août 1871 (art. 8, n°s 1 à 7). De même avec les fonctions rétribuées ou subventionnées sur les fonds coloniaux, et avec la qualité d'entrepreneurs de services ou de travaux publics soldés sur le budget de la colonie.

On sait qu'en cas de vacance par décès, option ou démission, les électeurs sont convoqués dans le délai de trois mois, à moins que le renouvellement légal de la série à laquelle appartient le siège vacant doive avoir lieu avant la prochaine session du conseil général, auquel cas l'élection est reportée au moment du renouvellement. Cette disposition édictée, pour la France, par la loi du 10 août 1871 sur les conseils généraux (art. 22, § 2), est rendue applicable aux colonies de la Guadeloupe, de la Réunion et de la Martinique par décret du 21 août 1889[1].

Le conseil général de la Réunion nomme, à l'ouverture de la session d'août, et pour un an, au scrutin secret et à

---

[1] Voir *Journal officiel* du 22 août 1889.

la majorité absolue, son président, son vice-président et ses secrétaires[1].

— Une loi du 12 mai 1889 a eu pour objet de soumettre à l'approbation du gouverneur en conseil privé ou même de celle du Président de la République celles des délibérations des conseils municipaux des trois mêmes colonies qui sont relatives à l'établissement de centimes additionnels votés à l'effet de pourvoir aux dépenses facultatives des communes.

III. *Petites colonies. — Sénégal.* — Comme dans la plupart des colonies une « commission coloniale » élue dans le sein du conseil général a été instituée au Sénégal[2].

Elle se compose de 3 à 5 membres élus par le conseil général, à la fin de la session ordinaire; elle se réunit une fois par mois, sous la présidence du plus âgé de ses membres et elle peut être extraordinairement convoquée soit par le gouverneur soit par son président.

Elle règle les affaires qui lui sont renvoyées par le conseil général, dans les limites de la délégation qui lui est ainsi faite; elle délibère sur toutes les questions qui lui sont déférées par les lois en vigueur dans la colonie, et elle donne son avis sur toutes les questions que le gouverneur renvoie à son examen et sur celles qu'elle juge à propos de soumettre à son attention. En outre, elle fait, à l'ouverture de chaque séance ordinaire, un rapport au conseil général sur l'ensemble de ses travaux et les propositions qu'elle juge utiles; elle présente ses observations sur le projet de budget. En un mot, ses attributions sont ana-

---

[1] Décret du 30 avril 1892.
[2] Décret du 12 août 1885.

logues à celles qui sont conférées par la loi du 10 août 1871 aux commissions départementales des départements de la métropole.

— Sont inéligibles au conseil général de la colonie : le gouverneur, les commandants de cercles, le directeur de l'intérieur, les membres de l'autorité judiciaire; les militaires et marins, ainsi que certains fonctionnaires[1].

Le mandat de conseiller général est également incompatible avec les fonctions de conseiller privé, titulaire et suppléant, et celles des agents de tout ordre salariés ou subventionnés sur les fonds de la colonie[2].

— Le conseil privé du Sénégal se compose de l'ancien conseil d'administration de la colonie. Les deux membres titulaires et les deux membres suppléants appelés à faire partie du conseil privé sont nommés par le Président de la République, sur la proposition du ministre de la marine et des colonies, et choisis parmi les citoyens français âgés de 30 ans, ayant une résidence de cinq ans dans la colonie. La durée de leur mandat est de deux années, sauf renouvellement[3].

— Les administrateurs coloniaux du Sénégal sont placés sous l'autorité du gouverneur. Ils sont les représentants du pouvoir exécutif; et, à ce titre, ils sont chargés de la direction politique et de la surveillance de tous les services civils et financiers. Leurs attributions sont variées et étendues. Ils sont officiers de police judiciaire, auxiliaires du procureur de la République; juges en matière de simple police, sans assistance de greffier ni de ministère public;

---

[1] Décret du 24 février 1885.

[2] Décret du 24 février 1885.

[3] Décret du 24 février 1885.

ils remplissent les fonctions de magistrats conciliateurs, et d'officiers d'état civil [1].

— Les articles 1 à 9 (communes) et l'article 54 (publicité des séances des conseils municipaux) de la loi du 5 avril 1884 sur l'organisation municipale s'appliquent au Sénégal [2].

Soudan français. — Un commandant supérieur est chargé, sans l'autorité du gouverneur du Sénégal, de l'administration du Soudan français. Il correspond directement avec le Sous-Secrétaire d'État aux colonies, mais il doit adresser copie de ses rapports au gouverneur. Il a d'ailleurs, pour le Soudan, les mêmes pouvoirs administratifs et financiers que lui. Tout le personnel civil et militaire dépend du commandant supérieur. Le budget local, distinct de celui du Sénégal, est préparé par le commandant supérieur et soumis par lui à l'approbation du Sous-Secrétaire d'État, avant d'être rendu exécutoire [3].

Rivières du Sud, Établissements français de la Côte-d'Or et du Golfe du Bénin. — L'administration de ces petites colonies a été rattachée à celle du Sénégal, dans une mesure différente [4].

Le lieutenant gouverneur du Sénégal est chargé de l'administration des Rivières du Sud, il correspond directement avec le Sous-Secrétaire d'État aux colonies, mais il doit adresser copie de ses rapports au gouverneur du Sénégal. C'est lui qui, dans cette colonie, exerce les pouvoirs administratifs, politiques et financiers dévolus au gouverneur du Sénégal. A cet effet, il est assisté d'un

[1] Décret du 22 septembre 1887.
[2] Décret du 29 avril 1889.
[3] Décret du 18 août 1890.
[4] Décret du 16 juin 1886.

secrétaire général choisi dans le personnel supérieur des directeurs de l'intérieur ou dans le corps des commissaires coloniaux. Il est en outre chargé de l'exercice du protectorat de la République française sur le Fonta-Djallon. Cette colonie a un budget spécial qui est préparé par le lieutenant gouverneur avec le concours d'un conseil consultatif, approuvé ensuite par le Sous-Secrétaire d'État aux colonies et enfin rendu exécutoire par le lieutenant gouverneur[1].

L'administration des Établissements français de la Côte-d'Or est confiée à un représentant du gouvernement, portant le titre de résident et choisi dans le corps des administrateurs coloniaux. Ce fonctionnaire est placé sous l'autorité du lieutenant gouverneur des Rivières du Sud; il correspond directement avec le Sous-Secrétaire d'État aux colonies, et il envoie copie de ses rapports au lieutenant gouverneur. Le budget spécial est proposé par le résident, soumis à l'approbation du sous-secrétaire d'État par le lieutenant gouverneur et rendu exécutoire par arrêté de celui-ci[2].

Ces règles s'appliquent également aux établissements français du golfe du Bénin[3].

Congo français et Gabon. — Les territoires français du Congo et du Gabon forment une seule colonie placée sous l'autorité d'un commissaire général qui a sous ses ordres un lieutenant gouverneur[4].

Le conseil d'administration du Congo et du Gabon se compose : du commissaire général, président — du lieutenant gouverneur, vice-président — du commandant de

1-2-3 Décret du 1er août 1889.
4 Décret du 11 décembre 1888.

la marine — du directeur de l'intérieur — du chef du service administratif — du chef du service judiciaire — de deux habitants notables désignés par le gouverneur général.

Il se constitue en conseil du contentieux administratif par l'adjonction de magistrats, et à défaut de magistrats, de fonctionnaires des colonies pourvus du diplôme de licencié en droit. Un officier du commissariat de la marine, désigné chaque année par le gouverneur général, remplit les fonctions de ministère public.

Établissements français de Diego-Suarez, Nossi-Bé. — Sainte-Marie de Madagascar. — Les îles de Nossi-Bé et Sainte-Marie de Madagascar ont été rattachées au territoire de Diego-Suarez par un décret du 4 mai 1888.

Ces établissements sont placés sous l'autorité d'un gouverneur résidant à Diego-Suarez, et exerçant les mêmes pouvoirs politiques, administratifs et financiers que ceux qui sont attribués au gouverneur du Sénégal.

Le gouverneur est assisté d'un conseil consultatif pour l'administration de l'établissement de Diego-Suarez, et, pour les affaires administratives, d'un secrétaire général choisi dans le personnel des directions de l'intérieur ou dans le corps des administrateurs coloniaux. Le budget local est établi par le gouverneur, avec le concours du conseil consultatif, et soumis à l'approbation du Sous-Secrétaire d'État aux colonies [1].

L'administration de l'île de Nossi-Bé est confiée à un administrateur colonial, placé sous l'autorité du gouverneur et assisté d'un secrétaire général. Il a les pouvoirs qui appartenaient précédemment au chef de la colonie.

----

[1] Décret du 1er juillet 1890.

Le budget local est préparé par l'administrateur, en conseil d'administration, et soumis à l'approbation du Sous-Secrétaire d'État aux colonies par le gouverneur de Diego-Suarez [1].

L'île de Sainte-Marie de Madagascar est placée sous l'autorité directe du gouverneur de Diego-Suarez. Le budget local est préparé par l'administrateur de cette dépendance avec le concours d'un conseil consultatif [2].

Établissements français de l'Inde. — Des chefs de service, placés sous l'autorité du gouverneur, sont les représentants du pouvoir exécutif dans les établissements de Chandernagor, Karikal, de Mahé et de Yanaou. Ils ont la surveillance de tous les services civils et financiers, et ils sont les agents d'exécution des chefs d'administration et des chefs de service qui n'ont pas de délégués dans les établissements secondaires [3].

Le gouverneur, les chefs de service, le directeur de l'intérieur, les magistrats, les militaires et marins ont été déclarés, d'après le principe général en cette matière, inéligibles au conseil général. Sont éligibles les citoyens inscrits sur une liste d'électeurs, âgés de 25 ans au moins, connaissant la langue française, et résidant depuis au moins six mois. Le mandat de conseiller général est incompatible avec les fonctions de conseiller privé, titulaire ou suppléant, de magistrats, d'agents de tout ordre salariés ou subventionnés sur les fonds de la colonie et la qualité d'entrepreneurs de services ou de travaux publics rétribués sur le budget [2].

1-2 Décret du 1er juillet 1890.
3 Décret du 12 juillet 1887.
4 Décret du 24 février 1885.

— Les séances du conseil général sont publiques[1].

— En matière d'élections au conseil général dans l'Inde le pourvoi est suspensif[2].

— Les attributions des conseils locaux sont purement consultatives. Les assemblées donnent un avis sur le projet de budget local concernant l'établissement auquel chacune d'elles appartient et sur toutes les questions de la compétence du conseil général[3].

Cochinchine (Voir *Indo-Chine*). — Le conseil colonial de la Cochinchine française se compose de : six citoyens français, six membres asiatiques citoyens français — de deux membres civils du conseil privé nommés par décret — de deux membres délégués de la chambre de commerce et élus par elle dans son sein[4].

Les membres français et indigènes sont élus, par circonscriptions déterminées en conseil privé par arrêté du gouverneur, au suffrage universel et direct. Sont électeurs, sans condition de cens, tous les citoyens français ou naturalisés jouissant de leurs droits civils et politiques et domiciliés dans la colonie depuis une année au moins. Sont éligibles au conseil colonial les citoyens portés sur une liste électorale, âgés de 25 ans, et domiciliés depuis deux ans au moins dans la colonie. Toutefois, les fonctionnaires et agents recevant un traitement de la métropole ou de la colonie sont inéligibles. De même, le mandat de membre du conseil colonial est incompatible avec la qualité d'entrepreneur à titre permanent ou temporaire de services et de travaux publics rétribués sur le budget de

[1] Décret du 28 juillet 1890.
[2] Décret du 13 janvier 1888.
[3] Décret du 12 juillet 1887.
[4] Décret du 8 février-1er juillet 1886.

la colonie[1]. Les réclamations des électeurs, contre les élections, et les instances en nullité formées par le directeur de l'intérieur, sont jugées par le conseil du contentieux sauf recours au Conseil d'État. Les pourvois ont un effet suspensif en cette matière[2].

Le conseil peut être suspendu, prorogé ou même dissous par arrêté du gouverneur rendu en conseil privé. En cas de dissolution, il doit être procédé à de nouvelles élections dans le délai de trois mois.

Le conseil colonial se réunit une fois par an en une session qui dure vingt jours, et il peut être convoqué par le gouverneur en séance extraordinaire. Son président est nommé par le gouverneur et choisi parmi ses membres. Les séances sont publiques[3].

Les attributions du conseil colonial sont énumérées dans les articles 32 et suivants du décret du 8 février 1880 ; elles sont analogues à celles des conseils généraux des départements français[4]. Le budget est délibéré par le conseil colonial et arrêté définitivement par le gouverneur général en conseil supérieur de l'Indo-Chine[5].

— Le conseil privé de la Cochinchine se compose ainsi qu'il suit : du lieutenant gouverneur de la Cochinchine, président — du commandant des troupes de la Cochinchine — du commandant de la marine — du secrétaire général de la Cochinchine qui a la présidence déléguée de droit en l'absence du lieutenant gouverneur — du chef du service

---

[1] Décret du 6 octobre 1887.

[2] Décret du 13 janvier 1888.

[3] Décret du 6 octobre 1887.

[4] Elles ont été successivement modifiées par décrets du 6 octobre 1887 et du 28 septembre 1888.

[5] Décret du 7 décembre 1888 (art. 2).

administratif — du procureur de la République de Saïgon
— de deux conseillers privés et de deux conseillers suppléants choisis parmi les notables habitants de la colonie
et nommés par décret, pour une période de quatre années.
L'inspecteur des services administratifs et financiers de la
colonie assiste au conseil [1]. Dans certains cas, le conseil
privé s'adjoint deux membres de l'ordre judiciaire nommés pour un an par le gouverneur général ainsi que deux
magistrats suppléants [2].

Guyane. — Le conseil privé, institué à la Guyane [3], se
compose : du gouverneur, président — du directeur de
l'intérieur — du commandant supérieur des troupes, —
du procureur général — du directeur de l'administration
pénitentiaire — de deux conseillers privés titulaires et
deux suppléants.

— Le mandat de conseiller général dans la Guyane est
incompatible notamment avec les fonctions de conseiller
privé titulaire ou suppléant, de magistrats, avec la qualité
de fonctionnaires et agents de tout ordre salariés ou subventionnés sur les fonds de la colonie et enfin d'entrepreneur de services ou de travaux publics rétribués sur le
budget [4].

De même, les fonctionnaires, employés et agents de
l'administration pénitentiaire sont inéligibles aux conseils
généraux et aux conseils municipaux de la colonie [5].

— Les articles 1 à 9 inclus (des communes) et l'article
54 (publicité des séances des conseils municipaux) de la

---

[1] Décret du 26 août 1889.
[2] Décret du 16 juillet 1888.
[3] Décret du 11 juillet 1885.
[4] Décret du 24 février 1885.
[5] Décret du 23 novembre 1887.

loi du 5 avril 1884, ont été déclarés applicables à l'organisation municipale de la Guyane [1].

Saint-Pierre et Miquelon. — L'ancien « conseil d'administration » a reçu la nouvelle dénomination de « conseil privé. » Il se compose du commandant de la colonie, président; du chef de service de l'intérieur, du chef du service judiciaire, d'un conseiller privé titulaire et d'un conseiller suppléant, ces deux derniers désignés par le Président de la République parmi les citoyens français notables domiciliés depuis au moins cinq ans dans la colonie [2].

Un conseil général a été également institué, comme dans la plupart des petites colonies, aux îles Saint-Pierre et Miquelon [3]. Il se compose de treize membres répartis entre trois circonscriptions [4], élus au suffrage universel et au scrutin de liste. Les règles relatives aux conditions d'éligibilité et d'inéligibilité, le contentieux électoral, le nombre des sessions, les attributions, le budget, le mode d'exécution des décisions du conseil général, la création d'une commission coloniale, ont été analysées au sujet du conseil général de la Nouvelle-Calédonie.

— Les articles 1 à 9 inclus (des communes) et 54 (publicité des séances) de la loi du 5 avril 1884, sur l'organisation municipale, ont été également déclarés applicables à cette colonie [5].

Nouvelle-Calédonie. — Un conseil général a été institué dans la colonie de la Nouvelle-Calédonie [6]. Il se com-

---

[1] Décret du 29 avril 1889.
[2] Décret du 2 avril 1885.
[3] Décret du 2 avril 1885.
[4] Décret du 7 septembre 1887.
[5] Décret du 29 avril 1889.
[6] Décret du 2 avril 1885.

pose de 16 membres répartis entre six circonscriptions. Il est élu au suffrage universel et au scrutin de liste. Sont éligibles tous les citoyens inscrits sur une liste électorale, âgés de 25 ans au moins, domiciliés dans la colonie ou , à défaut de domicile, inscrits au rôle d'une contribution directe. Sont, au contraire, inéligibles : le gouverneur de la colonie, le directeur de l'intérieur, les magistrats, les militaires et marins et certains fonctionnaires. Les réclamations élevées contre les élections sont examinées, en premier ressort, par le conseil du contentieux administratif et, en appel, par le Conseil d'État.

Le conseil général tient deux sessions ordinaires par an : 1° une première, commençant le premier lundi qui suit le 15 août, dans laquelle sont examinés le budget et les comptes; 2° la seconde au jour fixé par le conseil général. Il peut, en outre, être convoqué en séance extraordinaire par arrêté du gouverneur, après avis du conseil privé.

Il nomme son bureau, il fait son règlement intérieur; ses séances sont publiques.

Les attributions sont énumérées, dans les articles 36 et suivants du décret d'organisation. Elles ne diffèrent pas sensiblement de celles qui sont dévolues aux conseils généraux de la métropole par la loi du 10 août 1871.

Le budget de la colonie est préparé et présenté par le directeur de l'intérieur, délibéré par le conseil général et réglé définitivement par le gouverneur. Le conseil général nomme une « commission coloniale » composée de 3 à 5 membres, pris dans son sein. La commission coloniale correspond à la commission départementale des conseils généraux de la France.

Le gouverneur de la Nouvelle-Calédonie, dépositaire de l'autorité du gouvernement dans la colonie, est chargé de l'exécution des décisions du conseil général et de la commission coloniale.

— Les deux « conseillers coloniaux », membres du conseil privé, et nommés désormais « conseillers privés » sont nommés, ainsi que les deux suppléants, par le Président de la République et choisis parmi les citoyens français, âgés de trente ans et habitant la colonie depuis cinq ans. Ils sont nommés pour une période de deux ans[1].

Les fonctionnaires, employés et agents de l'administration pénitentiaire, ne peuvent faire partie du conseil général et des conseils municipaux de la Nouvelle-Calédonie[2].

Les articles 1 à 9 de la loi municipale du 5 avril 1884 (Titre I : *Des communes*), l'article 54, relatif à la publicité des séances des conseils municipaux ont été déclarés applicables à la Nouvelle-Calédonie[3].

Établissements français de l'Océanie. — Ces établissements sont placés sous l'administration et le commandement d'un gouverneur nommé par le Président de la République et dépendant directement du Ministre de la marine et des colonies. Il exerce l'autorité civile et militaire dans la colonie[4].

Ainsi, il est chargé de la défense intérieure et extérieure de la colonie et il a en personne le commandement supérieur de toutes armes dans l'étendue de son gouvernement à moins qu'il ne soit pas officier de terre ou de mer auquel cas il est tenu de déléguer ses pouvoirs à l'officier le plus élevé en grade en garnison dans la colonie.

Ses pouvoirs administratifs sont énumérés dans les arti-

[1] Décret du 2 avril 1885.
[2] Décret du 23 novembre 1887.
[3] Décret du 29 avril 1889.
[4] Décret du 28 décembre 1885.

cles 12 et suivants du décret d'organisation. Il est à noter que, dans certains cas précisément déterminés, il est tenu de prendre l'avis du conseil privé.

Relativement à la législation, le gouverneur promulgue les lois, décrets et arrêtés qui doivent recevoir leur exécution dans la colonie. Il prépare, en dehors des matières qu'il peut régler par arrêtés et qui sont énumérées par les articles 59 et 60, des projets de loi et de décrets et les soumet au ministre, avec l'avis du conseil privé.

Le gouverneur est assisté d'un directeur de l'intérieur chargé, sous ses ordres, de l'administration intérieure de la colonie.

Auprès de lui fonctionne un « conseil privé » qu'il préside et qui est composé du directeur de l'intérieur, du chef du service judiciaire, de deux conseillers privés, nommés pour une période de deux années par décret et choisis parmi les citoyens français domiciliés dans la colonie. Deux suppléants sont nommés dans les mêmes conditions. Le conseil privé délibère sur toutes les affaires dont il est saisi par le gouverneur ; dans certaines affaires son avis est obligatoire en ce sens qu'il doit être provoqué, mais sans toutefois que le gouverneur soit tenu de s'y conformer.

Le conseil privé connaît, comme « conseil du contentieux administratif » de certaines matières énumérées à l'article 130 du décret organique.

— En plus du « conseil privé » il existe dans les établissements français de l'Océanie un conseil général composé de 18 membres répartis entre cinq circonscriptions. L'élection a lieu au suffrage universel et au scrutin de liste dans chaque circonscription [1]. Sont éligibles tous

____

[1] Décret du 28 décembre 1885.

les citoyens français inscrits sur une liste électorale, âgés de 25 ans, connaissant la langue française, domiciliés dans la colonie ou inscrits au rôle d'une contribution directe, à l'exception du gouverneur, du directeur de l'intérieur, des magistrats, des militaires et marins, etc. Les réclamations contre les élections sont jugées par le « conseil du contentieux administratif, » sauf appel au Conseil d'État.

Le conseil général n'a qu'une session ordinaire; elle se tient au mois d'avril et dure un mois au plus. Il a en outre une session extraordinaire. Ses attributions sont à peu près les mêmes que celles qui sont conférées au conseil général de la Nouvelle-Calédonie et aux conseils généraux métropolitains (art. 36 et suivants du droit organique).

Le budget est préparé par le directeur de l'intérieur, délibéré par le conseil général et réglé par le gouverneur en conseil privé.

Il existe également une « commission coloniale » correspondant à la commission départementale.

— Les articles 1 à 9 (« *des communes* ») 11 à 45 (« de la formation des conseils municipaux ») 54 (« publicité des séances ») 74 à 87 (« des maires et des adjoints ») 165, de la loi municipale du 5 avril 1884, ont été déclarés applicables aux établissements français de l'Océanie [1].

IV. *Protectorat.* — Les pays placés sous le protectorat de la France ont été distraits du ministère de la marine et des colonies pour être rattachés au département des affaires étrangères [2].

Un comité consultatif des protectorats, placé auprès du

---

[1] Décret du 20 mai 1890.

[2] Décret du 7 janvier 1886.

ministre des affaires étrangères, se compose de seize membres savoir : un représentant du conseil d'État — quatre membres de droit : le directeur des affaires politiques, le directeur des affaires commerciales et consulaires, le sous-directeur chargé du service du protectorat, et le chef de la division de la comptabilité et des fonds au ministère des affaires étrangères — un représentant de chacun des départements ministériels. Ceux-ci sont nommés par décret sur la proposition du ministre des affaires étrangères. Le président du comité est également nommé par décret.

Le comité se réunit au moins une fois par mois, sur la convocation du ministre ou du président, pour délibérer sur toutes les affaires qui lui sont soumises par le ministre[1].

Madagascar. — Aux termes d'un traité conclu le 17 décembre 1885 et approuvé par une loi du 6 mars 1886[2], « le gouvernement de la République française représente « Madagascar dans toutes ses relations extérieures. Les « Malgaches à l'étranger sont placés sous la protection de « la France (art. 1). Un résident, représentant le gouver-« nement de la République, préside aux relations extérieu-« res de Madagascar, sans s'immiscer dans l'administration « intérieure du pays » (art. 2).

Le résident à Madagascar, portant le titre de résident général, est nommé par décret et relève du ministre des affaires étrangères. Il est le dépositaire des pouvoirs de la France et représente le gouvernement. A ce titre, il exerce les attributions prévues par le traité et il préside aux relations extérieures du gouvernement hova ainsi qu'aux rapports entre les autorités malgaches et les

---

[1] Décret du 26 mars 1886.
[2] *Journ. du Pal. Lois annotées*, 1888, p. 626.

agents français. Les services français, les commandants de son escorte militaire et de la flottille affectée au service de l'île, sont placés sous ses ordres, ainsi que les fonctionnaires et officiers mis à la disposition du gouvernement hova[1].

Indo-Chine française. — Un traité conclu à Hué, entre la France et le royaume d'Annam, le 6 juin 1884, a concédé à la France le protectorat de l'Annam[2]. La France représente l'Annam dans ses relations extérieures et prend sous sa protection les sujets annamites à l'étranger. Les fonctionnaires annamites continuent, aux termes du traité, à administrer certaines provinces sauf en ce qui concerne certaines affaires telles que les douanes et les travaux publics.

Un résident général, représentant du gouvernement français, préside aux relations extérieures de l'Annam et assure l'exercice régulier du protectorat sans s'immiscer dans l'administration locale des provinces.

Au Tonkin, des résidents sont placés sous les ordres du résident général; ils ne doivent pas s'occuper des détails de l'administration des provinces qui continuent à être gouvernées et administrées, sous leur contrôle, par les fonctionnaires indigènes[3].

---

[1] Décret du 7 mars 1886. Voir également le décret du 8 mars 1886 relatif à l'organisation du personnel des résidences à Madagascar.

[2] Approuvé par la loi du 15 juin 1885 et promulgué par décret du 2 mars 1886.

[3] Voir les décrets du 27 janvier 1886, relatif à l'organisation du protectorat de l'Annam et du Tonkin — du 3 février 1886, relatif à l'organisation du personnel des résidences de l'Annam et du Tonkin — du 8 février 1886, relatif aux attributions consulaires des résidents et vice-résidents — du 10 février 1886 relatif aux attributions judiciaires des résidents et vice-résidents.

— Le protectorat de l'Annam et du Tonkin, distrait du ministère des affaires étrangères, a été rattaché au département de la marine et des colonies[1].

— L'Indo-Chine est actuellement placée sous la haute autorité d'un gouverneur général qui a sous ses ordres pour le seconder dans l'administration de la Cochinchine et des protectorats du Tonkin, de l'Annam et du Cambodge : un lieutenant gouverneur à Saïgon — un résident supérieur à Hué, un résident supérieur à Hanoï et un résident supérieur à Pnom-Penh. Le gouverneur général organise les services de l'Indo-Chine et règle leurs attributions. Il nomme, sauf disposition contraire par lui-même ou par délégation au lieutenant gouverneur et aux résidents généraux, à tous les emplois civils[2].

Le lieutenant gouverneur exerce l'administration de la Cochinchine; le résident supérieur à Hué, les pouvoirs conférés au gouvernement français par le traité d'Hué; le résident supérieur à Pnom-Penh ceux qui ont été consentis à la France par une convention passée avec le royaume du Cambodge et approuvée par une loi du 17 juillet 1885. Enfin, le résident supérieur d'Hanoï remplit les fonctions dévolues au résident général de l'Annam et du Tonkin dans les provinces non comprises dans les limites fixées par le traité d'Hué (art. 3)[3].

Le gouverneur général de l'Indo-Chine, les résidents généraux, les résidents supérieurs et les résidents dans l'Annam, le Tonkin et le Cambodge sont nommés par décret[4].

---

[1] Décret du 17 octobre 1887.
[2] Décret du 12 novembre 1887.
[3] Décret du 20 octobre 1887.
[4] Décret du 9 mai 1889.

Un budget général avait été formé pour l'Indo-Chine ; il a été supprimé et les recettes qui le composaient ont été restituées aux budgets particuliers qui les avaient fournies. Chaque partie qui la compose a son budget propre ; le budget de l'Annam et du Tonkin comprend, outre ses ressources propres, la subvention de la métropole, ainsi que le contingent, fixé par la loi annuelle de finances, dû par la Cochinchine à la métropole[1].

— Un conseil supérieur de l'Indo-Chine est placé, à titre consultatif, auprès du gouverneur général. Il se compose : du gouverneur général, président — du commandant en chef des troupes de l'Indo-Chine — du commandant en chef de la division d'Extrême Orient et des forces navales stationnées en Indo-Chine — du lieutenant gouverneur de la Cochinchine — du résident supérieur du Tonkin — du résident supérieur de l'Annam — du résident supérieur du Cambodge — du procureur général, chef du service judiciaire de l'Indo-Chine — du chef du cabinet du gouverneur général remplissant les fonctions de secrétaire et ayant voix délibérative. Les chefs des services administratifs de l'Annam, du Tonkin, de la Cochinchine et du Cambodge ont voix délibérative pour toutes les questions qui concernent leur service[2].

Le conseil supérieur tient au moins une session par an ; toutefois il se réunit, aussi souvent que les nécessités l'exigent, sur la convocation du gouverneur général. Le gouverneur général arrête, en conseil supérieur de l'Indo-Chine, le budget local de la Cochinchine, délibéré en conseil colonial. Le conseil supérieur donne également

---

[1] Décret du 11 mai 1888.

[2] Décret du 26 août 1889.

son avis sur le budget de l'Annam et du Tonkin et sur celui du Cambodge qui sont approuvés par décrets rendus en Conseil des ministres, sur la proposition du Ministre de la marine et des colonies ainsi que sur toutes les questions qui sont soumises à son examen par le gouverneur général[1].

COMMISSION DÉPARTEMENTALE. — Jurisprudence.

—Aucune disposition législative ou réglementaire n'a déféré, spécialement pour l'Algérie, au Conseil d'État, le jugement des protestations dirigées contre l'élection des membres de la commission départementale[2].

Doit être déclarée nulle et de nul effet la délibération d'une commission départementale approuvant l'envoi, à tous les maires du département, d'une circulaire les invitant à convoquer les conseils municipaux, en session extraordinaire, à l'effet de délibérer sur le relèvement des taxes douanières destinées à protéger l'agriculture, les conseils municipaux ne pouvant être saisis de cette question que par le gouvernement[3].

La délibération par laquelle une commission départementale déclare « désapprouver l'expédition du Tonkin, comme désavouée par la nation tout entière » est illégale et nulle, par application de l'article 33 de la loi du 10 août 1871, comme présentant un caractère politique[4].

Le délai de deux mois, à partir de la communication de la décision attaquée, imparti pour le recours au Conseil d'État contre les décisions d'une commission départemen-

[1] Décret du 7 décembre 1888.
[2] Cons. d'Ét. cont., 8 mai 1885.
[3] Décret en Conseil d'État du 9 mai 1885.
[4] Décret en Conseil d'État du 22 août 1885.

tale prises conformément aux articles 88 et 87 de la loi du 10 août 1871, n'est pas suspendu par l'appel distinct formé contre ces mêmes décisions devant le conseil général pour cause d'inopportunité ou de fausse appréciation des faits[1].

Par suite de l'impossibilité de former une commission départementale au sein de la commission, instituée par décret du 16 septembre 1871, pour tenir lieu provisoirement de conseil général et de conseil d'arrondissement aux territoires restés français de l'ancien département du Haut-Rhin, il appartient à cette dernière commission d'exercer les attributions de la commission départementale[2].

Les règlements des conseils généraux ne rentrent pas dans les dispositions de loi ou de règlement d'administration publique dont la violation peut donner ouverture au recours pour excès de pouvoir prévu par les lois des 7-12 octobre 1790 et 24 mai 1874 (art. 9)[3].

Il n'appartient pas à la commission départementale, en vertu de l'article 87 de la loi du 10 août 1871, de prescrire, sans l'assentiment du conseil municipal, l'exécution des travaux d'établissement des chemins vicinaux, alors qu'il doit en résulter pour la commune une dépense qui n'est obligatoire qu'autant qu'elle a été votée par le conseil municipal[4].

N'est pas recevable le recours d'une commune, fondé non sur la violation d'une disposition légale mais seulement sur une inexacte appréciation des faits, contre une

---

[1] Cons. d'Ét. cont., 14 mai 1886.
[2] Cons. d'Ét. cont., 16 mars 1888.
[3] Cons. d'Et. cont., 7 août 1891.
[4] Cons. d'Ét. cont., 11 décembre 1891.

décision de la commission départementale qui a fixé les revenus à assigner aux bois communaux[1].

COMMISSION SCOLAIRE. — Législation. — Les commissions scolaires ont été instituées par la loi du 28 mars 1882 sur l'obligation de l'enseignement primaire. Leurs fonctions consistent à surveiller et à encourager la fréquentation des écoles primaires.

Elles sont composées, dans chaque commune, du maire ou d'un adjoint président; d'un dès délégués du canton, et, dans les communes comprenant plusieurs cantons d'autant de délégués cantonaux qu'il y a de cantons, à la désignation de l'inspecteur d'académie; de membres désignés par le conseil municipal en nombre égal, au maximum, au tiers des membres de ce conseil (Loi du 30 octobre 1886, art. 54). A Paris et à Lyon, il y a une commission scolaire par arrondissement municipal. Elle est présidée par le maire ou par un adjoint désigné par lui. Elle est composée d'un délégué cantonal désigné par l'inspecteur d'académie, et de membres désignés par le conseil municipal, au nombre de 3 à 7 par arrondissement (même loi, art. 55). Le mandat des membres désignés par le conseil municipal expire avec le mandat des membres du conseil qui les a désignés. Il est renouvelable (art. 56). Le mandat des délégués cantonaux désignés par l'inspecteur d'académie est, au contraire, indépendant du renouvellement des conseils municipaux; il ne cesse que par les pouvoirs du délégué, son décès, sa démission, sa révocation qui peut être prononcée par l'inspecteur d'académie (art. 151, 153 du décret du 18 janvier 1887 portant exécution

---

[1] Cons. d'Ét. cont., 2 décembre 1887.

de la loi organique de l'enseignement primaire). Les inéligibilités et les incompatibilités établies par la loi municipale du 5 avril 1884 (art. 32 à 34) sont communes aux
membres des commissions scolaires et des délégations
cantonales (Loi de 1886, art. 57). Enfin, l'inspecteur primaire fait de droit partie de toutes les commissions scolaires existant dans son ressort (même loi, art. 56, § 3).
Il n'a pas le pouvoir de se faire remplacer (art. 152 du
décret réglementaire).

La commission scolaire se réunit, au moins une fois
tous les trois mois, sur la convocation du maire-président
ou, à son défaut, de l'inspecteur primaire (art. 58 de la
loi et 155 du décret réglementaire). Ses délibérations sont
prises à la majorité des membres présents. Dans le cas
où, après deux convocations, la majorité n'est pas réunie,
la commission scolaire peut valablement délibérer si le
maire, l'inspecteur primaire, le délégué cantonal sont présents (art. 58 de la loi organique). Ses séances ne sont pas
publiques (art. 60).

Elle ne peut, dans aucun cas, s'immiscer dans l'appréciation des matières et des méthodes d'enseignement (art.
58, § 6). Les membres de la commission n'ont pas l'entrée
dans les écoles; ils n'ont aucun droit d'inspection ou de
contrôle, ni sur les établissements d'instruction, ni sur les
maîtres (art. 154 du décret). Leurs attributions consistent
exclusivement à surveiller et à encourager la fréquentation
des écoles. A cet effet, la commission concourt, avec les
maires, à la confection annuelle des enfants de 6 à 13 ans,
en âge scolaire (art. 8 de la loi de 1882); elle apprécie
les motifs d'absence invoqués par les personnes responsables (art. 10); elle prononce certaines pénalités (art. 12
et 13) ou saisit d'une plainte, dans les cas prévus, le juge

de paix (art. 14); enfin, elle accorde des dispenses dans les conditions et dans les limites tracées par la loi (art. 15).

Les décisions de la commission scolaire peuvent être frappées d'appel soit par l'inspecteur primaire, soit par les personnes responsables (art. 59 de la loi de 1886). L'appel est formé par simple lettre adressée au préfet et aux personnes intéressées (art. 59, § 2, et 156 du décret règlement). Il est porté devant le conseil départemental qui statue en dernier ressort, son effet est suspensif. Les personnes responsables, qui doivent comparaître en personne devant la commission scolaire, peuvent se faire assister ou représenter par des mandataires devant le conseil départemental (art. 59 de la loi et 157 du décret).

COMMUNES. — Jurisprudence. — Doit être annulé, pour excès de pouvoir, le décret qui a prononcé la réunion d'une commune à une autre, lorsque des modifications essentielles ont été apportées, sans nouvelle enquête, au projet primitif déjà soumis aux formalités de l'enquête légale [1].

Le ministre de l'Intérieur peut, sans commettre un excès de pouvoir, refuser de présenter un projet de loi à l'effet d'ériger en commune distincte des sections de commune, les actes du pouvoir exécutif dans ses rapports avec le Parlement n'étant pas de nature à faire l'objet d'un débat contentieux [2].

Les communes dont le chiffre du revenu dépasse 30,000 francs ont un droit absolu d'avoir un receveur spécial, lorsqu'elles le demandent, sans que l'autorité supérieure

[1] Cons. d'Ét. cont., 18 mai 1888.
[2] Cons. d'Ét. cont., 17 février 1888.

tienne de la législation une latitude d'appréciation et le pouvoir d'accorder ou de refuser, suivant le cas, la création d'une recette spéciale [1].

L'autorité judiciaire continue sous l'empire de la loi du 5 avril 1884 (art. 107) à être compétente pour statuer sur les actions en responsabilité intentées contre les communes à raison des dommages résultant des crimes ou délits commis à force ouverte ou par violence sur leur territoire par des rassemblements armés ou non armés, spécialement lorsque le rassemblement n'est pas réuni dans un but criminel ou délictueux, n'a pas de caractère séditieux et n'a pas commis de délit collectif [2].

Est de la compétence des tribunaux la question de validité d'un acte de vente amiable passé entre une commune et un particulier et d'appréciation des actes administratifs y annexés, à moins que ceux-ci, n'étant ni clairs, ni précis, aient besoin d'une interprétation qui est du ressort de la juridiction administrative [3].

Si les conditions attachées à la distraction ou à la réunion des communes doivent être réglées par l'autorité qui prononce cette distraction ou cette réunion, il n'appartient qu'à cette autorité de déterminer les conditions qu'elle estime devoir insérer dans l'acte modifiant les circonscriptions communales [4].

Les communes peuvent être contraintes à faire l'avance des sommes dues pour l'entretien des aliénés indigents ou

[1] Cons. d'Ét. cont., 18 décembre 1891. Avis de la section de l'intérieur du Conseil d'État, 30 novembre 1886.

[2] Trib. conf., 25 février 1888.

[3] Cass. civ., 29 janvier 1889, *J. du Pal.*, 1892, p. 582.

[4] Cons. d'Ét. cont., 5 juin 1891.

dont les ressources sont insuffisantes sauf le recours ultérieur des communes sur les biens de l'aliéné solvable [1].

COMMUNES (Syndicats de). — La plupart des communes sont trop faibles pour vivre et agir isolément. On
ne compte pas moins de 17,000 communes ayant une population inférieure à 500 habitants; et plus de 4,300 communes dont la population n'atteint pas 200 habitants.
Nécessairement les ressources sont trop disséminées; elles
ne rendent pas, par suite, en faveur du mouvement national, tout le produit qu'on devrait pouvoir en attendre
Aussi, depuis un siècle, de nombreuses tentatives ont
été faites pour donner aux populations rurales une organisation intermédiaire entre le département et la commune. Dans cet ordre d'idées, des efforts répétés ont été
faits pour créer une communauté plus forte; on a tenté, à
diverses reprises, de douer le canton de la personnalité
civile et de faire du canton un organe vivant dans notre
système administratif. Toutes ces tentatives ont échoué [2].
Cependant pour remédier au mal qu'entraîne la division
trop grande des communautés, le législateur a établi une
organisation intercommunale; et la loi du 27 mars 1890,
qui ajoute un titre entier (art. 169 à 180) à la loi fonda-
mentale du 5 avril 1884 sur l'organisation municipale, a
institué les syndicats de communes. Cette loi a eu pour
but de rendre possible le fonctionnement des services publics auxquels les communes ne peuvent pas pourvoir,
d'ordinaire, seules d'une matière satisfaisante, tels que
ceux de l'assistance publique, de l'enseignement profes-

---

[1] Cons. d'Ét. cont., 29 novembre 1889.

[2] Voir l'historique des divers projets dans l'Exposé des motifs de
la loi, *Journ. off.* de juillet 1888 (*Docum. parlement.*, p. 714).

sionnel, industriel ou agricole, l'établissement de voies de communication et de moyens de transport.

Il importe de bien distinguer les syndicats de communes, institués par la loi de 1890, des conférences intercommunales et des commissions syndicales autorisées par la loi du 5 avril 1884, articles 116, 117, 118, 161, 162, 163. Les syndicats de communes ont pour objet de créer des œuvres déterminées d'intérêt collectif. Au contraire, les conférences intercommunales, comme les conférences interdépartementales introduites d'abord dans notre législation pour les conseils généraux, ont lieu lorsqu'il s'agit de débattre les questions d'intérêt commun à deux ou plusieurs communes sur des objets d'utilité communale les intéressant à la fois. Enfin les commissions syndicales, élues par les conseils municipaux intéressés, existant déjà sous l'empire de la loi du 13 juillet 1837 (art. 71), ont pour but l'administration des biens indivis entre plusieurs communes, et l'exécution des travaux qui s'y rattachent exclusivement.

Les syndicats de communes sont autorisés par décrets rendus en Conseil d'État. L'association des communes est facultative; elle n'a lieu que lorsque les conseils municipaux ont fait connaître, par des délibérations concordantes, leur volonté d'associer les communes qu'ils représentent en vue d'une œuvre déterminée d'utilité intercommunale et qu'ils ont décidé de consacrer à cette œuvre des ressources suffisantes. Elle peut être formée entre deux ou plusieurs communes même non contiguës, d'un même département ou même de départements limitrophes. D'autres communes que celles qui ont fondé le syndicat peuvent y participer; mais elles ne peuvent le faire que de l'assentiment de celles-ci, dans la même forme, et par

délibération de leurs conseils municipaux approuvées par
décret. Toutefois pour ces dernières, l'approbation, au lieu
d'être donnée par décret en la forme des règlements d'administration publique, est donnée par un simple décret,
(art. 169). La commune, siège du syndicat, est fixée par
le décret d'institution, sur la proposition des communes
syndiquées. Si elles appartiennent à différents départements, le syndicat ressortit à la préfecture du département
auquel appartient la commune où le siège est établi (art.
172-179). L'association est formée pour la durée déterminée par le décret d'institution ou à perpétuité; elle se
dissout de plein droit par l'expiration du temps pour lequel
elle a été formée. La dissolution résulte également de la
consommation de l'opération pour laquelle elle a été formée ou par la volonté de tous les conseils municipaux
syndiqués. La dissolution peut être prononcée, en dehors
de ce consentement unanime, d'office, ou à la demande
motivée de la majorité des conseils. Si la dissolution a lieu
d'office le décret doit être rendu, le Conseil d'État entendu;
un simple décret suffit pour statuer sur la demande de
la majorité des intéressés (art. 179).

Lorsqu'elle a été régulièrement créée par un décret
rendu en Conseil d'État, l'association a la personnalité
civile (art. 170 et 173, § 5). Elle peut donc acquérir à titre
onéreux ou à titre gratuit, ester en justice, etc.

Organisation. — L'administration du syndicat est remise à un comité dont la composition est déterminée par
les conseils municipaux des communes syndiquées et approuvée par le décret d'institution ou, à défaut, par la loi
elle-même. Aux termes de l'article 171, chaque commune
est représentée dans le comité par deux délégués, élus par
le conseil municipal, au scrutin secret et à la majorité ab-

solue. Les conseils municipaux peuvent porter leur choix
sur toute personne remplissant les conditions légales pour
faire partie d'un conseil municipal quelconque. En laissant
à cet égard toute latitude au conseil municipal, le législateur a prévu que l'initiative et les ressources du syndicat
seront le plus souvent dues soit à une donation particulière, soit à l'intervention des membres du conseil général et il a jugé utile de réserver, le cas échéant, des places
dans le conseil du syndicat aux représentants du département ou des donateurs. A défaut d'élection par le conseil
municipal, mis en demeure par le préfet, les délégués sont
de droit le maire et le premier adjoint de la commune. Le
mandat des délégués cesse en même temps que les pouvoirs
des conseils municipaux qui les ont élus ; mais si le conseil municipal est démissionnaire, suspendu ou dissous,
les délégués continuent leurs fonctions jusqu'à la nomination des délégués par le nouveau conseil. En cas de vacance d'un délégué par suite de décès ou de démission,
il est pourvu à son remplacement, dans le délai d'un mois,
par le conseil municipal. Ils sont rééligibles.

Les sessions du comité sont ordinaires ou extraordinaires. Les sessions ordinaires sont de deux par an ; elles se
tiennent un mois avant la date des sessions ordinaires du
conseil général ; les sessions extraordinaires ont lieu sur la
convocation de son président, sur l'invitation du préfet ou
sur la demande de la majorité des membres du comité. Le
préfet et le sous-préfet peuvent assister aux séances, tant
ordinaires qu'extraordinaires, par eux-mêmes ou par un
délégué. Ces séances, en effet, n'ont pas été, en raison du
caractère spécial de ces assemblées, rendues publiques.
Les membres du bureau sont élus directement par le comité (art. 173). L'exécution de ses décisions, appartient au

président du Comité, en principe. C'est également le président qui représente le syndicat dans les actions judiciaires où il est partie. En outre de son bureau, le comité a la faculté de nommer, par délibération exécutoire seulement après approbation préfectorale, une commission de surveillance et un ou plusieurs gérants. Le législateur a pensé que, parfois, il sera difficile de réunir le comité, en cas de besoin, par suite, soit du grand nombre, soit de l'éloignement de ses membres. La commission de surveillance suppléera le comité pour les questions urgentes, par analogie avec la commission départementale des conseils généraux, et les gérants ne seront chargés que des mesures d'exécution, sous le contrôle de la commission. Les uns et les autres sont choisis soit au sein du comité, soit en dehors; et la délibération du comité qui les institue détermine l'étendue de leur mandat; ils peuvent être révoqués par lui dans la forme qui est prescrite pour leur nomination (art. 175).

Attributions. — Les pouvoirs du comité ne peuvent s'exercer que sur les objets déterminés par le décret de constitution. Pour ne pas entraver des entreprises utiles, par une énumération qui aurait risqué d'être incomplète, la loi n'a pas limité les objets, de nature diverse, pour lesquels les associations de communes pourront être formées. L'objet des attributions du comité découle du décret constitutif (art. 169). Cependant le syndicat peut organiser des services intercommunaux autres que ceux qui y sont prévus. Mais, pour cette extension d'attributions, une entente est nécessaire entre les conseils municipaux des communes associées; elle doit être, en outre, autorisée par décret, le Conseil d'État entendu.

Dans cette limite, les lois et règlements concernant la

tutelle des communes sont applicables aux syndicats (art.
170, § 2, et 174). Représentant la collectivité des communes associées, ils n'ont pas d'autres pouvoirs que ceux qui
sont dévolus par la loi aux mandataires des communes.
Aussi, suivant les distinctions faites par la loi organique
sur les conseils municipaux, leurs délibérations sont tantôt exécutoires par elles-mêmes, tantôt soumises à l'approbation ou à l'annulation de l'autorité supérieure. En outre,
le comité exerce à l'égard des établissements intercommunaux, les mêmes droits que ceux qui sont conférés aux
conseils municipaux. Mais ces établissements restent soumis aux règles du droit commun. Ainsi leur sont applicables les règles qui fixent, pour les établissements communaux, la constitution des commissions de surveillance, le
vote et l'approbation des budgets et des comptes, la nomination du personnel, la comptabilité (art. 176).

Budget. — Le syndicat a pour pourvoir aux dépenses nécessitées par la création et l'entretien des établissements
communs, un budget spécial dont l'élément principal est
la contribution obligatoire des communes associées. Le
droit de frapper directement des impositions sur le contribuable lui a été refusé, avec juste raison : il n'est pas,
en effet, comme le département ou la commune, une véritable société politique, mais seulement une société formée
entre les communes en vue d'une œuvre déterminée.
Comme on l'a dit très exactement : « Société de droit com-
« mun, c'est à ses associés seulement, c'est-à-dire, en fait,
« aux communes intéressées, qu'elle peut demander les
« fonds nécessaires à son fonctionnement. » La contribution
des communes forme une dépense obligatoire pendant
toute la durée du syndicat et dans la limite des nécessités
du service déterminées par la délibération initiale. Les

communes associées s'acquitteront de cette dette, en quelque sorte contractuelle, au moyen de leurs ressources tant ordinaires qu'extraordinaires disponibles. En cas d'insuffisance, elles sont autorisées par la loi à affecter cinq centimes spéciaux. En dehors des contributions communales, le budget du syndicat comprend, en recette : 1° les revenus des biens mobiliers ou immobiliers de l'association ; 2° les sommes qu'elle reçoit des administrations publiques, des associations, des particuliers en échange de services rendus ; 3° les subventions de l'État, du département et des communes ; 4° les produits des dons et legs. Le principe de la publicité n'ayant pas été admis pour les débats du comité du syndicat, la loi décide que copie du budget et des comptes sera remise aux conseils municipaux des communes intéressées et que le registre des délibérations du comité et de la commission de surveillance sera tenu à la disposition des conseillers municipaux de ces communes (art. 177).

Les règles de la comptabilité des communes reçoivent leur application pour la comptabilité des syndicats. En principe, les fonctions de receveur du syndicat sont confiées au receveur municipal de la commune où son siège est établi. Toutefois, lorsque le patrimoine d'un syndicat est important ou consiste en immeubles dont la gestion présente quelque difficulté, un receveur spécial peut être établi par les délibérations constitutives, confirmées sur ce point, par le décret de constitution (art. 172).

CONCESSION. — Jurisprudence. — Les tribunaux de l'ordre judiciaire sont compétents d'une manière générale pour connaître des difficultés qui s'élèvent entre les concessionnaires de l'État et les tiers à l'occasion des traités d'intérêt privé qui interviennent à raison de l'exploitation industrielle de la concession, quelle que soit sa nature[1].

L'acte de rachat amiable par le département au concessionnaire d'un pont à péage, des droits de péage, constitue un contrat de droit privé dont l'autorité judiciaire peut seule connaître, sauf à surseoir jusqu'à décision de l'autorité administrative, en cas de difficultés sur l'interprétation du cahier des charges ou de la concession elle-même[2].

CONDAMNATION. COLLOCATION ou LIQUIDATION.

— **Jurisprudence.** — Le droit, édicté par l'article 69, § 2, n° 9, de la loi du 22 frimaire an VII, pour le cas où une condamnation intervient sur une demande non établie par un titre enregistré ou susceptible de l'être, est applicable aux conventions commerciales comme à toutes autres sans qu'il y ait lieu de se préoccuper de leur mode de preuve, les conventions purement verbales étant soumises à la perception, dès lors qu'elles sont constatées par un acte judiciaire formant titre entre les parties[3].

Le jugement, déboutant une partie de son opposition à un commandement fait en vertu d'un titre notarié en forme exécutoire et autorisant la continuation des poursuites, ne contient aucune condamnation et constitue un simple débouté d'opposition passible d'un droit fixe (art. 68, 83, n° 7, de la loi du 22 frimaire an VII)[4].

Aux termes des articles 69, § 2, n° 9, de la loi du 22 frimaire an VII et 22 de la loi du 11 juin 1859, c'est seule-

---

[1] Cass. req., 19 janvier 1885, *J. du Pal.*, 1886, p. 237. — Voir Cass. civ., 14 avril 1885, *J. du Pal.*, 1886, p. 138.

[2] Trib. des conflits, 25 juin 1887.

[3] Cass. civ., 18 juin 1884, *J. du Pal.*, 1885, p. 539.

[4] Cass. civ., 26 mars 1889, *J. du Pal.*, 1890, p. 543.

ment dans la mesure de l'utilité juridique qu'assure à une convention litigieuse le jugement qui en reconnaît l'existence et c'est seulement dans la limite où il la déclare obligatoire et fournit ainsi le titre nécessaire pour son exécution, que le droit proportionnel est dû sur ce jugement[1].

CONFLITS. — Législation. — Le tribunal des conflits doit statuer dans les deux mois, à partir de la réception des pièces au ministère de la justice et la décision doit être notifiée, dans le mois suivant, au tribunal saisi de l'affaire. A défaut de décision dans le délai fixé, le tribunal peut passer outre au jugement[2]. Ce délai se trouve toutefois suspendu pendant la durée des vacances. Le décret du 15 juillet 1885, par suite de la modification apportée à l'époque des vacances des cours et tribunaux[3], dispose que le délai de deux mois est suspendu du 15 août au 15 septembre.

Jurisprudence. — Le conflit peut être encore élevé devant un tribunal civil saisi d'une instance tendant à statuer définitivement sur l'attribution d'une indemnité fixée à titre hypothétique par le jury d'expropriation[4].

Le droit d'élever le conflit existe pour le préfet, indépendamment des décisions intervenues entre les parties sur la question de compétence, la chose jugée à leur égard ne pouvant être opposée au préfet agissant comme représentant de la puissance publique[5].

[1] Cass. civ., 24 juin 1890, *J. du Pal.*, 1891, p. 301.
[2] Ordonnance du 12 mars 1831.
[3] Décret du 4 juillet 1885.
[4] Trib. des conflits, 29 novembre 1884.
[5] Cass. req., 7 mai 1884, *J. du Pal.*, 1885, p. 1058; Trib. des conflits, 11 janvier 1890.

Le conflit peut être élevé en cause d'appel, s'il ne l'a pas été en première instance ou s'il l'a été irrégulièrement après les délais prescrits; mais, en ce cas, le préfet doit, en appel, comme en première instance, proposer un déclinatoire avant d'élever le conflit[1].

Le président du tribunal des conflits peut autoriser une partie, intéressée à l'instance, à présenter elle-même des observations orales à l'audience publique, sans l'assistance d'un avocat au Conseil d'État[2].

Le juge du référé n'étant compétent pour statuer par provision que dans les matières où le tribunal dont il fait partie serait compétent lui-même pour statuer sur le principal et au fond, le conflit peut être élevé devant lui si l'objet de la contestation est de la compétence de l'autorité administrative; spécialement, au cas de dommages résultant de l'exécution d'un travail public, c'est au conseil de préfecture, et non au juge des référés, qu'il appartient de faire procéder d'urgence à la constatation de l'état des lieux[3].

Le conflit élevé devant une cour d'appel, appelée à fixer la quotité de dommages-intérêts dont le principe a été admis par une décision antérieure définitive, doit être rejeté comme tardif par application de l'article 4 de l'ordonnance du 1er juin 1828[4].

Le préfet, compétent pour proposer le déclinatoire et élever le conflit devant les tribunaux compris dans la cir-

---

[1] Cass. req., 7 mai 1884, *suprà*.

[2] Trib. des conflits, 7 mai 1886. *Contrà*, Laferrière, *Traité de la juridiction administrative*, tome I, p. 287.

[3] Trib. des conflits, 23 janvier 1888. — Trib. des conflits, 13 décembre 1890.

[4] Trib. confl., 29 novembre 1890.

conscription de son département, a seul qualité pour faire ces actes devant la cour saisie de l'appel du jugement qui à statué sur le déclinatoire, quoique cette cour ait son siège dans un autre département [1].

Droit comparé. — *Prusse.* — Loi du 19 mai 1889 sur l'administration générale et la compétence des autorités et tribunaux administratifs dans la province de Posen [2].

CONGRÉGATIONS RELIGIEUSES. — Jurisprudence.

— Une congrégation autorisée, constituant une personne morale, peut avoir, en outre de son établissement principal, autant de succursales, attributives de juridiction, qu'il y a de lieux où son activité se manifeste par l'existence d'un établissement complet par lui-même, traitant avec les tiers et l'obligeant vis-à-vis d'eux [3].

La succursale, non pourvue d'une autorisation spéciale, d'une communauté religieuse autorisée sous cette condition qu'aucune succursale ne pourrait être établie sans autorisation, n'a pas d'existence légale et aucune action en justice ne peut être régulièrement introduite contre elle [4].

Les membres composant une congrégation religieuse non autorisée qui ne peuvent contracter en qualité de communauté religieuse, forment toutefois une réunion de citoyens qui peuvent constituer une association ayant un intérêt purement civil ou commercial, quoique leur vie religieuse ait un objet tout autre. Ils peuvent également, même en dehors d'une adhésion formelle à un traité de

---

[1] Trib. confl., 26 mars 1892.

[2] *Ann. de législ. étr.*, année 1889, p. 256.

[3] Cass., civ., 7 décembre 1886, *J. du Pal.*, 1887, p. 149.

[4] Cass. req., 31 octobre 1887, *J. du Pal.*, 1890, p. 807.

société, être réputés juridiquement, à raison de leurs agissements, associés de fait et, comme tels, tenus de leur co-participation de même que le seraient des associés ayant contracté formellement[1].

Le droit d'accroissement établi par les lois du 28 décembre 1880 (art. 3 et 4) et du 29 décembre 1884 (art. 9, § 1) frappe toutes les congrégations, communautés et associations religieuses, autorisées ou non autorisées[2].

Droit comparé. — *Californie.* — Section 603 du Code civil concernant la formation des corporations religieuses[3].

Prusse. — Loi du 27 avril 1887 sur les biens des congrégations religieuses[4].

Grand-Duché de Bade. — Loi du 5 juillet 1888 sur la situation juridique des églises et associations religieuses[5].

États-Unis du Brésil. — Arrêtés du 21 octobre 1890-29 novembre 1890 sur le régime des associations religieuses[6].

CONSEIL DÉPARTEMENTAL. — **Législation.** — La composition du conseil départemental a été modifiée par la loi organique de l'enseignement primaire du 30 octobre 1886.

Aux termes de l'article 44 de la loi, le conseil de l'enseignement primaire, institué dans chaque département, est composé ainsi qu'il suit : 1° le préfet, président ; 2° l'inspecteur d'académie, vice-président ; 3° quatre conseil-

---

[1] Montpellier, 20 avril 1891, *J. du Pal.*, 1892, p. 76.

[2] Cass., ch. civ., 27 novembre 1889, *J. du Pal.*, 1890, p. 1285 et la note.

[3] *Ann. de législ. étr.*, année 1885, p. 635.

[4] *Ann. de législ. étr.*, année 1888, p. 315.

[5] *Ann. de législ. étr.*, année 1888, p. 372.

[6] *Ann. de législ. étr.*, année 1890, p. 907.

lers généraux élus par leurs collègues; 4° le directeur de l'école normale d'instituteurs et la directrice de l'école normale d'institutrices; 5° deux instituteurs et deux institutrices élus respectivement par les instituteurs et les institutrices publics titulaires du département et éligibles soit parmi les directeurs et directrices d'écoles à plusieurs classes ou d'écoles annexes à l'école normale, soit parmi les instituteurs et les institutrices en retraite; 6° deux inspecteurs de l'enseignement primaire désignés par le ministre. Pour les affaires contentieuses et disciplinaires, intéressant les membres de l'enseignement privé, deux membres de l'enseignement privé, l'un laïque, l'autre congréganiste, élus par leurs collègues respectifs sont adjoints au conseil départemental. Pour le département de la Seine, le nombre des conseillers généraux est porté à huit, celui des inspecteurs primaires à quatre, et celui des membres élus, moitié par les instituteurs, moitié par les institutrices, à quatorze, à raison de deux pour quatre arrondissements municipaux et de deux pour chacun des arrondissements de Saint-Denis et de Sceaux.

Un décret portant règlement d'administration publique, en date du 12 novembre 1886, a déterminé les règles à suivre pour la désignation des membres électifs du conseil départemental. Aucun membre du conseil départemental ne peut se faire remplacer (art. 44 de la loi de 1886). La mission des membres, désignés par l'élection, du conseil départemental, dure trois ans : ils sont rééligibles. Les pouvoirs des conseillers généraux cessent avec leur qualité de conseillers généraux. Les fonctions des membres du conseil départemental sont, en principe, entièrement gratuites (art. 47).

Le conseil départemental se réunit, de droit, en séance

ordinaire, au moins une fois par trimestre. Il peut être convoqué par le préfet, en séance extraordinaire, toutes les fois que les besoins du service l'exigent (art. 48). Ses séances ne sont pas publiques (art. 60). Les délibérations ne sont valables que si la moitié plus un des membres du conseil est présente ; et, en cas de partage, la voix du président est prépondérante (art. 49).

Les attributions du conseil départemental sont aussi étendues qu'importantes. Voici les principales. Il veille à l'application des programmes, des méthodes et des règlements édictés par le conseil supérieur, ainsi qu'à l'organisation médicale dans les écoles primaires ; — il arrête les règlements relatifs au régime intérieur des établissements d'instruction primaire — il délibère sur les rapports et propositions de l'inspecteur d'académie, des délégués cantonaux et des commissions municipales scolaires — il donne son avis sur les réformes qu'il juge utile d'introduire dans l'enseignement — il reçoit annuellement et discute un rapport général de l'inspecteur d'académie sur les besoins et l'état des écoles publiques et sur l'état des écoles privées (art. 48) — il statue, en appel, sur les décisions des commissions scolaires (art. 59) — il détermine, sur l'avis des conseils municipaux et sous réserve de l'approbation ministérielle le nombre, la nature et le siège des écoles primaires de tout degré à établir dans chaque commune, ainsi que le nombre des maîtres (art. 13) — il dresse, chaque année, une liste des instituteurs et institutrices admissibles aux fonctions de titulaire (art. 27) — il est l'autorité compétente pour examiner toutes les affaires disciplinaires de l'enseignement primaire public ou privé (art. 30 et suivants) sauf recours, en cas de révocation, devant le ministre ; et, en cas d'interdiction à temps ou d'interdiction absolue, devant le conseil supérieur de l'instruction publique.

Le décret du 4 décembre 1886 a déterminé les règles de procédure à suivre devant les conseils départementaux de l'enseignement primaire, lorsqu'ils sont appelés à émettre un avis ou à statuer en matière disciplinaire. Aux termes de ce décret, le conseil départemental est saisi par un mémoire de l'inspecteur d'académie; un rapporteur est immédiatement désigné par le préfet parmi les membres du conseil. L'instruction terminée, l'affaire est inscrite au rôle de la prochaine session; et, au jour fixé, le rapporteur expose les faits, résume les moyens de défense et présente un projet de décision. Si la peine dont l'application est demandée est la révocation, si le conseil est appelé à donner son avis motivé sur le déplacement, par mesure disciplinaire, ou la révocation d'un directeur, d'un instituteur, l'inculpé est cité par le préfet, cinq jours au moins avant le jour fixé, à comparaître, avec faculté de prendre communication du dossier de l'instruction. La décision du conseil est notifiée administrativement par le préfet et l'avis motivé du conseil transmis par le préfet au ministre qui statue définitivement. Il en est de même lorsqu'il s'agit de prononcer l'interdiction contre un membre de l'enseignement public ou privé. L'inculpé a la faculté, dans ce cas, de se faire assister, au jour de la citation, d'un défenseur. Le recours devant le ministre ou devant le conseil supérieur de l'instruction publique se forme par simple lettre, enregistrée au secrétariat du conseil départemental, dans le délai de vingt jours à partir de la notification administrative du jugement.

CONSEIL D'ÉTAT. — Législation. — D'après le règlement du 2 août 1879 la section du contentieux ne pouvait délibérer valablement qu'avec cinq membres présents sur les affaires où il y avait constitution d'avocat. Le décret du 9 décembre 1884 a subtitué au nombre de cinq le nombre de trois qui avait déjà été adopté par le décret du 24 août 1872 (art. 22). Qu'il y ait ou non un avocat constitué, la section du contentieux peut délibérer avec trois membres présents.

— Le règlement intérieur du Conseil d'État a été établi par le décret du 2 août 1879 dont l'article 7 énumère les affaires qui doivent être soumises à l'assemblée générale. Cet article a été modifié par le décret du 3 août 1886 dont l'article 1er contient une nouvelle énumération de ces affaires.

— Une loi du 1er juillet 1887 a modifié la durée des fonctions d'auditeur de deuxième classe au Conseil d'État, telle qu'elle avait été fixée par les lois du 24 mai 1872 et du 10 août 1876. L'institution des auditeurs a eu pour but de créer une sorte de noviciat administratif et de former une pépinière pour les auditeurs de 1re classe et les maîtres des requêtes. Mais la durée des fonctions des auditeurs de 2e classe étant trop courte, ils étaient obligés de quitter le conseil au moment même où ils pouvaient par leurs connaissances acquises rendre le plus de services. De là la disposition de l'article 1er de la loi de 1887 qui porte à huit années la limite de leurs fonctions. La commission du Sénat a élargi le texte du gouvernement en garantissant à ces auditeurs un certain nombre de postes administratifs et judiciaires, à leur sortie du conseil. Ces postes sont les suivants : commissaires du gouvernement près le conseil de préfecture de la Seine; secrétaire général d'une préfecture de 1re ou de 2e classe; substituts dans un tribunal de 1re classe. Il sont indiqués annuellement par le gouvernement à la suite d'une décision prise en Conseil des ministres et insérée au *Journal officiel*.

Organisation. — La loi du 26 octobre 1888 modifie, en quelques points, l'organisation du Conseil d'État délibérant et statuant au contentieux.

Elle autorise le pouvoir exécutif à créer, par décret rendu en Conseil d'État lorsque les besoins du service l'exigeront, une section temporaire qui concourra au jugement des affaires d'élections et de contributions directes ou taxes assimilées dont le nombre est devenu de plus en plus considérable, ces affaires étant légalement exemptes de frais (art. 1er). Cette section temporaire se compose d'un président de section, de quatre conseillers d'État pris dans les différentes sections administratives du Conseil, auxquelles ils continueront d'appartenir, désignés par décret, sur la présentation du vice-président du Conseil d'État et des présidents de section. Il peut être adjoint à la section temporaire deux commissaires suppléants du gouvernement, au plus, nommés par arrêté du ministre de la justice, sur la même présentation, qui pourront même être choisis parmi les auditeurs de première classe (art. 2).

L'article 3 de la loi augmente les attributions conférées à la section du contentieux par la loi du 24 mai 1872 et détermine, en outre, les attributions de la section temporaire.

En vertu de la loi de 1872, la section du contentieux ne jugeait que les affaires où il n'y avait pas d'avocat constitué, sans débat public; la loi de 1888 lui donna le droit de statuer, en audience publique, sur les affaires d'élections et de contributions directes ou taxes y assimilées, même lorsqu'il y a constitution d'avocat (art. 3).

La section temporaire reçoit le même pouvoir de juridiction que la section du contentieux, dans les mêmes matières. Le renvoi de ces affaires devant l'assemblée du Conseil d'État statuant au contentieux peut avoir lieu, dans les conditions prescrites par la loi générale, quand la section le juge utile, et, de plein droit, toutes les fois que le renvoi est demandé soit par un conseiller, membre de la section, soit par le commissaire du gouvernement (art. 3 de la loi de 1888 et 19 du 24 mai 1872).

Un décret d'administration publique a été rendu à la date du 10 novembre 1888, pour l'exécution de la loi du 26 octobre précédent. Il dispose que les affaires d'élections, de contributions directes ou taxes assimilées sont réparties, sauf jonction des affaires connexes, en nombre égal, entre la section du contentieux et la section temporaire (art 1er). Les rapports sont présentés devant cette dernière soit par trois maîtres des requêtes qui y sont attachés, soit par des auditeurs de la section du contentieux, soit par ceux des autres sections désignés à cet effet par le vice-président du Conseil d'État délibérant avec les présidents de section (art. 3). La section du contentieux et la section temporaire ne peuvent statuer que si cinq au moins de leurs membres ayant voix délibérative sont présents; en cas de partage, le plus ancien des maîtres des requêtes assistant à la séance est appelé avec voix délibérative (art. 6).

En exécution de la loi du 26 octobre 1888, un décret du 10 novembre 1888 a créé une section temporaire du contentieux pour l'expédition des affaires d'élections et de contributions directes. Sa durée a été fixée à une année, à partir de son installation, sauf prorogation par un décret ultérieur. L'état des affaires accumulées devant le Conseil d'État statuant au contentieux a rendu nécessaire, à nouveau, l'institution, pour une année, d'une section temporaire du contentieux[1]. Un décret du 14 novembre 1892, enfin, a prorogé, jusqu'au 15 août 1893, la section créée par le décret du 11 décembre 1889.

La division des affaires entre les diverses sections administratives du Conseil d'État a été modifiée légèrement par le décret du 18 juillet 1890. Les affaires concernant le service des postes et télégraphes sont distraites de la section des finances, de la guerre, de la marine et des colonies pour être attribuées à la section des travaux publics de l'agriculture, du commerce et de l'industrie. Par suite de cette modification, les attributions des sections administratives, délimitées par l'article 1er du décret du 2 avril 1879, sont réparties de la façon suivante : 1° législation, justice, et affaires étrangères ; 2° intérieur, cultes, instruction publique, beaux-arts ; 3° finances, guerre, marine et colonies ; 4° travaux publics, agriculture, commerce, industrie, postes et télégraphes.

Droit comparé. — *Portugal.* — Décret du 29 juillet 1886 qui réforme le tribunal suprême administratif.

Colombie. — Loi du 1er octobre 1886 organisant le Conseil d'État [2].

Espagne. — Décret royal du 16 juin 1887 approuvant le règlement pour le régime intérieur du Conseil d'État.

Italie. — Décret du 2 juin 1889 approuvant le texte unique de la loi sur le Conseil d'État (Lois du 20 mars 1865 et du 31 mars 1889).

— Loi du 1er mai 1890 sur l'organisation de la justice administrative (Titre II, matières de la compétence du Conseil d'État).

---

[1] Décret du 11 décembre 1891.
[2] *Ann. de législ. étr.*, année 1886, p. 879.

— Loi du 31 mars 1889 sur le Conseil d'État [1].

Serbie. — Constitution du royaume de Serbie du 22 décembre 1888 (art. 141 à 147, VIIe partie : du Conseil d'État) [2].

— Loi du 15 février 1890 sur la composition du Conseil d'État.

— Loi du 2 février 1891 sur le règlement intérieur du Conseil d'État [3].

Brésil. — Loi du 30 mai 1885 sur les avis et arrêts du Conseil d'État [4].

CONSEILS DE PRÉFECTURE. — **Législation.** *Organisation.* — Un décret du 22 mars 1887 décide que les conseillers de préfecture de deuxième et de troisième classe pourront, après cinq ans de services, dans une ou plusieurs résidences, obtenir, sur place, le traitement de la classe supérieure (art. 6). Après une nouvelle période de cinq ans, les conseillers de préfecture, ainsi promus à la deuxième classe, pourront être élevés personnellement à la première classe de leurs fonctions (art. 7). La loi de finances du 26 février 1887 enjoint au ministre de l'intérieur de joindre annuellement à ses propositions budgétaires l'état nominatif des préfets, sous-préfets, secrétaires généraux et conseillers de préfecture recevant, à titre personnel, un traitement supérieur à celui que comporte leur résidence. Cet état doit mentionner, pour chacun de ces fonctionnaires, la date de la nomination à la

---

[1] *Ann. de législ. étr.,* année 1889, p. 401.

[2] *Ann. de législ. étr.,* année 1888, p. 856.

[3] *Ann. de législ. étr.,* année 1890, p. 764.

[4] *Ann. de législ. étr.,* année 1885, p. 698. Voir année 1884, p. 886 et année 1885, p. 870.

classe actuelle et la date de nomination à la classe immédiatement inférieure.

— Les arrêtés des conseils de préfecture sur les comptes des communes et autres établissements sont directement notifiés par le préfet aux maires et aux administrateurs de ces établissements, dans le délai de quinzaine à compter de la date de l'arrêté, au moyen de lettres recommandées avec demande d'avis de réception. Un procès-verbal de ces envois est dressé trimestriellement par le préfet qui contient mention de l'envoi des arrêtés, et de la date de la notification. Ce procès-verbal, auquel doivent être joints les bulletins de dépôt délivrés par l'administration des postes et les avis de réception, reste déposé au conseil de préfecture (Décret du 12 juillet 1887). A défaut de notification dans les formes et dans les délais légaux, toute personne intéressée peut obtenir une expédition de l'arrêt et le signifier par ministère d'huissier.

Jurisprudence. — Le conseil de préfecture est incompétent pour statuer sur une demande tendant à faire condamner l'État comme responsable d'une faute commise par l'administration des ponts et chaussées en négligeant d'interdire la circulation sur une partie d'un pont où elle était devenue dangereuse, une telle demande n'ayant pas pour objet de faire apprécier par le conseil de préfecture, par application de l'article 4 de la loi du 28 pluviôse an VIII, des dommages se rattachant à l'exécution d'un travail public. C'est au ministre des travaux publics qu'il appartient d'y statuer sauf recours au Conseil d'État [1].

— La compétence des conseils de préfecture se règle non pas *ratione personæ* mais *ratione loci*, et leur juridiction

---

[1] Cons. d'Ét. cont., 28 mars 1885.

se détermine non par le domicile des parties ou le siège des administrations intéressées, mais d'après le lieu où se sont produits les faits litigieux [1].

— Un arrêté de compte rendu par le conseil de préfecture ne peut être revisé par ce conseil qu'autant que les pièces produites à l'appui de la demande en révision ont été recouvrées après le jugement; par suite, si ces documents ont une existence postérieure à l'arrêté de compte, l'arrêté de révision doit être annulé [2].

— En matière de vente de biens nationaux, le conseil de préfecture appelé à donner, en raison de sa compétence, l'interprétation préalable des actes de vente, n'a pas qualité pour interpréter les titres de propriété et les anciens actes constitutifs de servitude antérieurs à la vente nationale ; l'interprétation de ces anciens titres rentrant dans la compétence ordinaire des tribunaux civils [3].

Droit comparé. — *Würtemberg.* — Ordonnance du 15 novembre 1889 concernant l'organisation des régimes de cercle [4].

Italie. — Loi du 1er mai 1890 sur l'organisation de la justice administrative (Titre I. « De la juridiction de la junte provinciale administrative »).

Espagne. — Décret du 29 décembre 1889 sur le contentieux administratif.

CONSEIL GÉNÉRAL. — **Législation.** — La loi du 10 août 1871, sur les conseils généraux, n'avait pas prévu le cas où la moitié au moins des membres en exercice, nombre

---

[1] Cons. préfect. Seine, 30 novembre 1887.
[2] Cour des comptes, 3 novembre 1887.
[3] Cons. d'Ét. cont., 27 juillet 1888.
[4] *Ann. de lég. étr.*, année 1889, p. 271.

nécessaire pour la validité des délibérations, viendraient à s'abstenir ou à refuser leur concours. La loi du 31 mars 1886 a eu pour but de combler cette lacune. Elle dispose que si le conseil général ne se réunit pas au jour fixé par la loi ou la convocation, en nombre suffisant pour délibérer valablement, l'ouverture de la session est, de plein droit, renvoyée au lundi suivant, sur convocation spéciale faite d'urgence par le préfet. Les délibérations prises, dans cette seconde séance, sont valables quel que soit le nombre des conseillers présents. Par voie de conséquence, la durée légale de la session commence à courir seulement du jour fixé pour la seconde réunion. Si, au cours même de la session, les membres présents ne forment pas la majorité du conseil, la loi étend aux conseils généraux les dispositions réglementaires du Sénat et de la Chambre des députés, au cas où l'assemblée ne se trouve pas en nombre légal, un second tour de scrutin est porté à l'ordre du jour de la séance du surlendemain, et, à ce second tour, le vote est valable quel que soit le nombre des membres présents. En outre, pour donner une sanction morale à ces dispositions nouvelles, la loi ordonne que, dans les deux hypothèses, les noms des absents soient inscrits au procès-verbal de la séance.

La loi du 23 juillet 1891 a étendu aux premiers présidents, présidents de chambre, conseillers à la cour d'appel, dans l'étendue de leur ressort, l'inéligibilité prononcée par l'article 8, § 2, de la loi du 10 août 1871, à l'encontre des procureurs généraux, avocats généraux et substituts du procureur général près la cour d'appel. Elle a également, dans l'intérêt de la discipline militaire et par mesure de logique dans la législation électorale, rendu

inéligibles au conseil général, comme au conseil d'arrondissement, les militaires des armées de terre et de mer en
activité de service, déjà inéligibles antérieurement, d'après
la législation spéciale, au Sénat, à la Chambre des députés
et aux conseils municipaux. L'inéligibilité n'atteint pas les
militaires appartenant à la réserve de l'armée active et à
l'armée territoriale, ni les officiers maintenus dans la
première section du cadre de l'état-major général comme
ayant commandé en chef devant l'ennemi. Cette double
règle, par une disposition expresse, ne doit pas recevoir
d'effet rétroactif.

Jurisprudence. — Un avis consultatif du Conseil d'État,
en date du 8 mars 1888, porte que le conseil général,
réuni extraordinairement à la demande des deux tiers de
ses membres, en exécution de l'article 24 de la loi organique, ne peut délibérer que sur des questions formellement
portées à l'ordre du jour indiqué dans la convocation du
président.

L'excès de pouvoir commis dans les délibérations, irrégulièrement prises au mépris de cette règle, ne peut être
couvert par une délibération approbative ultérieure, à
moins que par la seconde délibération l'assemblée ne déclare formellement annuler les décisions entachées d'irrégularité[1].

Toute modification apportée par la loi à la circonscription cantonale a pour effet de faire cesser le mandat de
conseiller général et entraîne la nécessité de procéder à
des élections nouvelles[2].

Mais, dans le cas où il n'y a ni division ni réunion de

[1] Cons. d'Et. cont., 5 avril 1889.
[2] Avis du Conseil d'État, section de l'intérieur, 6 juillet 1886.

canton, mais simplement modification des limites cantonales, il n'est pas nécessaire de procéder à des élections
nouvelles pour le conseil général en convoquant les électeurs de tous les cantons qui ont subi soit une diminution
soit une augmentation de territoire [1].

Doivent être annulées dans leur ensemble les opérations
électorales d'un canton, lorsque les bulletins de vote destinés à l'élection d'un membre du conseil général et ceux
destinés à l'élection d'un membre du conseil d'arrondissement ont été simultanément déposés dans une seule et
même urne [2].

N'est pas éligible au conseil général, le candidat, même
député, qui n'est ni domicilié, ni porté au rôle des contributions directes, ni en droit d'y être inscrit au 1er janvier,
dans le département [3].

Mais est éligible au conseil général un instituteur public, réunissant les conditions d'éligibilité [4].

A défaut de recensement des votes d'un canton, pour
l'élection au conseil général, le Conseil d'État, saisi d'une
protestation régulièrement présentée, est appelé de plein
droit à vérifier les chiffres des suffrages attribués à chaque
candidat d'après les procès-verbaux de chaque commune [5].

Une commune n'a pas qualité faute d'intérêt à l'effet de
se pourvoir, pour violation de la loi devant le Conseil d'É-
tat, contre une délibération d'un conseil général déniant
au gouvernement le droit de distribuer des subventions

---

[1] Avis du Conseil d'État, 3 mars 1887.
[2] Cons. d'Ét. cont., 6 avril 1887.
[3] Cons. d'Ét., 1er avril 1887.
[4] Cons. d'Ét., 27 mai 1887.
[5] Cons. d'Ét. cont., 7 janvier 1887.

pour les travaux relatifs aux édifices consacrés au culte[1].

Le délai dans lequel doit être prononcée l'annulation d'une délibération du conseil général court du jour de la notification authentique du recours formé par le préfet; ainsi à défaut de la justification authentique de la date de la notification du recours, du jour de l'accusé de réception authentique du président du conseil général[2].

L'article 30, § 3, de la loi du 10 avril 1871, complété par la loi du 31 mars 1886, doit être interprété en ce sens qu'un conseil général convoqué en séance extraordinaire, n'étant pas en nombre pour délibérer, ne peut valablement renvoyer la délibération à une date postérieure, au surlendemain[3].

C'est au conseil général à l'exclusion du préfet, qu'appartient, en vertu de l'article 46, § 17, de la loi du 10 août 1871, le droit de fixer la quote-part des frais d'entretien des aliénés indigents à la charge des familles[4].

Si un conseil général fait remise à l'aliéné ou à sa famille reconnue solvable et dûment taxée de la somme due à l'asile départemental, cette libéralité ne peut imposer aucune charge à la commune du domicile de celui-ci et les conséquences de cette mesure doivent être supportées exclusivement par le département[5].

Ont été annulées, comme relatives à des objets qui ne sont pas légalement compris dans les attributions du conseil général[6] :

[1] Cons. d'Ét. cont., 23 mars 1888.
[2] Cons. d'Ét. cont., 6 juillet 1888.
[3] Avis du Conseil d'État, 8 juillet 1891.
[4] Avis du Conseil d'État, 23 février 1892.
[5] Avis du Conseil d'État, 23 février 1892.
[6] Art. 33 de la loi du 10 août 1871.

1° Une délibération contenant un blâme au préfet pour son attitude à l'égard de l'administration municipale d'une commune du département[1].

2° Une délibération portant blâme au préfet par suite de la révocation de deux agents du service vicinal[2].

3° Une délibération interdisant à tous agents d'ordonnancer, malgré une inscription d'office au budget départemental, des dépenses de fournitures du mobilier de la préfecture[3].

4° Votant une subvention aux familles des mineurs en grève[4].

5° Protestant contre les laïcisations d'école au mépris des avis des conseils municipaux[5].

6° Déléguant à la commission départementale la distribution des arrérages d'un legs fait au département[6].

7° Donnant un vote de confiance au ministre de la guerre[7].

8° Contenant vote de confiance ou de défiance à l'égard de préfets[8].

9° Portant vote d'une adresse de félicitations au président du conseil des ministres[9].

10° Portant blâme au préfet de ne pas autoriser la construction d'un presbytère[10].

[1] Décret du 30 mars 1885.
[2] Décret du 29 juillet 1885.
[3] Décret du 17 janvier 1886.
[4] Décrets des 7 juin 1886, 3 décembre 1890.
[5] Décret du 28 juin 1886.
[6] Décret du 11 novembre 1886.
[7] Décret du 12 novembre 1886.
[8] Décret du 12 novembre 1886.
[9] Décret du 27 juillet 1888.
[10] Décret du 5 novembre 1888.

11° Allouant sur les fonds du département des subventions aux écoles privées[1].

12° Comprenant dans la distribution des fonds provenant d'un legs des instituteurs non portés sur la liste de présentation dressée par l'inspecteur d'académie[2].

13° Portant désignation du directeur d'un laboratoire agricole[3].

14° Déléguant à une commission une mesure spéciale d'instruction[4].

15° Divisant en deux sections électorales une commune d'une population inférieure à 10,000 habitants ne renfermant pas plusieurs agglomérations distinctes et séparées[5].

16° Déléguant à la commission départementale la mission de répartir, entre les écoles primaires, laïques ou congréganistes, des cartes murales du département dont l'acquisition est votée[6].

17° Homologuant le plan d'alignement d'un chemin de grande communication, sans l'accomplissement des formalités légales d'instruction[7].

18° Portant délégation à la commission départementale de répartir le crédit inscrit au budget départemental pour le traitement, à domicile ou dans les hospices, des malades et incurables indigents[8].

19° Disposant qu'aucun employé ne sera mis à la re-

[1] Décrets du 13 novembre 1888, 30 octobre, 5 novembre, 11 novembre 1889, 3 décembre 1890, 31 octobre 1891.

[2] Décret du 31 janvier 1889.

[3] Décret du 16 juillet 1890.

[4] Décret du 18 août 1890.

[5] Décrets des 27 octobre 1890, 5 novembre 1891.

[6] Décret du 16 mai 1891.

[7] Décret du 6 novembre 1891.

[8] Décret du 15 juin 1891.

traite qu'après que le conseil général aura voté les ressources nécessaires au paiement de la pension[1].

20° Décidant la création d'une commission permanente en vue de procéder à l'achat d'étalons reproducteurs et de distribuer des primes aux éleveurs, composée de membres nommés en partie par le conseil en partie par le préfet[2].

Ont été déclarées illégales comme renfermant des vœux politiques (art. 51 de la loi du 10 août 1871) les délibérations de conseils généraux émettant des vœux tendant :

1° A la révision de la constitution par une assemblée constituante[3].

2° A la révision de la constitution et la nomination du Sénat par le suffrage universel[4]; à la révision, par le Congrès, de la constitution par la suppression du Sénat et et de la présidence de la République[5].

3° A ce que le gouvernement renonce aux expéditions lointaines[6].

4° A blâmer l'expédition du Tonkin[7].

5° A la mise en accusation d'un ministère[8].

6° A ce que la Chambre adopte un projet d'amnistie en faveur des condamnés politiques[9].

7° A ce que les condamnés pour crimes et délits politi-

[1] Décret du 5 janvier 1892.
[2] Décret du 2 avril 1892.
[3] Décrets des 3 mars 1885, 19 juin 1888, 12 novembre 1886.
[4] Décret du 30 octobre 1889.
[5] Décrets des 29 novembre 1887, 10 février 1890.
[6] Décret du 2 juillet 1885.
[7] Décrets des 2 juillet 1885, 12 décembre 1885.
[8] Décret du 2 juillet 1885.
[9] Décrets des 2 juillet 1885, 15 décembre 1885, 11 décembre 1887, 26 décembre 1887, 20 février 1888, 27 juin 1888, 27 août 1888, 16 juillet 1890, 24 novembre 1890, 17 décembre 1890, 28 octobre 1891, 7 juillet 1892.

ques soient réintégrés de plein droit, à l'expiration de leur peine, dans l'exercice de leur droit de vote et d'élection[1].

8° A la non-adoption du projet de loi sur l'instruction primaire[2].

9° A la séparation des Églises et de l'État[3].

10° Au retour à la nation des biens apanagés des familles ayant régné en France[4].

11° A l'épuration, par les administrations préfectorales et municipales, d'un personnel hostile à nos institutions[5].

12° A approuver les mesures prises par le gouvernement à l'égard des membres des familles ayant régné en France[6].

13° A la séparation de l'Église et de l'État et à la suppression du budget des cultes[7].

14° A la suppression des fonds secrets[8].

15° A la suppression du crédit alloué annuellement au ministre de l'intérieur pour dépenses de sûreté publique[9].

16° A l'abrogation de la loi du 14 mai 1872 interdisant l'affiliation à l'association internationale des travailleurs[10].

17° A la substitution du scrutin d'arrondissement au scrutin de liste[11].

[1] Décret du 17 mars 1886.

[2] Décrets du 7 mars 1887, 28 juin 1886, 28 octobre 1891.

[3] Décrets du 12 novembre 1886, 10 février 1890.

[4] Décret du 12 novembre 1886.

[5] Décrets des 12 novembre 1886, 11 novembre 1887, 27 août 1888, 28 avril 1890, 16 mai 1891.

[6] Décret du 12 novembre 1886.

[7] Décrets des 4 juillet 1887, 12 novembre 1887, 8 décembre 1887, 21 juillet 1892.

[8] Décrets des 4 août 1887, 27 août 1888.

[9] Décret du 11 décembre 1887.

[10] Décrets des 11 décembre 1887, 27 août 1888.

[11] Décret du 19 juin 1888.

18° Au remplacement du scrutin de liste par le scrutin uninominal[1].

19° A l'établissement du mandat impératif[2].

20° A l'élection de la magistrature[3].

21° A un blâme contre un acte du gouvernement portant révocation d'un maire et dissolution d'un conseil municipal[4].

22° A la réforme de l'enseignement primaire basée sur la laïcisation des écoles.

Droit comparé. — Voir *Organisation administrative.*

CONSEIL MUNICIPAL. — Jurisprudence. — La convocation des électeurs de la commune, à l'effet de procéder au renouvellement du conseil municipal, doit être publiée quinze jours au moins avant l'élection, à peine de nullité des opérations électorales suivant une publication tardive[5].

Sont éligibles au conseil municipal :

1° Le médecin du dispensaire municipal, ne recevant une indemnité de la commune qu'en raison des services rendus dans l'exercice de sa profession de médecin[6].

2° Un professeur au collège communal nommé par le ministre de l'instruction publique[7].

3° Les greffiers de toutes les juridictions et spécialement les greffiers de justice de paix dans les communes de leur ressort[8].

---

[1] Décret du 5 juillet 1888.
[2] Décret du 10 février 1890.
[3] Décret du 10 février 1890.
[4] Décret du 24 août 1891.
[5] Cons. d'Ét. cont., 9 janvier 1885.
[6] Cons. d'Ét. cont., 14 novembre 1885.
[7] Cons. d'Ét. cont., 28 novembre 1885.
[8] Avis du Cons. d'État, 22 mars 1888.

4° La caution solidaire d'une société exploitant une usine municipale à gaz [1].

Sont, au contraire, inéligibles au conseil municipal :

1° Le professeur de dessin dans un collège communal exerçant en même temps les fonctions de directeur de l'école municipale de dessin auxquelles est attaché un traitement annuel payé sur les fonds communaux [2];

2° Le citoyen désigné personnellement par une délibération du conseil municipal comme devant être exempt de toute cotisation à la contribution mobilière par application de l'article 18 de la loi du 21 avril 1832 [3];

3° L'adjudicataire des droits d'étalage et des halles et marchés de la commune, tenu, par le cahier des charges, du service de balayage des rues [4].

Ne sont pas alliés, aux termes de l'article 35 de la loi du 5 avril 1884, deux candidats élus dont l'un a épousé, en secondes noces, la belle-mère de l'autre; dès lors ils peuvent faire partie tous deux du même conseil municipal, même dans les communes de 501 habitants et au-dessus [5].

La démission d'un conseiller municipal peut être retirée tant qu'elle n'est pas devenue définitive par un accusé de réception émanant du préfet ou un nouvel envoi constaté par lettre recommandée; une communication verbale donnée au conseiller démissionnaire par le sous-préfet

---

[1] Cons. d'Ét. cont., 29 décembre 1888.

[2] Cons. d'Ét. cont., 6 mars 1885.

[3] Cons. d'Ét. cont., 25 novembre 1887. V. la note dans la *Revue générale d'administration*, 1888, 1, 61.

[4] Cons d'Ét. cont., 28 novembre 1884.

[5] Cons. d'Ét. cont., 19 novembre 1886. Voir note dans la *Revue générale d'administration*, 1887, 1, 72.

d'une dépêche préfectorale acceptant la démission serait insuffisante [1].

Le recours contre un arrêté préfectoral déclarant·d'office un conseiller municipal démissionnaire de ses fonctions pour avoir manqué sans excuses à trois convocations successives du conseil municipal doit, en l'absence de règle spéciale, être présentée par ministère d'avocat au Conseil d'État [2].

Le conseiller municipal élu dans plusieurs communes doit déclarer son option : 1° dans le délai de dix jours courant du jour de la proclamation des résultats du scrutin par le bureau électoral; 2° par un acte formel adressé aux préfets des départements intéressés. L'option, ainsi régulièrement faite, rétroagit au jour de l'élection, il doit être réputé n'avoir jamais été conseiller municipal dans les communes pour lesquelles il n'a pas opté [3].

Violent les dispositions de la loi du 5 avril 1884 (art. 11), la délibération du conseil général divisant une commune, dont la population est inférieure à 10,000 habitants, en deux sections électorales composées l'une du bourg, l'autre des habitations éparses [4].

Et celle qui établit les sections, non formées de circonscriptions d'un seul tenant et conformes à la situation naturelle des lieux mais enclavées l'une dans l'autre [5].

Toutefois, si le sectionnement est irrégulier, des électeurs ne sauraient s'en prévaloir pour demander l'annulation d'opérations électorales pour la nomination posté-

---

[1] Cons. d'Ét. cont., 24 juillet 1885.
[2] Cons. d'Ét. cont., 11 novembre 1887.
[3] Cons. d'Ét. cont., 26 janvier 1889.
[4] Décret du 12 novembre 1886.
[5] Décret du 12 novembre 1886.

rieure d'un membre du conseil municipal, alors qu'il a été établi antérieurement à la loi du 5 avril 1884 [1].

Les opérations électorales doivent, au contraire, être annulées si le sectionnement opéré par le conseil général est irrégulier en ce qu'il attribue deux conseillers à une section n'ayant pas droit à ce nombre d'après sa population eu égard à la population totale de la commune [2].

Une section peut légalement élire plus du quart des conseillers non domiciliés, si le conseil municipal, pris dans son ensemble, ne contient pas plus de cette proportion de conseillers forains [3].

La publication, dix jours avant l'élection, de l'arrêté préfectoral divisant la commune en un certain nombre de bureaux de vote, ne constitue pas une formalité prescrite à peine de nullité, si cette irrégularité n'a exercé aucune influence sur les opérations électorales [4].

Le délai de deux mois dans lequel il doit être procédé à de nouvelles élections par suite d'annulation des opérations électorales court du jour de la notification au ministre de l'intérieur de la décision du Conseil d'État; en cas de retard, les nouvelles élections ne peuvent être annulées que s'il est de nature à vicier les opérations électorales [5].

Les bureaux de vote doivent être présidés, à peine de nullité des opérations électorales, par le maire, les adjoints, les conseillers municipaux et, en cas d'empêchement, par des électeurs désignés par le maire [6].

[1] Cons. d'Ét. cont., 5 août 1887.
[2] Cons. d'Ét. cont., 7 janvier 1887.
[3] Cons. d'Ét. cont., 11 mai 1889.
[4] Cons. d'Ét. cont., 8 janvier 1886.
[5] Cons. d'Ét. cont., 14 février 1891.
[6] Cons. d'Ét. cont., 22 mars 1889. Voir la note dans la *Revue générale d'administration*, 1889, 1, 441.

Au cas où le maire refuserait de présider un bureau de vote, pour l'élection des membres du conseil municipal, le préfet peut déléguer à la présidence un fonctionnaire, spécialement le secrétaire de la sous-préfecture [1].

Au cas où les élections pour le renouvellement d'un conseil municipal ont été annulées dans leur ensemble, l'adjoint dont l'élection a été annulée comme membre du conseil municipal a néanmoins qualité pour présider le bureau électoral du scrutin nouveau [2]. De même au cas de l'annulation totale des opérations électorales, le maire invalidé, comme conseiller municipal, a qualité pour présider les nouvelles opérations électorales [3].

Le grief tiré de ce que le nombre des bulletins trouvés dans l'urne électorale est inférieur à celui des émargements n'est pas de nature à faire prononcer l'annulation des opérations électorales, si d'ailleurs aucune fraude n'est alléguée [4].

Il y a lieu de déduire, tant du nombre des suffrages exprimés que de celui des voix obtenues par les candidats élus, le vote de l'électeur qui a pris part aux opérations électorales d'une autre commune [5].

Les opérations d'un second tour de scrutin doivent être annulées, par voie de conséquence, et d'office, dans leur ensemble, s'il y a lieu de reconnaître élus au premier tour un ou plusieurs candidats en sus de ceux proclamés par le bureau et non élus au second tour [6].

---

[1] Cons. d'Ét. cont., 18 mai 1889.
[2] Cons. d'Ét., 19 novembre 1886.
[3] Cons. d'Ét. cont., 31 janvier 1891.
[4] Cons. d'Ét. cont., 28 mars 1885.
[5] Cons. d'Ét. cont., 5 février 1885.
[6] Cons. d'Ét. cont., 6 mars 1885.

Cependant, si de trois candidats élus au deuxième tour il est reconnu que deux devaient être proclamés élus au premier tour, il n'y a pas lieu d'annuler l'élection du deuxième tour par ce seul motif qu'elle aurait dû être faite pour l'élection d'un seul conseiller[1].

Il y a lieu d'annuler les opérations du second tour de scrutin si les candidats élus au premier tour ont été régulièrement proclamés élus par le bureau électoral[2].

Le recours au Conseil d'État, formé par le préfet, contre les opérations électorales pour la nomination des membres d'un conseil municipal, ne peut être fondé que sur l'inaccomplissement des conditions de forme légalement prescrites et non sur des actes de pression, d'intimidation ou de corruption qui se seraient produits pendant la période électorale[3].

Doit être déclaré irrecevable le pourvoi formé par un électeur frappé, postérieurement à l'introduction de la requête, d'une peine entraînant privation du droit de vote, d'élection et d'éligibilité et, en général, de tous les droits civiques et politiques[4].

Doivent être annulées les opérations électorales lorsque les modifications introduites pour la première fois dans la composition du conseil municipal par suite de la diminution survenue dans la population de la commune, n'ont pas été portées à la connaissance des électeurs[5].

En vertu de la loi du 5 avril 1884 (art. 50) lorsque, après deux convocations successives, à trois jours au moins

---

[1] Cons. d'Ét. cont., 6 mars 1885.
[2] Cons. d'Ét. cont., 17 mai 1889.
[3] Cons. d'Ét. cont., 5 juillet 1889.
[4] Cons. d'Ét. cont., 28 juin 1889.
[5] Cons. d'Ét. cont., 16 janvier et 6 février 1885.

d'intervalle et dûment constatées, le conseil munipal ne s'est pas réuni en nombre suffisant, la délibération prise après la troisième convocation est valable quel que soit le nombre des membres présents; alors même qu'au nombre des trois convocations, se trouve une convocation en séance ordinaire ne portant pas indication spéciale de l'objet de la délibération[1], et que le maire à laissé s'écouler un délai de plusieurs semaines entre la seconde et la troisième délibération, si cet intervalle se justifie par les circonstances.

Commet un excès de pouvoir le préfet qui déclare nulle comme ayant été prise hors de sa réunion légale, une délibération du conseil municipal prise alors que ce conseil a été régulièrement convoqué trois jours à l'avance, en vue d'une session ordinaire, que cette session a été régulièrement ouverte, aucune nouvelle convocation n'étant nécessaire pour les séances ultérieures de la même session[2].

En cas de réunion extraordinaire du conseil municipal, toutes délibérations portant sur un objet non porté à l'ordre du jour indiqué aux lettres de convocation sont nulles[3].

Est nulle comme contraire à la loi du 30 octobre 1886 la délibération d'un conseil municipal portant subvention à des écoles congréganistes et il appartient au préfet de supprimer ces allocations tout en maintenant au budget des crédits régulièrement votés en faveur des écoles publiques[4].

Mais est valable la délibération votant l'allocation d'une

---

[1] Cons. d'Ét. cont., 12 décembre 1890.
[2] Cons. d'Ét. cont., 23 mars 1888.
[3] Cons. d'Ét. cont., 25 juillet 1887.
[4] Cons. d'Ét. cont., 13 février 1891.

somme à distribuer par le maire aux enfants pauvres fréquentant les écoles privées [1].

Ne peuvent prendre part à la délibération d'un conseil municipal sur la garantie financière à accorder par une commune, pour l'établissement d'une ligne d'intérêt local, le directeur et les souscripteurs d'actions de la compagnie, membres de ce conseil municipal [2].

Les conseillers municipaux qui sont de simples employés d'une société qui se porte acquéreur d'un bien communal ne peuvent être considérés comme intéressés à l'opération; dès lors, ils ne sont pas tenus, à peine de nullité, de s'abstenir dans le vote de la délibération du conseil autorisant la vente [3].

Est valable la délibération d'un conseil municipal réduisant le traitement du garde champêtre communal lorsque cette réduction ne constitue pas une révocation déguisée [4].

La délibération d'un conseil municipal qui établit une perception communale et qui en fixe le tarif, spécialement pour l'extraction du sable et des pierres concassées dans les terrains communaux, ne constitue pas un règlement de police dont la violation donne lieu à l'application de l'article 471, § 15 du Code pénal [5].

Le droit qui est remis au préfet d'approuver une délibération du conseil municipal réglant le mode d'exercice de la vaine pâture n'emporte pas le droit de retirer son approbation et d'appeler le conseil municipal à établir un nouveau règlement.

[1] Cons. d'Ét. cont., 13 février 1891.
[2] Cons. d'Ét. cont., 11 novembre 1892.
[3] Cons. d'Ét. cont., 18 mai 1888.
[4] Cons. d'Et. cont., 1er juillet 1892.
[5] Cass. crim., 26 mars 1886, *J. du Pal.*, 1886, p. 670.

Aux termes des articles 61 et 68 de la loi du 5 avril 1884, c'est au conseil municipal et non au préfet qu'il appartient de délibérer sur le déplacement des édifices religieux et sur la construction des édifices nouveaux, le préfet ne pouvant (art. 69) que donner ou refuser son approbation aux délibérations de ce conseil[1].

Est entaché d'excès de pouvoir l'arrêté préfectoral ordonnant, par application de l'article 60 de la loi du 14 décembre 1889, qui ouvre un recours devant l'administration supérieure aux citoyens qui se trouvent lésés personnellement par un acte d'un corps municipal, la radiation partielle d'une délibération d'un conseil municipal critiquant une décision prise par le préfet[2].

Un contribuable ne peut se pourvoir devant le Conseil d'État en nullité d'une délibération d'un conseil municipal, soit qu'elle soit réglementaire, soit qu'elle ne soit exécutoire qu'après approbation, qu'autant qu'il justifie d'un intérêt direct et personnel à la nullité[3]. — Il en est de même de la minorité d'un conseil municipal[4].

Droit comparé. —Voir : *Organisation administrative.*

CONTRAT DE MARIAGE. — Jurisprudence. — La dérogation à la règle du partage égal des biens composant la communauté entre époux et l'attribution à l'un d'eux d'une plus grande part ou même de la totalité du fonds commun ne constitue pas une simple convention de mariage, mais revêt, au contraire, pour le tout, le caractère d'une pure libéralité lorsque la clause d'attribution

---

[1] Avis du Conseil d'État, section de l'Intérieur, 26 novembre 1884.
[2] Cons. d'Ét. cont., 19 juin 1885.
[3] Cons. d'Ét. cont., 22 janvier 1888.
[4] Cons. d'Ét. cont., 15 juillet 1887.

confère cumulativement à l'un des époux, sur tout ou partie des acquêts, des apports et des capitaux tombés dans la communauté du chef de son conjoint. Par suite, cette clause donne ouverture au droit de mutation par décès[1].

En principe, l'établissement entre époux d'une communauté universelle de tous biens, meubles et immeubles, ne présente pas le caractère d'une libéralité; toutefois, il peut résulter des circonstances de fait que la stipulation de communauté universelle a été, dans l'intention des parties, non une simple convention de mariage, mais une libéralité déguisée soumise, comme telle, à l'application des lois fiscales[2].

Est soumise au droit de donation par contrat de mariage, entre personnes non parentes, la clause d'un contrat de mariage contenant constitution par les père et mère des futurs époux d'une pension annuelle et viagère, avec stipulation que cette pension, en cas de prédécès du futur sans enfant, avant ses père et mère, serait continuée à sa veuve survivante pour cesser en cas de convol en secondes noces, et ce, indépendamment du droit perçu à raison de la donation faite par les constituants à leur fils[3].

Bien que l'apport en mariage d'immeubles ne soit pas translatif de propriété et conséquemment ne donne lieu à aucun droit de mutation, il suffit que la transcription d'un contrat de mariage, contenant des apports immobiliers, soit requise pour que le conservateur des hypothèques soit en droit d'exiger le paiement du droit proportionnel de trans-

---

[1] Cass. civ., 7 décembre 1886, *J. du Pal.*, 1888, p. 415. Voir dans le même sens, Cass. req., 18 janvier 1888, *Pal.*, 1890, p. 411. *Contrà :* Cass., Ch. réun., 19 décembre 1890, *Pal.*, 1891, p. 295.

[2] Cass. req., 18 janvier 1888, *Pal.*, 1890, p. 411.

[3] Cass. req., 10 décembre 1889, *J. du Pal.*, 1890, p. 838.

cription de 1 fr. 50 0/0 prescrit par l'article 25 de la loi
du 21 ventôse an VII[1].

COUR DES COMPTES. — **Législation.** — La forme à
suivre pour la notification des arrêts de la Cour des comptes et des arrêtés des conseils de préfecture sur les comptes
des communes et des établissements assimilés est fixée par
le décret du 12 juillet 1887.

Le procureur général à la Cour des comptes, en vertu
de l'obligation qui lui en est faite par l'article 39 du décret
du 28 septembre 1807, adresse l'expédition de l'arrêt au
ministre des finances. Dans la quinzaine à partir de la
réception, le ministre le transmet au préfet, et, dans la
huitaine suivante, le préfet notifie l'arrêt aux maires et
administrateurs des établissements assimilés aux communes. Cette notification est faite par lettre recommandée et
avis de réception doit en être donné. A la fin de chaque
trimestre, le préfet constate, par un procès-verbal, l'envoi des arrêts, la date de la notification, les numéros des
bulletins de dépôt délivrés par la poste. Le procès-verbal,
auquel doivent être joints les bulletins de dépôt ainsi que
les avis de réception, est adressé par le préfet au ministre
qui doit, à son tour, le transmettre au parquet de la Cour
des comptes. A défaut de notification dans les formes et
dans les délais légaux, toute personne intéressée peut
obtenir une expédition de l'arrêt et le signifier par ministère d'huissier.

— Le décret du 7 mai 1888 a supprimé les fonctions de
substitut du procureur général près la Cour des comptes.

[1] Cass. civ., 12 mai 1891, *Pal.*, 1892, p. 97 et la note critique de
cette décision par M. Wahl, professeur à la faculté de droit de Greno-
ble.

— La Cour des comptes était tenue de rendre sa déclaration générale de conformité, sur les comptes de l'exercice clos, le 1ᵉʳ septembre de l'année qui suit la clôture, sous la législation qui fixait au 31 août de chaque année, la clôture de l'exercice financier (art. 445 du décret du 31 mai 1862 sur la comptabilité publique). Mais la loi du 25 janvier 1889 a modifié la législation antérieure en réduisant les délais pendant lesquels peuvent être employés les crédits accordés au budget d'une année, c'est-à-dire la durée de l'exercice financier. La clôture de l'exercice est fixée au 30 avril de l'année suivante. Cette abréviation de quatre mois des délais de clôture de l'exercice devait entraîner une abréviation égale du délai accordé à la cour des comptes pour la production de ses rapports, l'intervalle entre la clôture de l'exercice et la distribution du rapport restant le même. Aussi la loi du 25 janvier 1889 a-t-elle fixé (art. 7), au 1ᵉʳ mai de l'année qui suit la clôture de l'exercice expiré la date extrême à laquelle la Cour des comptes doit remettre au ministre des finances la déclaration générale de conformité relative à cet exercice.

Les attributions du procureur général près la Cour des comptes ont été réglées par un décret du 20 octobre 1884. Il a le droit de demander communication et les présidents de chambre ont la faculté de soumettre à son examen tous les rapports faits à la Cour. Seuls les rapports concernant les pourvois, les comptabilités occultes ou exceptionnelles, ceux à fin de révision, compétence, débet, quitus et amende doivent obligatoirement lui être communiqués (art. 1). Le procureur général, sur la communication, joint au dossier ses observations ou ses conclusions écrites : et il peut demander à prendre oralement des conclusions à l'audience de la chambre saisie (art. 2 et 3). Les mêmes pouvoirs lui appartiennent dans les affaires disciplinaires jugées par la chambre du conseil. En outre, lorsque la chambre du conseil de la Cour des comptes statue par voie de déclaration générale, le procureur général prend part aux délibérations; il a même droit de vote, dans les délibérations de la chambre du conseil portant sur le rapport public, sur les questions générales de jurisprudence, ainsi que sur les affaires d'ordre intérieur (art. 5).

Droit comparé. — *Italie*. — Décret du 4 mai 1885 approuvant le règlement d'administration publique pour l'application de la loi du 8 juillet 1883 (texte unique modifié par décret du 17 février 1884) sur l'administration et sur la comptabilité générale de l'État [1].

Portugal. — Loi du 26 juillet 1886 portant réorganisation de la Cour des comptes.

Bulgarie. — Loi du 2-14 décembre 1888 complétant la loi du 30 janvier 1885 sur la Haute-Cour des comptes.

Grèce. — Loi du 28 mai 1887 sur la Cour des comptes.

Chili. — Loi 20 janvier 1888 établissant un tribunal des comptes. — Règlement du 11 juillet 1888 concernant les bureaux du tribunal des comptes et la procédure à suivre pour le jugement des comptes [2].

Japon. — Loi de finances du 11 février 1889 [3].

Brésil. — Constitution du 24 février 1891 instituant et organisant la Cour des comptes.

Pays-Bas. — Loi du 30 juin 1890 modifiant les pouvoirs de la chambre générale des comptes.

---

[1] *Ann. de législ. étr.*, année 1885, p. 281.
[2] *Ann. de législ. étr.*, année 1888, p. 1000.
[3] *Ann. de législ. étr.*, année 1889, p. 1045.

COURS D'EAU. — **Jurisprudence.** — Le propriétaire d'un barrage construit à une époque où le domaine public n'était point déclaré inaliénable a droit, non à la totalité de la force hydraulique résultant du barrage, mais seulement à un volume d'eau égal à celui employé comme force motrice au moment de la construction [1].

L'arrêté préfectoral portant délimitation d'un bras secondaire d'une rivière navigable, sous réserve des droits des tiers, n'est pas entaché d'excès de pouvoir, ce bras devant être considéré comme faisant partie de la rivière [2].

Il appartient exclusivement à l'autorité judiciaire de statuer sur la demande formée par une commune riveraine d'un fleuve et tendant à obtenir d'un particulier paiement de droits de location et de stationnement sur une rive ou dans le lit du fleuve, bien que le ministre des travaux publics, au nom de l'État, ait concédé à ce particulier, à charge d'une redevance, l'autorisation d'occuper ces emplacements, dépendance du domaine public [3].

La contravention consistant dans le fait par un usinier de n'avoir pas procédé à l'enlèvement des pieux servant au support d'une estacade en charpente établie par lui sur un fleuve, après démolition de cet ouvrage, doit être poursuivie non contre le permissionnaire mais contre l'acquéreur ultérieur de l'usine et de l'estacade [4].

L'arrêté préfectoral interdisant aux riverains du cours d'eau non navigable ni flottable de planter des arbres sur leur terrain, à une certaine distance, est entaché d'excès de pouvoir, l'administration ne tenant des décrets des 12,

[1] Cons. d'Ét. cont., 19 juin 1885.
[2] Cons. d'Ét. cont., 6 mars 1885.
[3] Cons. d'Ét. cont., 6 juillet 1886.
[4] Cons. d'Ét. cont., 11 février 1887.

20 août 1790, 29 floréal an X, 27 octobre 1858, que la mission d'assurer le libre écoulement des eaux et le curage de ces cours d'eau[1].

L'arrêté préfectoral qui règle un barrage sur un cours d'eau non navigable, en vue de prévenir les inondations sur les immeubles contigus, par suite dans un intérêt général, rentre dans les pouvoirs confiés à l'administration par les lois des 12, 20 août 1790, 28, 6 octobre 1791 et est, en conséquence obligatoire[2].

Les rivières non navigables ni flottables n'appartiennent à personne et rentrent dans la classe des choses dont l'usage est commun à tous, sous la réserve des lois ou ordonnances de police qui règlent leur mode de jouissance (art. 714 du C. civ.). Par suite de ce principe, les propriétaires riverains ne peuvent mettre obstacle à la circulation en bateau sur ces cours d'eau, cette circulation pouvant seulement être interdite par une réglementation de police[3].

N'est pas entaché d'excès de pouvoir l'arrêté préfectoral qui prescrit : 1° le curage d'une rivière à vif fond et à vieux bords ainsi que l'enlèvement des plantations qui seraient comprises dans le lit du fleuve déterminé par ses anciennes limites (Loi du 14 floréal an XI); 2° le retroussement provisoire sur les rives du cours d'eau de la vase et des déblais provenant du curage, lesquels devront, après un séjour maximum déterminé, être enlevés ou répandus dans les parties basses des terrains voisins et à une certaine distance de l'axe du cours d'eau[4].

[1] Cons. d'Ét. cont., 27 mars 1855.
[2] Cons. d'Ét. cont., 15 janvier 1886.
[3] Cour de Paris, 2 mars 1889.
[4] Cons. d'Et., 29 juin 1888.

La police des cours d'eau non navigables appartient exclusivement à l'autorité préfectorale, et ce principe ne peut recevoir d'exception qu'au cas de délégation de ce droit aux maires par les préfets ou lorsque des circonstances urgentes exigent des mesures de police immédiates ; par suite, est illégal et non obligatoire l'arrêté municipal ordonnant aux propriétaires d'un bief situé sur le territoire de la commune d'en exécuter le curage [1].

Doit être considérée comme ayant le caractère de cours d'eau flottable, la rivière sur laquelle le flottage est possible en fait, alors même qu'elle n'aurait pas été classée comme telle par une décision administrative [2].

Est inapplicable aux canaux artificiels constituant une propriété privée, spécialement au canal de suite d'un moulin, l'action possessoire spéciale relativement aux entreprises commises dans l'année sur les cours d'eau servant à l'irrigation des propriétés et au mouvement des usines [3].

Il n'appartient pas à l'autorité judiciaire de connaître de la légalité des mesures prescrites par l'administration, en vertu des pouvoirs que la loi lui confère, spécialement en matière de cours d'eau et d'étangs rattachés à un cours d'eau d'une manière quelconque, ni de suspendre l'exécution des mesures qu'elle a ordonnées dans un but de police ou de sécurité générale [4].

DÉCLARATION ET EXPERTISE (Enregistrement). — **Jurisprudence.** — Le vendeur d'un immeuble personnel-

[1] Cass. crim., 2 août 1889.
[2] Cons. d'Ét. cont., 25 avril 1890, 24 avril 1891.
[3] Cass. req., 22 décembre 1891.
[4] Trib. des confl., 13 décembre 1890.

ement obligé, comme l'acheteur, de faire enregistrer l'acte de vente dans les trois mois, doit déposer l'acte constatant la mutation ou, à défaut, une déclaration estimative et détaillée; une lettre adressée au directeur de l'enregistrement, pour lui faire connaître l'existence de l'acte sous seing privé, ne peut être considérée comme l'équipollent d'une formalité de rigueur prescrite par la loi pour servir de base à la prescription du droit[1].

DÉPARTEMENT. — **Jurisprudence**. — Le Conseil d'État, consulté par le ministre de l'intérieur, a émis, le 22 novembre 1888, l'avis que la dépense de casernement des forces supplétives de la gendarmerie, séjournant, par suite d'événements exceptionnels, sur un point quelconque du département, rentre dans la catégorie des dépenses obligatoires à la charge des départements comme compris dans le casernement ordinaire des brigades de gendarmerie dont la dépense doit être supportée par l'administration départementale (art. 60, n° 2, de la loi du 10 août 1871). Dans la discussion de la loi du 10 mai 1838 (art. 12), qui a maintenu parmi les dépenses mises à la charge du département, le casernement ordinaire de la gendarmerie, un amendement tendant à en excepter les dépenses relatives au casernement des « postes provisoires » a été rejeté. Les lois des 18 juillet 1866 et 10 août 1871, ayant reproduit simplement les termes de la loi de 1838, il en résulte que le législateur n'a entendu en modifier ni le sens ni la portée.

Le Conseil d'État a, en même temps, émis l'avis que l'indemnité de literie allouée à tous les hommes indistinc-

---

[1] Cass. civ., 19 octobre 1886, *J. du Pal.*, 1887, p. 944.

tement détachés comme force supplétive doit être rangée cependant parmi les dépenses que le conseil général a la faculté d'inscrire.

Il appartient au conseil général de statuer définitivement sur l'acceptation d'une libéralité, faite à un département, lorsqu'aucune réclamation n'a été formulée, alors même qu'en présence du désaccord des héritiers, la nécessité s'impose de poursuivre la nomination d'un curateur à la succession et la demande judiciaire de la délivrance du legs [1].

DÉPUTÉS (Chambre des). — **Législation.** — La loi électorale, pour l'élection des membres de la Chambre des députés, a d'abord été modifiée par la loi du 16 juin 1885 qui a substitué le vote au scrutin de liste dans le département au scrutin uninominal par arrondissement.

Sous l'empire de cette loi, chaque département élit le nombre de députés qui lui est législativement attribué, à raison de 1 député par 70,000 habitants. Néanmoins toute fraction inférieure à ce chiffre augmente d'une unité le nombre des députés du département. Pour le calcul du nombre des habitants, la loi prescrit d'écarter les étrangers; le nombre des nationaux qui sert à déterminer le nombre des députés de chaque département était constaté par un tableau dressé par les soins du ministre de l'intérieur et ayant acquis le caractère officiel par son annexe à la loi électorale. D'après ces bases, la Chambre des députés devait être composée de 584 membres.

La loi du 15 juin 1885 a déclaré inéligibles à la Chambre des députés les membres des familles ayant régné en France. Elle dispose que, sauf le cas de dissolution réglé

[1] Avis du Cons. d'Ét., 6 avril 1892.

par la loi constitutionnelle, les élections générales doivent être faites dans les deux mois qui précédent l'expiration des pouvoirs de la Chambre en fonctions ; si une vacance se produit dans les six mois qui précèdent cette époque, il n'est pas procédé à l'élection en remplacement pour le siège vacant qui est reportée au moment du renouvellement.

Le scrutin uninominal, par arrondissement, a été rétabli par la loi du 13 février 1889 qui a abrogé les articles 1 à 3 de la loi du 16 juin 1885. D'après l'article 2 de la première de ces lois, les membres de la Chambre des députés sont élus au scrutin individuel. Chaque arrondissement administratif dans les départements, et chaque arrondissement municipal à Paris et à Lyon nomme un député. Toutefois les arrondissements dont la population est supérieure à 100,000 habitants élisent un député de plus par 100,000 ou fraction de 100,000 habitants. Le territoire de Belfort nomme un député ; l'Algérie 6 ; les colonies 10 (art. 3). Un tableau annexé à la loi indique le nombre de députés à élire par arrondissement et par les colonies ; il indique en même temps la division des circonscriptions pour les arrondissements qui ont plus d'un député à nommer.

— Dans le but de combler une lacune de la loi électorale et pour rendre impossible le plébiscite, par voie d'élections législatives, la loi du 17 juillet 1889 a interdit les candidatures multiples. Nul ne peut être candidat dans plus d'une circonscription (art. 1er). Chaque candidat doit déclarer dans quelle circonscription il pose sa candidature ; cette déclaration écrite, signée et légalisée est déposée, contre un récépissé provisoire, à la préfecture cinq jours au moins avant le scrutin. Un récépissé définitif est

délivré dans les vingt-quatre heures du dépôt. L'existence
de deux récépissés et le délai qui sépare leur délivrance
s'expliquent par ce fait que, aussitôt le dépôt de la déclaration effectué, le préfet doit en aviser le ministre de l'intérieur, lequel vérifie s'il a déjà inscrit ou non une déclaration antérieure au nom du même candidat et qui transmet
au préfet l'ordre de délivrer ou de refuser le récépissé
définitif[1]. Il est interdit au déclarant de faire acte de candidat et à toute personne de faire œuvre tendant à appuyer
par circulaires, professions de foi ou bulletins, une candidature, avant l'accomplissement de ces formalités sous
des pénalités sévères (10,000 francs d'amende pour le candidat — et 1,000 à 5,000 francs d'amende pour les tiers),
sans admission de circonstances atténuantes. Les bulletins
électoraux au nom d'un candidat qui n'a pas rempli les
formalités de la loi n'entrent pas en ligne de compte.
L'administration a le droit d'enlever les affiches apposées
et de saisir les écrits distribués pour soutenir une candidature illégale (art. 3, 4, 5, 6 de la loi du 17 juillet 1889).

Jurisprudence. — Les frais d'impression des cartes
électorales pour les élections législatives incombent, suivant un avis consultatif du Conseil d'État, du 6 février
1886, obligatoirement au département et non à la commune. Celle-ci, en vertu de la loi organique municipale
du 5 avril 1884, ne doit supporter que la dépense obligatoire d'impression des cartes électorales pour les élections
municipales.

— Un avis consultatif du Conseil d'État, en date du
8 avril 1886, porte qu'il appartient à la commission de
recensement général des votes, en matière d'élections lé-

---

[1] Voir Circ. min. int., 29 août 1889 (*Bull. min. int.*, 1889, p. 302).

gislatives, de vérifier et de rectifier le classement et l'attribution des bulletins annexés aux procès-verbaux des opérations électorales [1].

— Le droit du candidat aux élections législatives de faire des actes de propagande tels que appositions d'affiches, envoi et distribution de circulaires ou de bulletins n'est pas subordonné à la délivrance du récépissé provisoire et définitif par le préfet pourvu que la candidature ait été régulièrement déclarée [2].

L'autorisation de la Chambre des députés n'est pas nécessaire pour entamer une poursuite contre un de ses membres dans l'intervalle de la session; après la reprise de la session, la poursuite se continue sans cette autorisation, à moins que la Chambre n'en requière la suspension [3].

Droit comparé. — Voir : *Droit constitutionnel.*

DETTES DE L'ÉTAT. — **Législation.** — La loi du 7 novembre 1887 a autorisé le remboursement ou la conversion en rentes 3 p. 0/0 des rentes de 4 1/2 p. 0/0 (ancien fonds) et des rentes 4 p. 0/0. Les conditions sous lesquelles cette opération financière s'est exécutée ont été déterminées par les décrets du 7 novembre et du 24 novembre 1887.

Jurisprudence. — L'application de la déchéance quinquennale prononcée contre les créanciers de l'État a été réservée aux ministres compétents, sauf recours au Conseil d'État; par suite, en l'absence d'une décision spéciale

---

[1] *Revue générale d'administration*, année 1886, t. 2, p. 208.

[2] Cass. crim., 29 mars 1890.

[3] Cass. crim., 29 mai 1886, *Pal.*, 1886, p. 780. Rouen|, 30 janvier 1886, *Pal.*, 1886, p. 324.

de cette nature, les conclusions prises devant le Conseil d'État, à fin de déchéance, seulement dans un mémoire présenté par un avocat au Conseil, et non signé par le ministre, sont non recevables[1].

Les difficultés qui peuvent se présenter sur la portée et les effets d'un transport signifié au préfet et au trésorier général d'une créance contre l'État ne soulèvent que des questions de droit civil de la compétence de l'autorité judiciaire, sans que la décision de cette autorité fasse obstacle à ce que la déchéance quinquennale soit opposée au cessionnaire[2].

La déchéance quinquennale édictée contre les créanciers de l'État est d'ordre public et peut être opposée par le ministre compétent en tout état de cause[3].

Elle s'applique à toutes les créances contre l'État, notamment aux demandes d'indemnité contre l'État à raison de la contrefaçon d'un brevet d'invention (même arrêt).

De même à la créance prétendue contre l'État à raison des dommages causés à une propriété par la chute de projectiles[4].

Le délai de cinq ans, en matière de dommages causés par les travaux publics, commence à courir, pour les dommages permanents de l'exercice dans lequel les travaux ont été achevés, et pour les dommages résultant de chômages annuels, à partir des exercices correspondants[5].

---

[1] Cons. d'Ét. cont., 22 novembre 1889.
[2] Trib. des conflits, 21 mars 1891.
[3] Cons. d'Ét. cont., 27 décembre 1889.
[4] Cons. d'Et. cont., 20 juin 1890.
[5] Cons. d'Ét. cont., 20 décembre 1889.

DIFFAMATION. —**Législation**. — La diffamation et l'injure commises par les correspondances postales ou télégraphiques circulant à découvert ont été réprimées par la loi du 11 juillet 1887. La compétence est attribuée dans tous les cas aux tribunaux correctionnels. La diffamation, qu'elle soit dirigée envers les particuliers, envers les corps constitués, ou les personnes indiquées dans la loi générale sur la presse (29 juillet 1881, art. 26, 30, 31, 36, 37) est punie d'un emprisonnement de cinq jours à six mois et d'une amende de 25 à 3,000 francs ou de l'une de ces deux peines seulement. L'expédition d'une correspondance injurieuse est punie d'un emprisonnement de cinq jours à deux mois, et d'une amende de 16 à 300 francs ou de l'une de ces deux peines seulement.

Jurisprudence. — C'est aux juges du fond qu'il appartient de décider si une imputation diffamatoire s'applique à une personne en tant que simple particulier ou en tant que fonctionnaire public ou de citoyen chargé d'un service public[1].

La personne diffamée à la fois dans sa vie privée et dans sa vie publique a le choix de la poursuite devant le tribunal correctionnel ou devant la cour d'assises pourvu qu'en exerçant cette option, elle restreigne son action aux faits qui sont de la compétence de l'une ou de l'autre de ces juridictions, et à moins toutefois que les imputations diffamatoires soient indivisibles et se rattachent les unes aux autres par un lien direct[2].

Les facultés de théologie protestante étant investies, au

[1] Cass. crim., 29 janvier 1885.
[2] Cass. crim., 2 avril 1887, *Pal.*, 1887, p. 828; 3 novembre 1887, *Pal.*, 1890, p. 1308; 28 février 1889, *Pal.*, 1889, p. 687. Orléans, 17 mars 1891, *Pal.*, 1891, p. 866.

même titre que les autres facultés de l'État, d'une partie de l'autorité publique et possédant une juridiction permanente, forment de véritables corps constitués ; par suite, elles ont qualité pour porter une plainte collective en diffamation, pour la poursuite devant la cour d'assises[1].

Ne peuvent être considérés ni comme fonctionnaires publics ni comme agents ou dépositaires de l'autorité publique, ni comme citoyens investis d'un mandat ou chargés d'un service public dans le sens de l'article 31 de la loi du 29 juillet 1889 ; en conséquence, la juridiction correctionnelle est compétente pour statuer sur l'action en diffamation intentée par eux :

1° Les experts désignés par les magistrats ou les tribunaux pour fournir à la justice le secours de leurs lumières[2].

2° Le chef adjoint du cabinet d'un ministre[3].

3° Un avoué chargé par le préfet de faire les démarches nécessaires pour obtenir des propriétaires expropriés la conclusion de traités amiables[4].

4° Les membres des commissions administratives des hospices et hôpitaux, n'étant en réalité chargés que de gérer les intérêts privés d'un établissement municipal[5].

5° Le préfet attaqué non comme fonctionnaire mais comme chef de famille et dans sa vie privée[6].

---

[1] Cass. crim., 27 février 1885, *Pal.*, 1886, p. 1186.

[2] Cass. crim., 5 juin 1885, *Pal.*, 1885, p. 675.

[3] Cass. crim., 31 juillet 1885, *Pal.*, 1885, p. 937. Cass. crim., 29 octobre 1885, *Pal.*, 1885, p. 1203. Rouen, 30 janvier 1886, *Pal.*, 1886, p. 324. *Contrà*, Paris, 12 mai 1885, *Pal.*, 1885, p. 974.

[4] Cass. crim., 29 mai 1886, *Pal.*, 1886, p. 769. Voir également, Cass. crim., 3 février 1888, *Pal.*, 1889, p. 68.

[5] Cass. crim., 27 février 1885, *Pal.*, 1885, p. 684 et Bordeaux, 15 mai 1885. *Contrà*, Toulouse, 5 juin 1884, *Pal.*, 1884, p. 748.

[6] Cass. crim., 8 janvier 1887.

6° L'architecte municipal[1].

7° Les élèves internes d'un hospice d'aliénés, leurs fonctions étant d'ordre strictement professionnel[2].

8° Un délégué cantonal pris comme ayant été présent, en compagnie de l'inspecteur des écoles primaires, à la conclusion du bail d'un immeuble destiné à une école communale[3].

9° Un conseiller général, si cette qualité est étrangère aux imputations diffamatoires[4].

10° Le candidat à la députation[5].

11° Le commissaire nommé pour procéder à l'enquête sur les travaux projetés par une commune[6].

12° Le simple employé d'un bureau de bienfaisance[7].

Au contraire, sont considérés comme citoyens chargés d'un service ou d'un mandat public, au sens de l'article 31 de la loi sur la presse, et par suite, la connaissance des imputations diffamatoires dirigées contre eux est déférée à la cour d'assises et non au tribunal correctionnel :

1° Le citoyen, adjoint par arrêté ministériel à une mission d'exploration, qui a participé à sa direction[8].

2° Les délégués sénatoriaux, à raison de leur qualité, ainsi le délégué ayant provoqué et présidé une réunion électorale[9].

[1] Cour d'assises de la Dordogne, 27 octobre 1886, *J. du Pal.*, 1887, p. 238. Cour de Poitiers, 23 juillet 1886, *Pal.*, 1887, p. 85.

[2] Cass. crim., 16 septembre 1886, *Pal.*, 1887, p. 955.

[3] Cass. crim., 6 novembre 1886, *Pal.*, 1888, p. 551.

[4] Cass. crim., 1er juin 1888, *Pal.*, 1889, p. 78.

[5] Cass. crim., 1er juin 1888, *suprà*.

[6] Cass. crim., 22 février 1890, *Pal.*, 1891, p. 667.

[7] Cour de Lyon, 28 janvier 1891, *J. du Pal.*, 1891, p. 1044.

[8] Paris, 25 avril 1885, *Pal.*, 1886, p. 215.

[9] Bourges, 17 octobre 1889, *Pal.*, 1890, p. 1177.

L'action en diffamation portée devant le tribunal correctionnel contre une délibération relatant un mémoire produit par le maire et considéré comme injurieux, ne fait pas obstacle à l'exercice du pouvoir qui appartient au préfet d'ordonner la suppression de la délibération diffamatoire, en exécution de l'article 60 de la loi du 14 décembre 1789[1].

Il ne suffit pas pour qu'un fonctionnaire puisse être considéré comme diffamé, à raison de ses fonctions ou de sa qualité, que les articles diffamatoires désignent dans un ou plusieurs passages la personne qu'ils veulent atteindre sous sa qualité officielle; il faut, de plus, que ces articles relèvent des actes de sa fonction ou le prennent à partie comme fonctionnaire[2].

DISPENSE (Enregistrement). — Jurisprudence. —
Les procès-verbaux dressés par les gardes maritimes, pour constater les infractions aux prescriptions du décret du 19 mars 1852 sur la police de la navigation, ne sont pas soumis à la formalité du timbre et de l'enregistrement[3].

Si les procès-verbaux constatant la prestation de serment des inspecteurs et sous-inspecteurs des enfants assistés, agents salariés de l'État, sont passibles du droit d'enregistrement (**22 fr. 50** en principal), aucun droit n'est dû sur les procès-verbaux d'installation sans prestation de serment, actes d'ordre intérieur, affranchis sur la minute du timbre et de l'enregistrement par application de l'article 80 de la loi du 15 mai 1818[4].

---

[1] Cons. d'Ét. cont., 2 mai 1890.
[2] Cass. crim., 6 juin 1890.
[3] Déc. min. fin., 13 février 1891, *J. du Pal.*, 1892, 2ᶜ part., p. 128.
[4] Déc. min. fin., 3 décembre 1890, *J. du Pal.*, 1892, p. 263.

DIVISIONS ADMINISTRATIVES. — **Législation.** —
Le dernier dénombrement quinquennal de la population
effectué, pour la période comprise entre 1886 et 1891,
en vertu du décret du 1er mars 1891, a donné les résultats
suivants [1]. La population totale de la France a été fixée à
38,343,192 habitants au lieu de 38,218,903, chiffre du
recensement de 1886, soit une augmentation de 124,289
habitants. Cet accroissement, inférieur à la moyenne normale, s'est produit surtout au profit des grandes agglomérations par un déplacement de la population rurale
attirée vers les centres urbains industriels. 32 départements
sont en progression, sous le rapport de la population totale, tandis que 55 départements sont en décroissance. Le
nombre des arrondissements n'a pas varié; il est, en 1891,
comme il était déjà en 1882, de 362. Le nombre des cantons, est de 2,881 au lieu de 2,871, chiffre de 1886, en
augmentation de 10 par suite de la création de nouvelles
circonscriptions cantonales au Hâvre, à Lille, Bordeaux,
Reims, Calais, Carmaux. Le nombre des communes, en
progression constante, est de 36,144 au lieu de 36,121,
soit une augmentation de 23 communes, déduction faite
de 4 suppressions. Les communes se classent ainsi qu'il
suit d'après le chiffre de leur population :

de 50 habitants et au-dessous. . .	92
de 51 à 100	784
de 101 à 200	3,862
de 201 à 300	4,952
de 301 à 400	4,206
A reporter.	13,896

[1] Rapport du ministre de l'intérieur et décret du 31 décembre 1891.

			Report	. . . .	13,896
de	401	à	500	. . . . :	3,694
de	501	à	1,000	. . . .	10,169
de	1,001	à	1,500	. . . .	3,790
de	1,501	à	2,000	. . . .	1,884
de	2,001	à	2,500	. . . .	794
de	2,501	à	3,000	. . . .	572
de	3,001	à	3,500	. . . .	313
de	3,501	à	4,000	. . . .	219
de	4,001	à	5,000	. . . .	244
de	5,001	à	10,000	. . . .	337
de	10,001	à	20,000	. . . .	128
de 20,001 et au-dessus.				. . . .	104

Au total. 36,144

DROIT CONSTITUTIONNEL. — Droit comparé. —

I. *GRANDE-BRETAGNE*. — Loi du 25 juin 1885 sur la répartition des sièges pour les élections parlementaires (Chambre des communes)[1].

Réforme du règlement de la Chambre des communes (28 mars 1885)[2].

II. *EMPIRE D'ALLEMAGNE*. — Loi du 19 mars 1888 modifiant l'article 24 de la constitution impériale et portant de 3 à 5 ans la durée du mandat législatif des députés au Reichstag[3].

Prusse. — Loi du 27 mai 1888 modifiant l'article 73 de la constitution du 31 janvier 1850 et portant de 3 à 5 ans la durée des pouvoirs de la Chambre des députés[4].

---

[1] *Ann. de législ. étr.*, année 1885, p. 44.
[2] *Ann. de législ. étr.*, année 1887, p. 10.
[3] *Ann. de législ. étr.*, année 1888, p. 285.
[4] *Ann. de législ. étr.*, année 1888, p. 339.

Brunswick. — Loi du 26 mars 1888 modifiant la constitution du 12 octobre 1832 concernant les législatures de la Chambre[1].

Hambourg. — Loi du 23 janvier 1889 modifiant la loi relative à l'élection et à l'organisation du Sénat.

III. *Belgique*. — Loi du 22 août 1885 portant révision de la loi électorale[2].

— Loi du 26 mai 1888 apportant des modifications à la loi de réforme électorale du 24 août 1883[3].

— Loi du 4 août 1890 modifiant les lois électorales.

IV. *Pays-Bas*. — Loi du 6 novembre 1887 modificative de la constitution[4].

V. *Hongrie*. — Loi du 26 avril 1885 modificative de l'organisation de la Chambre des Magnats[5].

— Loi des 14-18 février 1886 portant de 3 à 5 ans la durée de la législature[6].

— Loi du 25 mai 1885 modifiant l'organisation de la Chambre des Magnats pour la Croatie, la Slavonie et la Dalmatie.

— Loi du 29 décembre 1888 modifiant la législation électorale de la Diète de Croatie, Slavonie et Dalmatie[7].

VI. *Suisse*. — *Genève*. — Loi du 27 octobre 1888 sur les votations et les élections[8].

Uri. — Constitution du canton d'Uri du 6 mai 1888[9].

---

[1] *Ann. de législ. étr.*, année 1888, p. 385.
[2] *Ann. de législ. étr.*, année 1885, p. 367.
[3] *Ann. de législ. étr.*, année 1888, p. 594.
[4] *Code politique des Pays-Bas*, par M. Tripels.
[5] *Ann. de législ. étr.*, année 1885, p. 241.
[6] *Ann. de législ. étr.*, année 1886, p. 272.
[7] *Ann. de législ. étr.*, année 1888, p. 500.
[8] *Ann. de législ. étr.*, année 1888, p. 695.
[9] *Ann. de législ. étr.*, année 1888, p. 721.

— Règlement du 17 juin 1889 pour le conseil cantonal.

Bâle-ville. — Constitution du canton de Bâle-ville du 2 décembre 1889 [1].

— Loi du 3 mars 1890 concernant les élections des membres du Grand Conseil, des membres du Conseil exécutif et des députés au Conseil des États [2].

Vaud. — Constitution du canton de Vaud (1er mars 1885) [3].

— Loi du 16 septembre 1875 sur les droits politiques [4].

— Loi du 16 novembre 1885 sur l'organisation du Grand Conseil [5].

— Loi du 13 mars 1886 sur l'organisation du Conseil d'État [6].

Glaris. — Loi du 22 mai 1887 portant modification de la constitution [7].

Modification de l'article 26 de la constitution (1889).

Neufchâtel. — Décret du 7 avril 1887 portant modification de la constitution [8].

— Décret du 21 février 1889 sur les incompatibilités en matière fédérale [9].

— Décret du 21 février 1889 portant révision de la constitution [10].

---

[1] *Ann. de législ. étr.*, année 1889, p. 669.
[2] *Ann. de législ. étr.*, année 1890, p. 591.
[3] *Ann. de législ. étr.*, année 1886, p. 567.
[4] *Ann. de législ. étr.*, année 1886, p. 571.
[5] *Ann. de législ. étr.*, année 1886, p. 572.
[6] *Ann. de législ. étr.*, année 1886, p. 573.
[7] *Ann. de législ. étr.*, année 1887, p. 684.
[8] *Ann. de législ. étr.*, année 1887, p. 685.
[9] *Ann. de législ. étr.*, année 1889, p. 690.
[10] *Ann. de législ. étr.*, année 1889, p. 690.

Soleure. — Constitution cantonale du 21 décembre 1887[1].

— Arrêté du conseil national du 23 novembre 1889 portant organisation de la chancellerie d'État[2].

VII. *Espagne*. — Loi du 31 juillet 1887 modifiant la loi électorale pour les députés aux Cortès[3].

— Loi du 31 juillet 1887 réformant la législation relative aux incompatibilités[4].

— Loi du 26 juin 1890 sur l'élection des députés aux Cortès[5].

VIII. *Portugal*. — Loi du 24 juillet 1885 modifiant divers articles de la charte constitutionnelle[6].

— Décret du 20 janvier 1890 modifiant l'organisation électorale de la partie élective de la Chambre des pairs[7].

IX. *Bulgarie*. — Loi des 17-29 décembre 1887 sur l'élection des députés à l'Assemblée nationale ordinaire et à la grande assemblée[8].

— Loi des 19-31 décembre 1888 modifiant la loi sur l'élection des députés à l'Assemblée ordinaire de la grande Sobranié.

X. *Serbie*. — Constitution du royaume de Serbie du 22 décembre 1888[9].

— Loi du 1er novembre 1889 sur le règlement intérieur de la Skoupschtina[10].

---

[1] *Ann. de législ. étr.*, année 1887, p. 685.

[2] *Ann. de législ. étr.*, année 1889, p. 707.

[3] *Ann. de législ. étr.*, année 1887, p. 512.

[4] *Ann. de législ. étr.*, année 1887, p. 510.

[5] *Ann. de législ. étr.*, année 1890, p. 418.

[6] *Ann. de législ. étr.*, année 1885, p. 366.

[7] *Ann. de législ. étr.*, année 1890, p. 448.

[8] *Ann. de législ. étr.*, année 1887, p. 807.

[9] *Ann. de législ. étr.*, année 1888, p. 838.

[10] *Ann. de législ. étr.*, année 1889, p. 851.

XI. *Finlande*. — Ordonnance du 9 août 1888 modifiant l'organisation du Sénat de Finlande.

XII. *Norwège*. — Loi du 28 juin 1889 modifiant la constitution [1].

XIII. *États-Unis*. — Loi du 3 février 1887 sur les élections à la présidence et à la vice-présidence de la République [2].

— Loi du 2 mars 1887 portant modification à la loi sur les élections à la Chambre des représentants [3].

— Arrêt du 5 décembre 1887 sur la compétence des cours fédérales vis-à-vis des États [4].

XIV. *Colombie*. — Constitution politique du 4 août 1886 [5].

XV. *Chili*. — Loi du 9 août 1888 modificative de la constitution [6].

XVI. *Costa-Rica*. — Loi du 2 août 1889 sur les élections [7].

XVII. *Vénézuela*. — Indications sur l'organisation politique du Vénézuela [8].

XVIII. *République Argentine*. — Loi du 1er septembre 1890 sur la procédure parlementaire.

XIX. *Japon*. — Constitution politique du 11 février 1889 [9].

---

[1] *Ann. de législ. étr.*, année 1889, p. 745.

[2] *Ann. de législ. étr.*, année 1887, p. 835.

[3] *Ann. de législ. étr.*, année 1887, p. 836.

[4] *Ann. de législ. étr.*, année 1887, p. 836.

[5] *Ann. de législ. étr.*, année 1886, pp. 877, 883.

[6] *Ann. de législ. étr.*, année 1888, pp. 986, 989, 995.

[7] *Ann. de législ. étr.*, année 1889, p. 955.

[8] *Ann. de législ. étr.*, année 1889, p. 956.

[9] *Ann. de législ. étr.*, année 1890, p. 1036.

— Ordonnance impériale concernant la Chambre des pairs [1].

— Loi sur le Parlement du 11 février 1889 [2].

— Loi du 11 février 1889 sur l'élection des membres de la Chambre des députés [3].

XX. *INDE*. — Constitution. Pouvoir exécutif. Conseil législatif. Organisation administrative [4].

XXI. *AUSTRALIE*. — Loi du 25 juillet 1890 autorisant la Reine d'Angleterre à approuver un bill qui donne une constitution à l'Australie occidentale [5].

XXII. *CALIFORNIE*. — Loi du 19 mars 1889 portant modification de certains articles de la constitution [6].

XXIII. *NEVADA*. — Loi du 17 janvier 1889 contenant des amendements à la constitution actuelle [7].

XIV. *BRÉSIL*. — Décret du 15 novembre 1887 proclamant provisoirement la République fédérative des États-Unis du Brésil [8].

— Décret du 19 novembre 1887 fixant les conditions de l'électorat [9].

— Décret du 4 mars 1890 relatif à l'organisation constitutionnelle des États fédérés [10].

DOMAINE PUBLIC. — Jurisprudence. — Les tribunaux de l'ordre judiciaire, juges naturels des questions qui in-

---

[1] *Ann. de législ. étr.*, année 1890, p. 1042.
[2] *Ann. de législ. étr.*, année 1890, p. 1042.
[3] *Ann. de législ. étr.*, année 1890, p. 1044.
[4] *Ann. de législ. étr.*, année 1887, p. 1000.
[5] *Ann. de législ. étr.*, année 1890, p. 966 et s.
[6] *Ann. de législ. étr.*, année 1889, p. 894.
[7] *Ann. de législ. étr.*, année 1889, p. 918.
[8] *Ann. de legisl. étr.*, année 1889, pp. 988 et 1014.
[9] *Ann. de législ. étr.*, année 1889, p. 1018.
[10] *Ann. de législ. étr.*, année 1890, p. 887.

téressent la propriété privée, bien que le droit de délimiter le domaine public n'appartienne en principe qu'à l'autorité administrative, conservent pour les résoudre la plénitude de leur juridiction, même dans tous les cas où leur solution implique la recherche des limites du domaine public, toutes les fois que ce domaine est désintéressé dans le litige[1].

Le pouvoir de délimiter les fleuves et rivières navigables, attribué à l'administration, ne consiste que dans le droit de reconnaître les limites naturelles du fleuve en déterminant jusqu'où s'étendent les plus hautes eaux, avant tout débordement; par suite, la délimitation est irrégulière si la ligne limitative suit les contours des terrains à délimiter à des altitudes variant selon la hauteur de chacune des berges et des terrains auxquels elle fait suite[2].

Il n'y a pas lieu de tenir compte, pour la délimitation du domaine public, des barrages établis sur un cours d'eau à l'effet de relever le niveau de l'eau ; ces barrages n'ayant aucune action directe sur le niveau du cours d'eau coulant à pleins bords et avant tout débordement[3].

Un objet mobilier peut être classé dans le domaine public de l'État, avec ses conséquences d'inaliénabilité et d'imprescriptibilité, soit par une décision de l'autorité compétente portant affectation spéciale et certaine au domaine public, soit en vertu d'un acte lui imprimant un caractère d'utilité générale par exemple le placement dans un dépôt public ou dans un musée national[4].

---

[1] Cass. civ., 4 février 1891.
[2] Cons. d'Ét. cont., 24 janvier 1890.
[3] Cons. d'Ét. cont., 27 février 1891.
[4] Cour de Dijon, 3 mars 1886, *J. du Pal.*, 1890, p. 449.

DONS MANUELS (*Enregistrement*). — **Jurisprudence.**
— Le droit proportionnel est dû par cela seul que le don
manuel a été déclaré ou reconnu judiciairement dans un
acte suffisant pour établir, au point de vue fiscal et au
regard du donataire, la transmission mobilière sans qu'il
soit nécessaire que cet acte constitue un titre juridique établissant un lien de droit entre le donateur et le
donataire, mais à la condition que la transmission mobilière soit susceptible de se réaliser; si elle est reconnue
impossible par l'effet de l'annulation du don manuel, le fait
générateur de l'exigibilité faisant défaut, l'impôt, n'ayant
plus de base, ne peut être perçu[1].

DOUANES. — Depuis le traité conclu avec l'Angleterre
en 1860 et étendu ultérieurement, par des conventions
particulières, à la plupart des États européens, la France
vivait sous le régime des traités de commerce à long terme
et de tarifs où le principe de la liberté des échanges avait
la prédominance. La durée de ces traités était expirée ou
devait arriver à échéance en 1892. Par la loi promulguée
le 11 janvier 1892 notre régime douanier a été profondément modifié. L'expérience des traités de 1860 a paru
au législateur démontrer qu'ils avaient produit des effets
funestes à la richesse nationale. Aussi, l'accord s'est-il
facilement fait sur la nécessité de ne pas les renouveler et
d'abandonner le système des traités de commerce à long
terme.

Il lui a été substitué un système nouveau résultant de la
combinaison de deux tarifs : l'un dénommé « *général* »

---

[1] Cass. civ., 28 janvier 1890, *J. du Pal.*, 1890, p. 535. Voir sous
cet arrêt la note de M. Naquet, et les conclusions de l'avocat général. — Cass. civ., 4 novembre 1891, *J. du Pal.*, 1892, p. 164.

constituant la règle générale des importations, l'autre dit
« *minimum* » représentant la dernière limite des concessions que l'industrie nationale peut consentir aux pays qui,
de leur côté, concéderaient des avantages aux produits
français. La signification et le jeu de cette législation nouvelle sont très nettement déterminés dans le passage suivant de l'exposé des motifs : « le tarif général resterait
« notre tarif de droit commun, applicable en l'absence
« de tout autre régime, et n'aurait, par suite, à aucun
« degré, le caractère d'une mesure exceptionnelle dirigée
« spécialement contre un État déterminé. Quant aux droits
« inscrits au tarif minimum, ils pourraient être appliqués
« aux marchandises originaires des pays qui feraient béné-
« ficier les marchandises françaises d'avantages corrélatifs
« et, en premier lieu, ne frapperaient pas nos produits de
« droits supérieurs à ceux dont sont frappés les produits
« des autres nations. Mais, à elle seule, cette condition
« ne serait pas suffisante. Il faudrait, en outre, que ces
« droits ne fussent pas tellement élevés qu'ils constituas-
« sent un obstacle insurmontable à nos importations. »

Ainsi la coexistence des deux tarifs implique la prévision
de conventions douanières, en fixant par avance le tableau
des concessions qui peuvent être accordées.

Le cas a été prévu où un gouvernement étranger dé-
clarerait à la France une guerre économique en appliquant,
sans nécessités industrielles sérieuses et justifiées, des
surtaxes ou le régime de la prohibition à des marchandises françaises. Le tarif général cesserait alors d'être applicable et le gouvernement est autorisé à répondre d'urgence par des rigueurs de même nature sauf à les soumettre à la ratification immédiate du Parlement (art. 8).

Les droits de douane, profondément remaniés, sont ac-

tuellement inscrits dans divers tableaux annexés à la loi
du 12 janvier 1892 sur l'établissement du tarif général des
douanes.

Jurisprudence. — Tout transporteur d'objets de contrebande doit être réputé pénalement responsable de leur
introduction en France, mais cette responsabilité suppose
nécessairement la liberté de vérifier le contenu de son
chargement et de se refuser au transport d'objets prohibés
à l'importation ; par suite, les compagnies ne sauraient
encourir aucune responsabilité pénale à raison de ces objets qu'un expéditeur aurait frauduleusement dissimulés
sous la couverture d'un colis postal et que la vérification
en douane ferait découvrir[1].

En matière de douane les lois du 14 fructidor an III
(art. 10), et du 24 floréal an VII (Titre IV, art. 4), assu-
rent aux parties deux degrés de juridiction, quelle que soit
la valeur du litige, en conséquence le tribunal civil doit
statuer en appel sur une contestation relative à une demande de restitution de droits jugée en première instance
et en premier ressort par le juge de paix[2].

Il doit être donné, en tête de toute contrainte, extrait
du titre sur lequel elle est fondée ; cette formalité essen-
tielle de la force et des privilèges exceptionnels que la loi
attribue à ce mode de procédure est, par là même substantielle et ne peut-être remplacée, même par voie inci-
dente au cours d'un procès, par un titre qui n'y a pas
été visé[3].

Le fait par un agent de l'administration des douanes de

---

[1] Cass. crim., 23 janvier 1885, *J. du Pal.*, 1886, p. 65 et la note.
Paris, 15 janvier 1885, *J. du Pal.*, 1886, p. 95.
[2] Cass. req., 8 mars 1887, *J. du Pal*, 1887, p. 606.
[3] Cass. civ., 14 mars 1888, *J. du Pal.*, 1888, p. 785.

retenir des marchandises prétendues fabriquées en France et dont la réadmission en franchise est demandée lors de leur rentrée sur le territoire, jusqu'à ce que justification ait été produite, est conforme aux prescriptions du tarif général et ne saurait constituer une faute donnant ouverture à des dommages-intérêts[1].

L'administration des douanes, poursuivant directement des délits de contrebande, n'est pas obligée nécessairement de baser la poursuite sur un procès-verbal régulier, et peut suppléer ce procès-verbal par tous les modes de preuve du droit commun; mais, dans ce cas, si la répression comporte l'application des peines autres que la confiscation, la faculté de suppléer les procès-verbaux de saisie ou de couvrir leurs irrégularités par d'autres genres de preuve n'affranchit pas l'administration des conditions de temps et de lieu prescrites par les articles 38 et 39 de la loi du 28 avril 1816[2].

Le recours à l'expertise n'est prescrit, aux termes de l'article 19 de la loi du 27 juillet 1822, qu'autant que, pour l'application des droits, il s'élève des doutes sur l'espèce, l'origine, la qualité des produits; elle n'est pas exigée au cas où les parties sont d'accord sur ces points[3].

L'article 58 du Code pénal relatif à la récidive, modifiée par la loi du 26 mars 1891, est applicable aux délits de contrebande réprimés par la loi du 28 avril 1816[4].

Droit comparé. — *Grande-Bretagne.* — Acte sanctionné le 18 août 1890 sur la contrebande[5].

---

[1] Cass. civ., 18 octobre 1886, *J. du Pal.*, 1890, p. 935.
[2] Cass. crim., 29 janvier 1891, *J. du Pal.*, 1891, p. 855.
[3] Cass. civ., 25 juillet 1892, *J. du Pal.*, 1892, p. 277.
[4] Cass. crim., 4 mars 1892, *J. du Pal.*, 1892, p. 224.
[5] *Ann. de législ. étr.*, année 1890, p. 3.

Italie. — Loi du 13 novembre 1887 réglant la procédure à suivre dans les contestations entre la douane et les contribuables;

— Décret du 17 novembre 1887 approuvant une nouvelle organisation des douanes, modificatif du décret du 21 décembre 1862;

— Décret du 8 septembre 1889 approuvant le texte unique des lois sur les douanes [1];

— Décret du 2 février 1890 approuvant le règlement relatif aux importations et aux exportations temporaires.

Grèce. — Loi du 29 mars 1889 portant attribution d'une prime aux dénonciations des délits de contrebande [2].

Russie. — Avis du conseil de l'Empire, sanctionné par l'empereur le 25 février 1885, relatif à la procédure à suivre pour résoudre les difficultés pouvant résulter de l'application du tarif des douanes [3].

— Avis du conseil de l'Empire, approuvé par l'empereur le 18 mars 1886, fixant les attributions des chefs d'arrondissements des douanes [4].

Finlande. — Loi du 30 décembre 1887. Code des douanes;

— Loi pénale du 30 décembre 1887 sur les douanes;

— Loi du 30 décembre 1887 sur le produit des amendes.

Hambourg. — Révision de la législation en matière douanière [5].

Mexique. — Ordonnance du 24 janvier 1885 sur les douanes [6].

[1] *Ann. de législ. étr.*, année 1889, p. 395.
[2] *Ann. de législ. étr.*, année 1889, p. 865.
[3] *Ann. de législ. étr.*, année 1885, p. 553.
[4] *Ann. de législ. étr.*, année 1886, p. 624.
[5] *Ann. de législ. étr.*, année 1888, p. 395.
[6] *Ann. de législ. étr.*, année 1885, p. 667.

Équateur. — Loi sur l'administration des douanes [1].

Canada. — Acte de 1888 modifiant le chapitre 32 des statuts revisés concernant les douanes.

ÉCOULEMENT DES EAUX DES ROUTES. — Le propriétaire qui exhausse son terrain situé en bordure d'un chemin vicinal, dans la traversée d'une ville, de manière à entraver l'écoulement des eaux de ce chemin, au mépris d'un arrêté préfectoral, légalement pris pour la conservation des chemins vicinaux, commet une contravention que le juge de simple police ne peut, sans excès de pouvoir, excuser sous prétexte que « les chemins vicinaux subissent « dans leur passage dans les villes et villages une trans- « formation qui donne lieu à une réglementation spéciale : « que la servitude aurait été aggravée par les travaux de « voirie de la commune et que les travaux d'exhaussement « auraient été exécutés en entier sur le fonds de l'in- « culpé [2]. »

La juridiction administrative est seule compétente pour connaître de l'instance introduite contre l'État par le propriétaire riverain d'une route et tendant à obtenir une indemnité en raison de ce que l'exécution de travaux publics a eu pour résultat d'empêcher l'écoulement des eaux sur la voie publique [3].

ÉGLISES. — **Jurisprudence.** — L'interdiction résultant de la loi du 18 germinal an X, article 44 et du décret du 22 décembre 1812, d'ouvrir des chapelles domestiques et oratoires particuliers, sans autorisation du gouvernement,

---

[1] *Ann. de législ. étr.*, année 1887, p. 955.
[2] Cass. crim., 7 avril 1887.
[3] Trib. confl., 20 juillet 1889.

n'est sanctionnée ni par une peine spéciale ni par la peine générale de l'article 471, n° 15, du Code pénal qui s'applique seulement aux règlements légalement faits par l'autorité administrative ou municipale[1].

ÉLIGIBILITÉ. — **Législation.** — L'inéligibilité aux fonctions de sénateur, pour les membres des familles qui ont régné sur la France, édictée par l'article 4 de la loi du 9 décembre 1884, sur l'organisation du Sénat et les élections des sénateurs, a été étendue à la présidence de la République par la loi du 14 août 1884 portant révision partielle des lois constitutionnelles (art. 2) et aux fonctions de député par la loi du 16 juin 1885 contenant modification à la loi électorale (art. 4).

ENGAGEMENT CONDITIONNEL. — **Législation.** — L'engagement conditionnel d'un an que les jeunes gens, justifiant d'un diplôme, d'un brevet de capacité ou d'un certificat équivalent ou ayant satisfait à certains examens, étaient admis à contracter a été supprimé par la loi du 15 juillet 1889 sur le recrutement de l'armée. Toutefois cette nouvelle loi n'a pas eu, sur ce point, d'effet rétroactif, et la situation transitoire a été réglée par l'article 91.

ENREGISTREMENT. — La loi de finances du 26 janvier 1892, portant réforme des frais de justice, apporte de profondes modifications sur les droits d'enregistrement, de timbre et de greffe. Le tarif nouveau, établi par cette loi, a pour objet d'opérer des réductions notables de frais tout

---

[1] Cass. crim., 23 octobre 1886, *J. du Pal.*, 1886, p. 1196 et le rapport de M. le conseiller Tanon.

en respectant les principes du droit et les intérêts du Trésor public. Ce but est atteint par le dégrèvement des petites procédures et par l'application du montant du dégrèvement aux procédures importantes, et au moyen de la substitution de droits proportionnels aux droits fixes dont étaient passibles les actes de procédure.

Les articles 4 à 25 de la loi du 26 janvier 1892 renferment les dispositions nouvelles. *Art. 4*. Sont suppprimés « les droits de greffe de toute nature perçus par l'adminis- « tration de l'enregistrement, au profit du Trésor, dans les « justices de paix, les tribunaux civils ou de commerce et « les cours d'appel. *Art. 5*. Sont dispensés de la formalité « du timbre et de l'enregistrement :

Les actes de procédure d'avoué à avoué devant les tribunaux de première instance et les cours d'appel, ainsi que les exploits de signification de ces mêmes actes.

Le bulletin n° 2 du casier judiciaire délivré aux particuliers sera dispensé du droit de timbre.

Le droit d'enregistrement sur ce bulletin sera réduit à 0 fr. 20 c.

Art. 6. Est réduit à 1 fr. le droit d'enregistrement applicable aux exploits relatifs aux instances en matière civile devant les juges de paix, jusques et y compris les significations des jugements définitifs.

Art. 7. Est réduit d'un tiers le droit d'enregistrement des autres exploits relatifs aux instances suivies en matière civile ou commerciale, devant les conseils de prud'hommes, les tribunaux de première instance, les cours d'appel, depuis l'exploit introductif d'instance inclusivement jusques et y compris la signification à partie des jugements et arrêts.

La même réduction est applicable, dans les mêmes matières, aux déclarations d'appel faites autrement que par exploit.

Art. 8. Est également réduit d'un tiers le droit d'enregistrement des autres exploits relatifs aux procédures d'ordre judiciaire, de contribution judiciaire et de vente judiciaire.

Art. 9. Le droit d'enregistrement des actes de produit avec demande en collocation en matière d'ordre et de contribution judiciaires est réduit à 0 fr. 50 c.

Art. 10. Sont affranchis de la formalité du timbre et de l'enregistrement les actes rédigés en exécution des lois relatives aux faillites et liquidations judiciaires et dont l'énumération suit : les déclarations de cessation de paiements, les bilans, les dépôts de bilans, les affiches et certificats d'insertion relatifs à la déclaration de faillite ou aux convocations de créanciers, les actes de dépôt des inventaires, des transactions et autres actes; les procès-verbaux d'assemblée, de dire, d'observations et délibérations de créanciers; les états des créances présumées; les actes de produit, les requêtes adressées au juge-commissaire, les ordonnances et décisions de ce magistrat; les rapports et comptes des syndics; les états de répartition; les procès-verbaux de vérification et d'affirmation de créances; concordats ou atermoiements. Toutefois, ces différents actes continueront à rester soumis à la formalité du répertoire, en conformité de la loi du 22 frimaire an VII.

Les quittances de répartition données par les créanciers restent soumises au droit de timbre spécial créé par l'article 18 de la loi du 23 août 1871.

Art. 11. Sont affranchis de la pluralité édictée par l'article 11 de la loi du 22 frimaire an VII, dans les jugements et arrêts, les dispositions indépendantes et non sujettes au droit proportionnel.

Aucun droit fixe ne pourra jamais être perçu sur un jugement ou arrêté renfermant une ou plusieurs dispositions passibles du droit proportionnel.

Art. 12. Sont dispensées du timbre les expéditions délivrées par les greffiers de justice de paix en matière civile et par les secrétaires des conseils de prud'hommes.

Sont affranchis des droits de toute nature les avis de parents de mineurs dont l'indigence est constatée conformément à l'article 6 et au premier alinéa de l'article 8 de la loi du 10 décembre 1850. Même dispense est concédée aux actes nécessaires pour la convocation et la constitution des conseils de famille et l'homologation des délibérations prises dans ces conseils dans le cas d'indigence des mineurs.

Les personnes dont l'interdiction est demandée et les interdits sont, dans les mêmes cas, assimilés aux mineurs.

Art. 13. Les expéditions visées par l'article 6 de la loi du 21 ventôse an VII contiendront de douze à quatorze syllabes à la ligne, compensation faite entre les lignes.

Art. 14. Les mandements ou bordereaux de collocation délivrés aux créanciers par les greffiers, en matière d'ordre et de contribution, seront rédigés sur du petit papier au tarif ordinaire de 0 fr.60 c. ou de 1 fr. 20 c. Ils contiendront trente-cinq lignes à la page et de vingt à vingt-cinq syllabes à la ligne, compensation faite d'une feuille à l'autre.

Art. 15. En remplacement des impôts supprimés ou réduits par les articles précédents des droits proportionnels de condamnation, collocation ou liquidation et des droits fixes auxquels les jugements ou arrêts sont actuellement soumis, en matière civile ou commerciale, un droit proportionnel est perçu, savoir :

1° Pour les jugements, sentences d'arbitres et arrêts des cours d'appel, sur le montant des condamnations ou liquidations prononcées, et les intérêts.

Lorsque le droit proportionnel aura été acquitté sur un jugement rendu par défaut, la perception sur le jugement contradictoire qui pourra intervenir n'aura lieu que sur le supplément des condamnations, collocations ou liquidations. Il en sera de même pour les jugements et arrêts rendus sur appel, sauf l'exception édictée ci-après pour les jugements et arrêts confirmatifs;

2° Pour les ordres et contributions, les faillites et liquidations judiciaires, sur le montant des sommes mises en distribution;

3° Pour les jugements ou procès-verbaux judiciaires portant adjudication de meubles ou d'immeubles, sur le prix augmenté de toutes les charges, dans lesquelles ne seront pas compris les droits dûs sur le jugement d'adjudication;

4° Pour les adjudications de meubles ou d'immeubles renvoyées devant notaire commis par décision de justice, sur le prix augmenté de toutes les charges dans lesquelles ne seront pas compris les droits dûs sur le procès-verbal d'adjudication;

5° Pour les jugements et arrêts prononçant l'homologation d'un partage ou d'un état liquidatif, sur l'actif net partagé ou liquidé.

Toutefois lorsque les états liquidatifs ou partages comprendront des prix de meubles ou d'immeubles ayant supporté le droit proportionnel prévu aux paragraphes 3 et 4 ci-dessus, ces prix devront être déduits de l'actif net qui sert de base à la perception des droits prévus par le paragraphe 5.

Art. 16. Le droit proportionnel sera payé aux taux fixés ci-après :

§ 1er. 25 c. par 100 francs :

1° Les répartitions aux créanciers en matière de faillite ou liquidation judiciaire. La taxe sera payée par les syndics ou liquidateurs dans la huitaine à compter du jour où la répartition aura été ordonnée, sous peine d'en demeurer personnellement débiteurs ;

2° Les jugements ou arrêts prononçant l'homologation de liquidations ou de partages et les sentences arbitrales ayant le même objet sans qu'il puisse y avoir ouverture à double perception en cas d'appel.

Ce droit sera perçu indépendamment de ceux auxquels les liquidations et partages sont assujettis par les lois en vigueur ;

3° Les jugements et procès-verbaux portant adjudication de meubles ou d'immeubles, soit devant un tribunal, soit devant un notaire commis.

Ce droit sera perçu indépendamment du droit de mutation auquel ces jugements et procès-verbaux sont assujettis.

Les ventes au-dessous de 2,000 francs en seront exemptes.

§ 2. 50 c. par 100 francs :

1° Les décisions confirmant sur appel un jugement rendu en premier ressort ;

2° Les décisions infirmatives de jugements de débouté. Le total des droits à percevoir sur ces décisions devra égaler ceux qui eussent été exigibles sur une condamnation de première instance confirmée en appel.

§ 3. 75 c. par 100 francs.

Les ordres amiables.

§ 4. 1 franc par 100 francs :

1° Les jugements des juges de paix et ceux des conseils de prud'hommes, sauf ce qui sera édicté ci-après pour les dommages-intérêts;

2° Les ordres judiciaires et les contributions de même nature, ainsi que les distributions de prix réglées à l'audience conformément à l'article 773 du Code de procédure civile.

§ 5. 1 fr. 25 c. par 100 francs :

Les jugements, arrêts et sentences arbitrales rendus en matière commerciale.

§ 6. 2 francs par 100 francs :

1° Les jugements des tribunaux de première instance, les sentences d'arbitres et les arrêts de cours d'appel, en matière civile, sauf l'exception édictée ci-après relativement aux dommages-intérêts;

2° Les dommages-intérêts prononcés par les juges de paix en matière civile et de police et par les conseils de prud'hommes.

§ 7. 3 francs par 100 francs :

Les dommages-intérêts prononcés par les tribunaux de première instance, les arbitres et les cours d'appel en matière civile ou commerciale et les juridictions criminelles ou correctionnelles.

Art. 17. Il ne pourra être perçu moins de :

1° — 1 franc pour les jugements des juges de paix, les procès-verbaux de conciliation ou de non-conciliation dressés par ces magistrats et les jugements des prud'hommes;

2° — 4 fr. 50 c. pour les jugements interlocutoires ou préparatoires des tribunaux de première instance, de commerce ou d'arbitrage;

3° — 5 francs pour les jugements définitifs des tribunaux

de première instance rendus en matière commerciale, en premier ou en dernier ressort;

4° — 7 fr. 50 c. pour les jugements définitifs des tribunaux de première instance rendus en matière civile, en premier et en dernier ressort, et pour les arrêts interlocutoires ou préparatoires des cours d'appel;

5° — 10 francs pour les tribunaux de première instance portant débouté de demande en matière commerciale, quel que soit le ressort;

6° — 20 francs pour les jugements des tribunaux de première instance portant débouté de demande en matière civile, quel que soit le ressort;

7° — 22 fr. 50 c. pour les jugements des tribunaux civils portant interdiction, séparation de biens ou séparation de corps;

8° — 25 fr. pour les arrêts définitifs des cours d'appel;

9° — 30 francs pour les arrêts des cours d'appel portant débouté de demande;

10° — 37 fr. 50 c. pour les arrêts des cours d'appel portant interdiction, séparation de biens ou séparation de corps;

11° — 75 francs pour les jugements de première instance déclarant qu'il y a lieu à adoption en prononçant un divorce;

12° — 150 francs pour les arrêts des cours d'appel confirmant une adoption ou prononçant un divorce.

Si le jugement prononçant le divorce n'est pas frappé d'appel, le droit de 150 francs continuera à être perçu sur la première expédition, soit de la transcription, soit de la mention du dispositif du jugement effectué sur les registres de l'état civil.

Dans aucun cas l'ensemble des droits proportionnels ne

pourra être inférieur au minimum déterminé par le présent article.

Art. 18. Les originaux des conclusions respectivement signifiées, bien que dispensés de la formalité du timbre et de l'enregistrement par l'article 5 de la présente loi, devront néanmoins être présentés par l'huissier instrumentaire au receveur de l'enregistrement dans les quatre jours de la signification, sous peine d'une amende de 10 francs pour chaque original non représenté.

Ces originaux seront visés, cotés et parafés par les receveurs, qui auront la faculté d'en tirer copie, conformément à l'article 56 de la loi du 22 frimaire an VII. Ne pourront être admis en taxe par les magistrats taxateurs que les originaux ainsi visés, cotés et parafés par le receveur de l'enregistrement.

Art. 19. Les huissiers et les greffiers tiendront, sous les sanctions édictées en l'article précédent, sur registre non timbré, coté et parafé par le président du tribunal civil, des répertoires à colonnes sur lesquels ils inscriront, jour par jour, sans blanc ni interligne et par ordre de numéros, tous les actes, exploits, jugements et arrêts, qui sont dispensés, par la présente loi, des formalités du timbre et de l'enregistrement.

Chaque article du répertoire contiendra : 1° son numéro ; 2° la date de l'acte ; 3° sa nature ; 4° les noms et prénoms des parties et leur domicile.

Chaque acte porté sur ce répertoire devra être annoté de son numéro d'ordre.

Art. 20. Les huissiers et les greffiers présenteront sous les mêmes sanctions ce répertoire au visa du receveur de leur résidence, qui le visera et qui énoncera dans son visa le numéro du dernier acte inscrit. Cette présentation aura lieu : pour les huissiers, les 1ᵉʳ, 6, 11, 16, 21 et 26 ; pour les greffiers, les 1ᵉʳ et 16 de chaque mois.

Si le jour fixé pour le visa est un jour férié, le visa sera apposé le lendemain.

Art. 21. Les états de frais dressés par les avoués, huissiers, greffiers, notaires commis devront faire ressortir distinctement, dans une colonne spéciale et pour chaque débours, le montant des droits de toute nature payés au Trésor.

Toute contravention à cette disposition sera punie d'une amende de 10 francs en principal, qui sera recouvrée comme en matière d'enregistrement.

Art. 22. Continueront à être exécutées toutes les dispositions des lois sur l'enregistrement et le timbre qui ne sont pas contraires à la présente loi.

Art. 23. Un règlement d'administration publique fixera les émoluments des greffiers en ce qui concerne tant les expéditions délivrées par eux que les mandements ou bordereaux de collocation.

Art. 24. Les dispositions des articles 4 à 21 ne sont applicables ni aux minutes, copies ou expéditions d'actes, jugements, sentences ou arrêts relatifs à des procédures commencées avant le 1ᵉʳ juillet prochain, ni au bulletin n° 2 du casier judiciaire délivré aux particuliers avant cette époque.

L'époque à laquelle la procédure est réputée commencée se détermine :

Pour les instances, par l'acte introductif ;

Pour les ordres et contributions, par le procès-verbal du juge qui en constate l'ouverture ;

Pour les ventes judiciaires, soit par l'assignation en licitation, soit par la requête tendant à obtenir du tribunal l'autorisation de procéder à la vente, soit par le procès-verbal de saisie immobilière, soit enfin par l'acte de réquisition de mise aux enchères prévu par les articles 2185 du Code civil et 832 du Code de procédure civile;

Pour les faillites et les liquidations judiciaires, soit par le dépôt du bilan, soit par la requête ou l'assignation en déclaration de faillite.

Les incidents des instances et procédures, les ventes sur surenchère du sixième ou sur folle enchère sont considérés comme donnant lieu, non à une procédure distincte, mais à la continuation de la procédure antérieure.

Pour être admis au bénéfice des suppressions et réductions d'impôts prononcées par la présente loi, les actes, jugements, sentences, arrêts et expéditions devront rappeler la date et la nature de l'acte initial de l'instance ou de la procédure à laquelle ils se rapportent.

Les surtaxes établies seront perçues toutes les fois que les actes, jugements, sentences ou arrêts ne renfermeront pas cette mention. Toutefois, restitution pourra être ordonnée, dans les deux cas, au profit des parties, s'il est fourni des justifications suffisantes durant les six mois de la perception.

Un règlement d'administration publique pourra supprimer ou modifier, à partir du 1er janvier 1893, l'obligation imposée par les deux alinéas qui précèdent.

Jurisprudence. — Les perceptions régulières, qui, aux termes de l'article 60 de la loi du 22 frimaire an VII, ne peuvent être restituées, quels que soient les événements ultérieurs, sont celles qui sont faites en appliquant exactement les tarifs aux actes produits et aux déclarations des contribuables[1].

[1] Cass. civ., 5 mai 1885, *J. du Pal.*, 1886, p. 539. Voir en outre

L'instruction des instances suivies par la Régie doit se faire par simples mémoires signifiés et sans plaidoirie. Cette forme de procéder est substantielle ; par suite viole cette règle, prescrite à peine de nullité, le jugement constatant que les parties ont été ouïes par leurs avoués et avocats[1].

La déclaration estimative prescrite par la loi du 22 frimaire an VII pour suppléer à l'absence de détermination des valeurs portées à l'acte soumis à la formalité de l'enregistrement ne fait pas obstacle à ce que la Régie puise, soit dans l'acte même soit dans un acte différent, mais connexe, soit enfin dans les faits constants et reconnus, les éléments de cette détermination et ne fasse elle-même le calcul[2].

En matière d'enregistrement, la Cour de cassation n'est pas liée par les interprétations des juges du fond qu'elle revise lorsqu'elles contiennent une fausse appéciation des faits et des documents de la cause[3].

La disposition de l'article 65, § 5, de la loi du 22 frimaire an VII, aux termes de laquelle l'instance ouverte par la Régie est périmée faute de jugement rendu dans les trois mois au plus tard à compter de l'introduction de l'instance, est purement réglementaire et ne concerne que les juges[4].

Cass., 7 décembre 1886, *Pal.*, 1887, p. 1063 et Cass. civ., 29 juin 1887, *Pal.*, 1889, p. 60.

[1] Cass. civ., 21 juillet 1886, *J. du Pal.*, 1887, p. 63.

[2] Cass. civ., 5 avril 1887, *J. du Pal.*, 1889, p. 939.

[3] Cass. civ., 29 juin 1887, *J. du Pal.*, 1889, p. 60. Voir également Cass., 22 février 1887, *J. du Pal.*, 1888, p. 177. Cass. civ., 29 juillet 1890, *J. du Pal.*, 1891, p. 418.

[4] Cass. req., 2 décembre 1889, *J. du Pal.*, 1891, p. 180.

Droit comparé. — (Voir : *Timbre.*) — *Belgique.* — Loi du 6 août 1887 sur l'enregistrement des baux[1]. — Loi du 28 avril 1888 relative au timbre, à l'enregistrement et aux titres au porteur[2].

Pays-Bas. — Loi du 31 décembre 1885 augmentant l'impôt sur les mutations par suite de décès à l'égard des effets publics et les créances portant intérêt[3].

Suisse. — *Schaffouse.* — Loi du 8 mars 1884 et instruction du 9 juillet 1884 sur l'élevation des droits de succession.

Fribourg. — Loi du 11 mai 1886 exemptant de l'enregistrement les donations de biens meubles et immeubles dans un but d'utilité publique[4].

Uri. — Loi concernant les impôts progressifs sur certains ordres de succession[5].

Vaud. — Loi du 31 janvier 1889 sur la perception du droit de mutation[6].

Alsace-Lorraine. — Loi des 27 mai 1888, 28 mai 1888 sur l'enregistrement[7] — Loi du 12 juin 1889 réglant l'impôt sur les successions[8].

Italie. — Loi du 12 juillet 1888 modifiant les droits d'enregistrement et de timbre.

Russie. — Avis du conseil de l'Empire, approuvé le 20 mai 1885, portant création d'un impôt sur le revenu des

---

[1] *Ann. de législ. étr.*, année 1887, p. 649.

[2] *Ann. de législ. étr.*, année 1888, p. 586.

[3] *Ann. de législ. étr.*, année 1886, p. 512.

[4] *Ann. de législ. étr.*, année 1886, p. 542.

[5] *Ann. de législ. étr.*, année 1889, p. 712.

[6] *Ann. de législ. étr.*, année 1890, p. 659.

[7] *Ann. de législ. étr.*, année 1888, pp. 400, 401 ; 1889, p. 293.

[8] *Ann. de législ. étr.*, année 1885, p. 552.

valeurs mobilières[1]. — Avis du conseil de l'Empire du 6 mars 1889 relatif à la perception de l'impôt sur les successions des étrangers décédés en Russie[2].

New-York. — Loi du 10 juin 1885 établissant une taxe sur les donations, legs et successions collatérales[3].

Pensylvanie. — Loi du 6 mai 1887 relative aux impôts sur les successions en ligne collatérale[4]. — Loi du 1er juin 1889 complétant l'acte du 7 juin 1879 relatif à l'impôt sur le revenu et sur les valeurs mobilières[5].

Colombie. — Loi du 5 mars 1887 sur les droits d'enregistrement des actes publics et privés. — Loi du 12 novembre 1890 portant diminution des droits d'enregistrement.

ENRÔLEMENT VOLONTAIRE. — Législation. — Aux termes des articles 58 à 63 de la loi du 15 juillet 1889, sur le recrutement militaire, peuvent être admis à contracter un engagement volontaire dans l'armée active : 1° tout français ou naturalisé français; 2° les jeunes gens qui doivent être inscrits sur les tableaux de recensement ou qui seront autorisés par les lois à servir dans l'armée française; 3° les jeunes gens nés en pays étranger d'un français qui aurait perdu la qualité de français. En outre, les hommes exemptés ou classés dans les services auxiliaires de l'armée peuvent être admis à contracter l'engagement, jusqu'à l'âge de 32 ans accomplis, en justifiant des conditions d'aptitude physique.

L'engagé volontaire doit justifier des conditions suivan-

---

[1] *Ann. de législ. étr.*, année 1889, p. 771.

[2] Chap. 483. *Ann. de législ. étr.*, année 1885, p. 609.

[3] *Ann. de législ. étr.*, année 1887, p. 895.

[4] *Ann. de législ. étr.*, année 1889 p. 935.

tes : 1° Il doit être âgé de seize ans accomplis pour l'armée de mer sans limitation de taille minima ; et, pour l'armée de terre, de dix-huit ans accomplis et avoir au moins la taille réglementaire de $1^m,54$; 2° n'être ni marié ni veuf avec enfants ; 3° n'avoir pas encouru certaines condamnations par exemple pour crime, pour vol, attentat aux mœurs, etc., sauf pour les engagements dans un bataillon d'infanterie légère d'Afrique ; 4° jouir de ses droits civils ; 5° être de bonnes vie et mœurs ; 6° justifier, au-dessous de vingt ans, du consentement de ses père, mère, ou tuteur après autorisation du conseil de famille.

L'engagement volontaire ne peut plus être contracté dès que le jeune homme est inscrit par le conseil de révision sur la liste de recrutement cantonal. A partir de cette époque, l'inscrit a seulement le droit de devancer l'appel, pour entrer dans la marine ou dans les troupes coloniales.

Il ne peut être reçu que pour les armes combattantes (marine, troupes coloniales, corps d'infanterie, de cavalerie, d'artillerie et de génie) et non pour les services accessoires (infirmiers, train des équipages) ; ainsi qu'aux époques et dans les conditions d'admissibilité dans ces différents corps, d'aptitude physique, déterminées par décrets insérés au Bulletin des lois[1].

La durée de l'engagement volontaire est fixée à trois, quatre ou cinq ans, à partir de la signature de l'engagement. Dans les troupes coloniales, les engagements volontaires de cinq ans donnent droit, pendant les deux der-

---

[1] Voir décret du 28 septembre 1889, relatif aux engagements volontaires et aux rengagements ; décret du 24 décembre 1889, relatif aux engagements volontaires et aux rengagements dans les corps des équipages de la flotte ; décret du 28 janvier 1890 relatif aux engagements et rengagements dans les troupes de la marine.

nières années, à une prime dont le montant est fixé par décret.

En cas de guerre, tout français ayant accompli le temps de service prescrit pour l'armée active, la réserve de l'armée active, et l'armée territoriale, qui fait en conséquence partie de la réserve de l'armée territoriale, jusqu'au moment où la classe de réserve territoriale à laquelle il appartient est rappelée à l'activité, est admis à contracter un engagement pour la durée de la guerre, dans un corps de son choix.

ENSEIGNEMENT OBLIGATOIRE. — Droit comparé.
— Voir : *Instruction publique.*

ENSEIGNEMENT PRIMAIRE. — Législation. — Les
lois du 16 juin 1881 et du 28 mars 1882 ont proclamé le principe de la gratuité de l'enseignement primaire et le principe de l'obligation de l'enseignement avec la laïcité des programmes. Complétant le système nouveau, la loi du 30 octobre 1886 établit la laïcisation du personnel de l'enseignement. « Dans les écoles publiques de tout
« ordre, l'enseignement est exclusivement confié a un per-
« sonnel laïque (art. 17). Aucune nomination nouvelle
« soit d'instituteur soit d'institutrice congréganiste ne sera
« faite dans les départements où fonctionnera depuis
« quatre ans une école normale soit d'instituteurs soit d'ins-
« titutrices, en conformité avec l'article 1er de la loi du
« 9 août 1879. — Pour les écoles des garçons, la substi-
« tution du personnel laïque au personnel congréganiste
« devra être complète dans un délai de cinq ans après la
« promulgation de la loi » (art. 18).

Les conditions d'ouverture et d'exercice d'écoles primaires privées et les pénalités en cas de contravention aux dispositions légales à cet égard se trouvent modifiées par le titre 3 de la loi du 30 octobre 1886 (art. 35 à 43).

Tout instituteur qui veut ouvrir une école privée, qui veut changer le local de son école, ou admettre dans son école des élèves internes, est tenu d'en faire la déclaration préalable au maire de la commune avec indication du local où l'école doit être établie. La déclaration est affichée, par les soins du maire, pendant un mois, à la porte de la mairie. La même déclaration doit être faite par le postulant au préfet, au procureur de la République et à l'inspecteur d'académie. A défaut d'opposition dans le mois, l'école est ouverte sans autre formalité.

Le maire peut former opposition à l'ouverture de l'école s'il estime que le local indiqué n'est pas convenable pour raisons tirées soit de l'hygiène soit des bonnes mœurs. Son opposition doit être formée dans les huit jours de la déclaration. L'inspecteur d'académie peut également former opposition à l'ouverture de l'école privée soit d'office soit sur la plainte du procureur de la République, dans l'intérêt des bonnes mœurs ou de l'hygiène. Ce fonctionnaire peut même baser son opposition sur l'intérêt de l'ordre public lorsqu'il s'agit d'un instituteur public révoqué et voulant s'établir comme instituteur privé dans la commune où il exerçait.

Les oppositions sont portées devant le conseil départemental qui statue, contradictoirement, le postulant ou son conseil entendu, dans le délai d'un mois. Les décisions du conseil départemental ne sont qu'en premier ressort; dans les dix jours de leur notification, il peut en être interjeté appel devant le conseil supérieur de l'instruction publique.

Il doit être, sur l'appel, statué dans la plus prochaine séance et dans le plus bref délai possible car, en aucun cas, l'ouverture ne peut avoir lieu avant la décision d'appel.

— Les infractions aux prescriptions précédentes sont poursuivies devant le tribunal correctionnel du lieu du délit. Elles entraînent la fermeture de l'école et une condamnation, sauf application du principe des circonstances atténuantes posé par l'article 463 du Code pénal, à une amende de 100 à 1,000 francs, même en cas de récidive, à un emprisonnement de six jours à un mois et à une amende de 500 à 2,000 francs.

La surveillance des instituteurs libres n'appartient plus, comme sous l'empire de la loi de 1850 (art. 30) au préfet et au ministère public; elle est remise à l'inspecteur d'académie qui peut porter plainte devant le conseil départemental pour cause de faute grave dans l'exercice de leurs fonctions, d'inconduite ou d'immoralité. L'instituteur ainsi traduit devant le conseil départemental peut être censuré ou interdit de l'exercice de sa profession, selon les circonstances, sauf recours au conseil supérieur de l'instruction publique.

— La loi du 19 juillet 1889, enfin, a eu pour objet : 1° de fixer les traitements du personnel de l'enseignement primaire; 2° de déterminer la proportion dans laquelle l'État, les départements et les communes participent aux dépenses ordinaires de cet enseignement et les ressources affectées à ces dépenses. « En ce qui concerne les dépen- « ses de l'instruction primaire, porte l'exposé des motifs « à la Chambre des députés, le système adopté par la loi « est celui-ci. Aux familles, il laisse uniquement les dé- « penses qui regardent l'enfant individuellement, celles

« qui ont trait à son usage personnel : l'achat de ses
« cahiers, de ses livres, de ses fournitures scolaires. La
« caisse des écoles a été instituée ou doit l'être dans toutes
« les communes, précisément en vue des secours de cette
« nature dont certaines familles peuvent avoir besoin. —
« Aux communes, incombent les dépenses relatives à la
« partie matérielle du service scolaire : l'entretien de l'im-
« meuble qui est ou sera bientôt partout la propriété com-
« munale, comprenant le local et les dépendances néces-
« saires à la tenue de la classe et au logement des maîtres,
« l'achat, l'entretien, le renouvellement du mobilier de
« classe et de tout le matériel d'enseignement à usage
« collectif. En outre, dans un petit nombre de communes
« dont la population atteint un chiffre élevé, une indemnité
« supplémentaire, représentant en quelque sorte le sur-
« croît de dépenses tenant à la localité elle-même, doit
« équitablement rester à la charge de la commune : il ne
« serait pas juste de faire payer à l'ensemble des contri-
« buables, sous forme de traitement, le supplément atta-
« ché à une résidence urbaine. — Reste à la charge de
« l'État toute la dépense du personnel, tout ce qui consti-
« tue le traitement désormais fixe et régulier des institu-
« teurs et institutrices de tout ordre. Agents de l'État,
« chargés d'une fonction publique, nommés ou par le mi-
« nistre, ou, sous son autorité, par le représentant de l'État
« dans le département, ils ne doivent attendre que de
« l'État leur salaire et leur avancement. »

En ce qui concerne les ressources affectées à l'enseignement primaire, les quatre centimes communaux et les
quatre centimes départementaux affectés aux dépenses
obligatoires de l'enseignement primaire, sont supprimés
ainsi que le prélèvement, avec la même affectation, du

cinquième sur les revenus communaux ordinaires. Ils sont remplacés par l'addition de huit centimes additionnels généraux portant sur les quatre contributions directes et dont le produit est inscrit au budget de l'État.

Jurisprudence. — Le Conseil d'État, le 29 juillet 1888 [1], a émis l'avis que les communes ne peuvent se prévaloir de l'article 145 de la loi municipale du 5 avril 1884 pour subventionner les écoles privées.

Aux termes d'un avis consultatif du Conseil d'État, en date du 30 octobre 1888 [2] : 1° l'autorisation dont les étrangers qui veulent enseigner en France dans les établissements d'enseignement primaire privés doivent se pourvoir, par application de l'article 4, § 2, de la loi du 30 octobre 1886, constitue une autorisation spéciale, accordée en vue d'une fonction déterminée, à remplir dans un établissement nommément désigné; 2° les étrangers, admis à jouir des droits civils en France et remplissant les autres conditions imposées par l'article 4 de la loi du 30 octobre 1886, peuvent être autorisés à diriger des établissements d'enseignement primaire privé, qui ne sont pas exclusivement destinés à recevoir des enfants étrangers.

La désignation de l'emplacement destiné à la construction d'une école communale est faite, si l'emplacement choisi par le conseil municipal n'est pas accepté par le préfet, par arrêté préfectoral après avis de l'inspecteur d'académie. Toutefois le préfet, qui tient de la loi le pouvoir d'apprécier souverainement la convenance de l'emplacement, doit provoquer, pour éclairer sa décision antérieurement à l'arrêté qui refuse d'accepter le choix fait

---

[1] *J. du Pal.*, 1888, p. 638.
[2] *J. du Pal.*, 1890, p. 1322.

par le conseil municipal, l'avis de l'inspecteur d'académie [1].

Droit comparé. — Voir : *Instruction publique*.

ENSEIGNEMENT SECONDAIRE. — Droit comparé.
— Voir : *Instruction publique*.

ENSEIGNEMENT SUPÉRIEUR. — Droit comparé. —
Voir : *Instruction publique*.

ÉTABLISSEMENTS INSALUBRES. — Législation. —
La nomenclature des établissements dangereux, insalubres ou incommodes a été refondue et déterminée à nouveau par le décret du 3 mai 1886 qui abroge tous les textes antérieurs disposant sur le même objet. Le décret
maintient la division de cette sorte d'établissements en
trois classes et range dans chacune d'elles, chaque nature
des établissements énumérés [2]. Des décrets en date des 5
mai 1888, du 15 mars 1890 et du 26 janvier 1892 ont
complété cette nomenclature.

Jurisprudence. — Les établissements insalubres de
deuxième classe ne doivent pas expressément être placés
loin des habitations, aux termes du décret du 18 octobre
1810 (art. 1er); néanmoins, ils ne peuvent être autorisés
qu'autant que toutes les mesures seront prescrites afin de

---

[1] Avis du Conseil d'État, du 24 mai 1892 sur l'interprétation des
articles 10, § 4, de la loi du 20 mars 1883 et 44 du décret du 7 avril
1887 relatifs à la procédure à suivre lorsqu'il est pourvu d'office à l'é-
tablissement d'une maison d'école obligatoire.

[2] Voir le tableau, annexé à ce décret, au *Journal officiel* du 12 mai
1886.

ne pas incommoder les habitations voisines ni leur occasionner de préjudice[1].

Il est de principe que les établissements insalubres ou incommodes, alors même qu'ils sont régulièrement autorisés, n'en sont pas moins responsables des dommages qu'ils causent aux propriétés voisines; les tribunaux judiciaires, par suite, sont compétents soit pour fixer les indemnités dues aux tiers lésés, soit pour prescrire les mesures propres à faire cesser le préjudice pourvu qu'elles ne soient pas en opposition avec celles prescrites par l'autorité administrative dans un intérêt général[2].

Le juge de simple police, saisi d'une contravention constatée à la charge d'un prévenu pour avoir exploité sans autorisation un établissement insalubre, doit, en présence de l'allégation que l'exploitation, loin d'être nouvelle, n'est que la reprise d'une ancienne exploitation, après interruption de courte durée, surseoir à statuer jusqu'après examen de l'exception par l'autorité administrative, seule compétente en ce qui touche l'établissement et la suppression de ces établissements[3].

L'arrêté municipal qui détermine, pour toute l'étendue de la commune, à quelle distance soit des habitations, et des chemins publics soit des machines à vapeur, spécialement d'une scierie mécanique ayant une existence légale, des dépôts de bois peuvent être établis ne fait que l'application légale de pouvoirs conférés à l'autorité municipale par la loi des 16-24 août 1790 dans le but de prévenir les

---

[1] Cons. d'Ét. cont., 25 janvier 1885.

[2] Cass. req., 18 novembre 1884, *J. du Pal.*, 1885, p. 148.

[3] Cass. req., 19 décembre 1884.

incendies et ne porte pas atteinte à l'existence ni à l'exploitation de cette usine[1].

Les préfets procèdent, pour l'autorisation des établissements insalubres, en vertu de leurs pouvoirs de police; par suite l'État n'est pas partie en cause sur les oppositions mises à ces autorisations et les frais d'expertise ne peuvent, la contestation étant liée entre l'industriel autorisé et l'opposant, être mis à la charge de l'État[2].

L'autorité municipale peut légalement prendre des mesures de police et de salubrité à l'égard des établissements insalubres régulièrement autorisés antérieurement au décret du 5 octobre 1810, à condition de n'entraîner par là aucun empêchement à leur exploitation[3].

Les porcheries comprenant plus de six animaux adultes sont assujetties à l'autorisation administrative, alors même qu'elles sont tenues dans des établissements agricoles, si toutefois elles n'en forment pas l'accessoire, cas dans lequel elles en sont affranchies[4].

Le juge de paix, devant lequel est poursuivie l'infraction commise pour ouverture de tueries sans autorisation, et qui est saisi de conclusions tendant à prouver que ces établissements ne sont ni insalubres ni assujettis à l'autorisation doit surseoir à statuer jusqu'à décision de la juridiction administrative, seule compétente pour connaître des questions relatives à l'interprétation de la nomenclature des établissements insalubres ou incommodes[5].

[1] Cons. d'Ét. cont., 4 février 1887.
[2] Cons. d'Ét. cont., 29 juillet 1887.
[3] Cons. d'Ét., cont., 10 février 1888.
[4] Cass. crim., 20 décembre 1889, *Pal.*, 1891, p. 76.
[5] Cass. crim., 13 novembre 1890.

ÉTABLISSEMENTS D'UTILITÉ PUBLIQUE. — Juris-prudence. — Le Conseil d'État, de jurisprudence cons-tante, accorde aux établissements d'utilité publique l'auto-risation d'accepter les legs faits en leur faveur, alors même que la reconnaissance des établissements légataires est pos-térieure au décès du testateur, bien que, suivant les prin-cipes du droit civil, le légataire doive être au moins conçu à l'époque du décès du testateur (art. 906, C. civ.), alors surtout que les héritiers naturels donnent leur consente-ment et que la question de droit ne paraît pas devoir être soulevée[1].

**ÉTABLISSEMENTS SCIENTIFIQUES. FACULTÉS. —
Législation.** — Les facultés et les écoles d'enseigne-ment supérieur de l'État ont reçu la personnalité civile. Deux décrets d'administration publique du 25 juillet 1885 ont déterminé les conditions d'acceptation et d'emploi des dons et legs faits en leur faveur ainsi que les règles rela-tives à l'administration et à la gestion des fonds prove-nant de subventions, dons et legs acceptés par elles. Complétant l'organisation de ces nouvelles personnes morales, un décret du 28 décembre 1885 confère au con-seil général des facultés, institué, par le décret du 25 juillet 1885, au chef-lieu d'académie, notamment toutes les attributions d'ordre financier et administratif. En même temps, il est institué, pour chaque faculté, un con-seil, composé des professeurs titulaires, auquel sont re-mises toutes les attributions de la personne morale. En outre, le décret du 28 décembre 1885 (titre IV) fixe les

---

[1] Avis sous forme de note de la section de l'intérieur du Conseil d'État, 30 juillet 1884, *Revue générale d'administration*, 1885, t. I, p. 75.

attributions des doyens de facultés, en tant que représentants des intérêts de leurs facultés. L'article 27 les détermine en détail; ils administrent les biens propres de la faculté, signent les baux, passent les marchés et adjudicatious, préparent le budget de la faculté, engagent et ordonnancent les dépenses, et présentent, chaque année, les comptes de leur gestion.

EXCÈS DE POUVOIR. — Jurisprudence. — Par un arrêt remarquable du 14 janvier 1887 (Société de l'Union des gaz) le Conseil d'État a confirmé sa nouvelle jurisprudence sur le délai de recours pour excès de pouvoir dans l'hypothèse où il est précédé d'un recours au ministre. « Considérant, dit l'arrêt, que si le recours pour excès de « pouvoir peut être, au gré de la partie intéressée, formé « directement devant le Conseil d'État ou préalablement « porté devant le supérieur hiérarchique de l'autorité dont « la décision est attaquée, ledit recours ne saurait être « affranchi, dans ce dernier cas, du délai de trois mois « qui lui est imposé quand le Conseil d'État en est directe- « tement saisi [1]. »

EXPROPRIATION POUR CAUSE D'UTILITÉ PUBLIQUE. — Jurisprudence. — Est irrecevable le recours formé contre un décret déclarant d'utilité publique la construction d'un groupe scolaire et autorisant l'expropriation des terrains nécessaires à l'opération, lorsqu'il est formé

---

[1] *Sic*, Laferrière, *Traité de la juridiction administrative*, tome II, p. 429. Gautier, *Revue critique de législation et de jurisprudence*, année 1882, p. 12. *Contrà*, Aucoc, *Gazette des tribunaux* du 24 décembre 1886 et *Revue critique de législation et de jurisprudence*, année 1887, p. 63.

après le jugement qui a prononcé l'expropriation contre lequel le propriétaire dépossédé s'est pourvu en cassation mais s'est ensuite désisté de son pourvoi[1].

Il appartient à l'administration, par application de l'article 2 du décret du 26 mars 1852, de poursuivre l'expropriation de parties d'immeubles qui sont situées en dehors des alignements et qui ne sont pas d'une étendue et d'une forme qui permette d'y élever des constructions salubres ; mais elle ne peut user de ce droit qu'à l'occasion d'un projet d'expropriation pour l'élargissement, le redressement, la formation ou la suppression de rues[2].

Le projet d'élargissement d'une rue, alors que l'emprise sur un immeuble est à peu près égale au sol conservé de l'ancienne rue, ne peut être réalisé par l'exécution du plan général d'alignement mais seulement par voie d'expropriation pour cause d'utilité publique.

En matière d'expropriation, les tribunaux doivent se borner à constater l'accomplissement des formalités prescrites par l'article 2 et par le titre 2 de la loi du 3 mai 1841 ; il ne leur appartient pas de rechercher si le décret déclaratif d'utilité publique a été légalement rendu ni d'apprécier la légalité des actes administratifs auxquels il a été procédé antérieurement au jugement[3].

Dans le cas où le décret déclaratif d'utilité publique a déterminé, d'une manière formelle, les parcelles de terrain sur lesquelles les travaux doivent avoir lieu, il n'appartient pas à l'autorité chargée de l'exécution du décret d'apporter des modifications au plan annexé au décret ; en

---

[1] Cons. d'Ét. cont., 31 juillet 1885.

[2] Cons. d'Ét. cont., 11 janvier 1889.

[3] Cass. civ., 3 mai 1887, *Pal.*, 1887, p. 1185. Cass., 17 mars 1885, *Pal.*, 1887, p. 60. Voir Cass., 8 décembre 1891, *Pal.*, 1892, p. 95.

conséquence l'expropriation des parcelles ajoutées dans l'arrêté de cessibilité ne peut être prononcée par le tribunal [1].

Le recours formé devant le Conseil d'État contre un décret déclaratif d'utilité publique n'étant pas suspensif, le tribunal saisi d'une demande d'expropriation n'est pas tenu de surseoir jusqu'à la solution de ce litige. De même la Cour de cassation, saisie d'un pourvoi contre le jugement qui prononce l'expropriation, n'est pas tenue de surseoir jusqu'à ce que le Conseil d'État ait statué sur le recours [2].

L'indemnité, pour la dépossession d'un terrain exproprié en vue de l'établissement d'un groupe scolaire, doit être réglée par un jury spécial formé suivant les prescriptions de la loi du 3 mai 1841 (art. 30) et la décision, dans cette hypothèse, émanée d'un jury constitué illégalement conformément à l'article 16 de la loi du 16 mai 1836, est entachée d'une nullité tombant sous la censure de la Cour de cassation [3].

La désignation faite en second lieu par une cour des membres du jury spécial d'expropriation n'est pas nulle, même si une première désignation a été par erreur faite sur une liste applicable à une année antérieure et annulée de droit par le renouvellement opéré par le conseil général, alors surtout que cette première liste de jurés n'avait point encore été signifiée aux parties et que celles-ci n'avaient point encore été appelées devant le jury [4].

La délibération du jury doit être secrète et elle doit être

[1] Cass. civ., 15 juin 1887, *J. du Pal.*, 1890, p. 1005.
[2] Cass. civ., 8 décembre 1891, *J. du Pal.*, 1892, p. 95.
[3] Cass. civ., 17 avril 1889, *Pal.*, 1889, p. 934.
[4] Cass. civ., 6 juin 1888, p. 292.

annulée si le magistrat directeur du jury a été admis à y participer [1].

Les moyens tirés du défaut de pouvoir du jury et de l'incompétence du magistrat directeur sont d'ordre public et, à ce titre, peuvent être proposés pour la première fois devant la Cour de cassation [2].

Les pouvoirs du jury spécial d'expropriation cessent de plein droit si le renouvellement annuel de la liste générale des jurés du département est fait avant le commencement des opérations du jury ; ainsi le jury désigné par le tribunal au mois de juin, qui ne commence ses opérations qu'en août, la liste générale ayant été légalement renouvelée en août, est sans pouvoir et sa décision est nulle d'une nullité d'ordre public, comme touchant à la compétence, et pouvant à ce titre être invoquée devant la Cour de cassation pour la première fois [3].

Le paragraphe 2 de l'article 30 de la loi du 3 mai 1841, aux termes duquel les propriétaires des immeubles expropriés ne peuvent faire partie du jury d'expropriation, n'est pas compris au nombre des dispositions de ladite loi dont la violation donne ouverture à cassation [4].

Aucune disposition légale ne déclare incompatibles avec les fonctions de juré, en matière d'expropriation, celles de conducteurs des ponts et chaussées et d'agents-voyers cantonaux encore que l'expropriation soit poursuivie par le département [5].

L'obligation imposée à l'expropriant à peine de nullité

[1] Cass. civ., 1er août 1888, *Pal.*, 1889, p. 176.
[2] Cass. civ., 30 juillet 1888, *Pal.*, 1891, p. 640.
[3] Cass. civ., 17 mars 1890, *Pal.*, 1891, p. 644.
[4] Cass. civ., 15 février 1892, *Pal.*, 1892, p. 320.
[5] Cass. civ., 30 octobre 1889, *Pal.*, 1892, p. 462.

de la décision du jury à intervenir, de notifier à l'exproprié les sommes offertes à titre d'indemnité et de lui laisser pour délibérer l'intégralité du délai de quinze jours, n'a pas seulement lieu pour les offres originaires mais aussi pour toutes offres nouvelles portant sur un objet nouveau qui peuvent devenir nécessaires en cours d'instance, notamment en matière de réquisition d'expropriation totale[1].

La disposition en vertu de laquelle l'expropriant doit notifier ses offres à l'exproprié est substantielle mais elle n'est pas d'ordre public; dès lors, la nullité résultant de son inobservation peut être couverte[2].

Si l'exproprié dont les bâtiments sont atteints partiellement requiert l'emprise totale, en vertu de l'article 50 de la loi du 3 mai 1841, l'expropriant est tenu de faire une offre nouvelle, à peine de nullité de la décision du jury[3].

Si la loi ne fixe aucune limite aux offres à faire par l'expropriant et si la modicité n'en entraîne pas la nullité, du moins faut-il qu'une somme quelconque soit offerte; l'offre de zéro équivalant à l'absence complète d'offres, la décision intervenant dans ces conditions est nulle d'une nullité substantielle non couverte par la comparution de l'exproprié devant le jury et par une demande d'indemnité[4].

Le jury n'a pas mission pour évaluer d'autres dommages

[1] Cass., 17 mars 1885, *Pal.*, 1886, p. 416. Voir Cass., 9 juillet 1889, *Pal.*, 1891, p. 826. Cass., 20 octobre 1890, *Pal.*, 1891, p. 176. Cass., 31 juillet 1889, *Pal.*, 1891, p. 1309. Cass., 13 janvier 1892, *Pal.*, 1892, p. 592.

[2] Cass. civ., 16 mars 1888, *J. Pal.*, 1888, p. 176. Voir Cass., 13 août 1889, *Pal.*, 1891, p. 1311. Cass., 4 janvier 1892, *Pal.*, 1892, p. 159.

[3] Cass. civ., 23 décembre 1889, *J. Pal.*, 1890, p. 167.

[4] Cass. civ., 4 janvier 1892, *Pal.*, 1892, p. 159.

que ceux qui sont la suite directe, actuelle et nécessaire de l'expropriation[1].

Sa décision doit être claire, nette, précise, et ne donner lieu à aucune équivoque[2].

En cas de bail emphytéotique, le bailleur reçoit l'indemnité représentant la valeur du fonds et le locataire celle correspondant aux constructions, alors même qu'il aurait été stipulé au bail que les constructions appartiendraient au bailleur sur un prix déterminé d'évaluation[3].

L'indemnité accordée par la loi en matière d'expropriation pour cause d'utilité publique doit se mesurer à la fois sur la valeur des parcelles expropriées et sur la moins ou plus-value du surcroît de la propriété[4].

Si l'expropriant, après accord exprès ou tacite de l'exproprié, divise ses offres en chefs distincts, le chiffre de l'indemnité doit être considéré séparément et la décision du jury ne peut être ni supérieure à la demande, ni inférieure aux offres sur chaque chef pris isolément, à peine de nullité sur le tout lorsqu'il y a connexité entre les divers chefs de décision[5].

La décision alternative d'un jury d'expropriation permet aux intéressés de saisir des difficultés qu'elle soulève le conseil de préfecture même sans instance au principal devant les tribunaux ordinaires[6].

----

[1] Cass. civ., 17 mars 1885, *Pal.*, 1887, p. 654. Cass., 12 juin 1888, *Pal.*, 1889, p. 545. Cass., 9 juillet 1888, *Pal.*, 1890, p. 532. Cass., 1er août 1888, *Pal.*, 1890, p. 532.

[2] Cass. civ., 17 mars 1885, *Pal.*, 1885, p. 654.

[3] Cass. req., 22 juin 1885, *Pal.*, 1888, p. 298.

[4] Cass. req., 12 juin 1888, *Pal.*, 1889, p. 545.

[5] Cass. civ., 11 novembre 1890, *Pal.*, 1891, p. 294.

[6] Cons. d'Ét. cont., 13 mai 1887. Voir note *Revue générale d'administration*, année 1887, 3, 434.

Lorsque le jury a alloué pour expropriation des terrains nécessaires à l'agrandissement d'une enceinte fortifiée : 1° une indemnité représentant le prix du sol indépendamment de la valeur industrielle ; 2° et hypothétiquement une somme représentant la valeur d'une carrière exploitée dans le terrain exproprié, même en vertu d'autorisations ministérielles, pour le cas où il serait décidé qu'une indemnité serait due de ce chef, c'est l'autorité judiciaire qui est compétente pour statuer sur l'attribution définitive de cette dernière indemnité [1].

La renonciation au bénéfice d'un jugement d'expropriation, si elle n'a pas été acceptée par le demandeur en cassation, ne peut produire aucun effet [2].

La voie de la requête civile n'étant pas possible en matière d'expropriation, le refus ou l'omission de statuer ne peuvent être réparés que par le recours en cassation [3].

Le pourvoi formé par une commune contre la décision d'un jury d'expropriation est irrecevable si elle n'est dûment autorisée à cet effet [4].

Le demandeur en cassation d'une décision du jury d'expropriation favorable à la commune n'est pas obligé de déposer un mémoire à la préfecture du département indiquant l'objet de sa demande et tendant à faire autoriser la commune à ester en justice, cette prescription s'appliquant exclusivement à l'exercice de l'action à son origine [5].

La loi n'autorise et à plus forte raison n'exige aucun

[1] Trib. des conflits, 29 novembre 1884. Voir *Recueil des arrêts du Conseil d'État*, année 1884, p. 857 ; la note et les conclusions du commissaire du gouvernement.

[2] Cass. civ., 11 mai 1885, *J. du Pal.*, 1885, p. 1188.

[3] Cass. civ., 3 mai 1887, *J. du Pal.*, 1887, p. 1062.

[4] Cass. civ., 22 février 1887, *J. du Pal.*, 1888, p. 548.

[5] Cass. civ., 9 mars 1887, *J. du Pal.*, 1888, p. 931.

pourvoi spécial contre la délibération prise en chambre du conseil, à la suite et distincte du jugement d'expropriation pour choisir le jury[1].

Le pourvoi en cassation n'est ouvert que contre la décision du jury et contre l'ordonnance du magistrat-directeur qui la rend exécutoire; en conséquence, les pourvois dirigés contre l'ordonnance de ce magistrat portant convocation du jury et contre l'ordonnance déclarant cette convocation régulière sont irrecevables[2].

Le tribunal de renvoi, après cassation d'un jugement d'expropriation doit commettre, à peine de nullité, pour remplir les fonctions de magistrat-directeur du jury, un de ses membres et non un des membres du tribunal dont le jugement a été cassé[3].

La juridiction du tribunal de renvoi et les pouvoirs du magistrat-directeur qui s'y réfèrent ne pouvant s'exercer en dehors des limites de l'arrondissement où siège le tribunal, c'est exclusivement au jury spécial de ce même arrondissement placé sous l'autorité du juge du siège qu'il appartient de fixer les indemnités réclamées à la suite de l'expropriation[4].

I. **Législation coloniale.** — *Établissements français de l'Océanie.* — Décret du 18 août 1890 portant réglementation de l'expropriation pour cause d'utilité publique.

Sénégal. — Décret du 15 février 1889 sur l'expropriation pour cause d'utilité publique.

---

[1] Cass. civ., 17 avril 1889, *Pal.*, 1889, p. 934.

[2] Cass. civ., 30 juillet 1888, *J. du Pal.*, 1891, p. 640.

[3] Cass. civ., 26 novembre 1884, *J. du Pal.*, 1885, p. 174. Cass. civ., 13 janvier 1886, *Pal.*, 1886, p. 924. Cass., 14 août 1888, *Pal.*, 1890, p. 828.

[4] Cass. civ., 10 juillet 1889, *Pal.*, 1890, p. 50.

II. **Droit comparé.** — *Alsace-Lorraine.* — Loi du 20 juin 1887 relative à l'évaluation des indemnités en cas d'expropriation[1].

Genève. — Loi du 18 mai 1887 sur l'expropriation[2].

Valais. — Loi du 1er décembre 1887 sur l'expropriation[3].

Wurtemberg. — Loi du 20 décembre 1888 modifiant l'article 30 de la charte constitutionnelle[4]. — Loi du 20 décembre 1888 relative à l'expropriation forcée des immeubles et des droits réels[5].

Russie. — Avis du conseil de l'Empire du 14 avril 1887 concernant le règlement des indemnités en matière d'expropriation[6].

Danemark. — Loi du 12 avril 1889 sur les expropriations au profit des chemins de fer de l'État.

Grèce. — Loi du 24 décembre 1887 réglant le mode de paiement des indemnités en matière d'expropriation pour cause d'utilité publique[7].

Louisiane. — Loi du 8 juillet 1886 sur l'expropriation pour cause d'utilité publique.

Colombie. — Loi du 18 novembre 1890 sur l'expropriation[8].

Californie. — Loi du 6 mars 1889 autorisant les conseils de cités à procéder à des expropriations pour les travaux de voirie.

---

[1] *Ann. de lég. étr.*, année 1887, p. 380.

[2] *Ann. de lég. étr.*, année 1887, p. 677.

[3] *Ann. de lég. étr.*, année 1887, pp. 702, 703.

[4-5] *Ann. de lég. étr.*, année 1888, pp. 362, 363.

[6] *Ann. de lég. étr.*, année 1887, p. 755.

[7] *Ann. de lég. étr.*, année 1888, p. 878.

[8] *Ann. de lég. étr.*, année 1890, p. 845.

Brésil. — Décret du 24 juillet 1890 sur l'expropriation pour cause d'utilité publique municipale.

Canada. — Act du 23 juin 1887 modifiant les statuts revisés (chap. 39) concernant les expropriations de terrains[1]. — Act public général du 2 mai 1889 relatif aux expropriations de terrains[2]. — Act du 30 décembre 1890 concernant l'expropriation[3].

Ile Maurice. — Ordonnance du 23 juin 1887 concernant les occupations de terrains.

EXTRACTION DE MATÉRIAUX. — Voir : *Occupation temporaire*. — **Jurisprudence**. — Au cas où l'occupation temporaire d'un terrain, autorisée par arrêté préfectoral, en vue de l'approvisionnement de matériaux, est transformée par l'entrepreneur en prise de possession définitive, par suite de l'exécution de travaux ayant un caractère permanent, le juge de paix est compétent pour fixer l'indemnité due pour le dommage causé au propriétaire, encore bien que postérieurement à la demande, l'expropriation du terrain a été déclarée d'utilité publique[4].

Lorsqu'une convention est intervenue entre un entrepreneur et un propriétaire, au sujet de l'extraction des matériaux dans l'immeuble de celui-ci, aux termes de laquelle l'indemnité pour l'occupation du terrain est évaluée dans son ensemble et le montant alloué au propriétaire pour être ensuite réparti entre lui et les locataires proportionnellement au dommage éprouvé par chacun d'eux, l'entrepreneur n'est pas recevable à saisir le con-

---

[1] *Ann. de lég. étr.*, année 1887, p. 911.
[2] *Ann. de lég. étr.*, année 1889, p. 1049.
[3] *Ann. de lég. étr.*, année 1890, p. 958.
[4] Cass. civ., 11 mai 1885, *J. du Pal.*, 1886, p. 488.

seil de préfecture de la fixation de l'indemnité due aux locataires en réparation du préjudice à eux causé par l'opération [1].

Doit être annulé l'arrêté préfectoral autorisant une commune à occuper temporairement un terrain pour en extraire les matériaux nécessaires à l'entretien de ses chemins vicinaux lorsque la durée de l'occupation autorisée n'est pas fixée par l'arrêté préfectoral et ne peut être déterminée d'après la nature du travail public la motivant, cette occupation ayant le caractère d'une occupation indéfinie [2].

Les fouilles et extractions de matériaux sur un terrain privé pratiquées sans une autorisation formelle du préfet constituent une voie de fait, exclusivement justiciable de l'autorité judiciaire [3].

FABRIQUES D'ÉGLISE. — **Législation**. — La jurisprudence du Conseil d'État n'admettait pas, pour l'examen des comptes du trésorier de la fabrique, la compétence ordinaire du conseil de préfecture, mais celle de l'évêque, sauf recours au ministre des cultes et au Conseil d'État [4]. Mais la loi de finances du 26 janvier 1892 a disposé, au contraire, que « à partir du 1er janvier 1893, les comptes « et budgets des fabriques et consistoires seront soumis à « toutes les règles de la comptabilité des autres établisse- « ments publics » (art. 78). Un règlement d'administration publique — qui n'a point encore été publié — doit déterminer les conditions d'application de cette mesure.

Jurisprudence. — L'âge requis pour être membre d'un

[1] Cons. d'Ét. cont., 26 ljanvier 1886.
[2] Cons. d'Ét. cont., 15 mars 1889.
[3] Trib. confl., 9 mai 1891.
[4] Voir tome V du *Traité*, p. 204.

conseil de fabrique est celui de la majorité de 21 ans suffisante, d'après les principes généraux, pour la plupart
des actes de la vie civile et même de la vie publique[1].

En matière de mainlevée d'hypothèques consenties par
les conseils de fabrique, le préfet a le droit de consulter
le conseil municipal, quand il le juge à propos[2]. L'autorité administrative n'a pas compétence pour trancher les
difficultés qui s'élèvent entre le conservateur des hypothèques et une fabrique, au sujet d'une radiation d'hypothèque[3].

La décision par laquelle le ministre des cultes révoque,
pour causes graves, un conseil de fabrique, même en
l'absence d'une proposition de l'évêque qui n'a qu'un droit
d'initiative en pareille matière, n'est pas entachée d'excès
de pouvoir[4].

Les membres d'un conseil de fabrique qui, au mépris
d'un arrêté de révocation légalement pris et régulièrement
notifié, continuent à exercer leurs fonctions, quoique non
dépositaires d'une portion de l'autorité publique, tombent
sous le coup de l'article 197 du Code pénal, parce qu'ils
ont été investis d'un mandat dont l'exécution se lie à un
intérêt d'ordre public et qu'ils sont par suite soumis à
l'autorité du gouvernement[5].

Le conseil de fabrique d'une église, sans autorisation
préalable du conseil municipal, peut faire exécuter, à ses

---

[1] Décision du ministre des Cultes, 28 mars 1890.

[2] Ordonnance du 15 juillet 1840 et loi du 5 avril 1884, article 70, § 6.

[3] 12 août, 15 septembre, 1er décembre 1884, Décisions des ministres des Cultes, de l'Intérieur et des Finances, *Revue générale d'administration*, 1885, 2, 201.

[4] Cons. d'Ét. cont., 12 mars 1886.

[5] Cass. crim., 30 octobre 1886, *J. du Pal.*, 1886, p. 1195.

frais, des travaux de minime importance destinés à assurer l'exercice du culte et le maintien de sa dignité [1].

L'ordonnance royale du 31 janvier 1890 portant que les membres d'un conseil de fabrique sont tenus, à titre personnel, des emprunts illégalement contractés par la fabrique en vue de la construction d'une église, a été virtuellement abrogée par le fait même de la suppression des anciennes fabriques, en 1792, et n'a pas été remise en vigueur par le décret du 30 décembre 1809 portant règlement général pour tout ce qui est relatif aux fabriques nouvellement établies en exécution des articles organiques du Concordat [2].

L'affectation permanente d'un terrain à la sépulture des habitants, suffit, en l'absence de titres contraires, pour caractériser la possession de la commune qui a d'ailleurs, d'après les principes généraux, un droit réel de propriété sur les terrains servant de cimetière. La fabrique ne peut se fonder, pour revendiquer cette propriété, sur l'arrêté du 7 thermidor an XI prescrivant, en principe, que les biens non aliénés des fabriques seraient rendus à leurs destinataires, en l'absence d'une demande nécessaire d'envoi en possession qu'il était facultatif au gouvernement d'accorder ou de refuser [3].

Les fabriques sont tenues de pourvoir à l'entretien des cimetières, sauf la participation de la commune, en cas d'insuffisance justifiée de leurs revenus (art. 23 du décret du 23 prairial an XII, 30 décembre 1809, art. 37, loi du

---

[1] Cass. req., 18 juillet 1888. Voir les conclusions de M. le rapporteur Demangeat et de M. l'avocat général Chevrier.

[2] Lyon, 13 janvier 1888, *J. Pal.*, 1889, 1, 695 et Cass. req., 19 novembre 1889, *J. Pal.*, 1891, p. 492.

[3] Cass. req., 31 mai 1886, *J. Pal.*, 1889, p. 1142.

18 juillet 1837, art. 30). La loi du 5 avril 1884 n'a pas modifié la situation respective des communes et des fabriques relativement à cette matière [1].

Le décret prononçant la distraction d'une partie de presbytère ne doit pas être obligatoirement rendu en la forme des règlements d'administration publique; il suffit qu'il ait été rendu après avis de la section de l'intérieur du Conseil d'État [2].

Aucune disposition de loi n'impose aux communes l'obligation de construire des presbytères pour l'habitation des curés ou desservants; et l'acceptation de l'offre faite par une fabrique de contribuer partiellement aux dépenses de la construction d'un édifice ne constitue pas un engagement d'entreprendre cette construction [3].

Est entaché d'excès de pouvoir, l'arrêté municipal, pris à la suite d'une délibération conforme du conseil municipal, et portant désaffectation d'un immeuble communal servant de presbytère au curé de la paroisse, lorsque l'autorité ecclésiastique forme opposition à la désaffectation, qui ne peut, dans cette situation, être prononcée que par décret. Mais, au cas d'accord entre toutes les autorités, la désaffectation est légalement ordonnée par délibération du Conseil municipal approuvé par arrêté préfectoral [4].

Les difficultés s'élevant au sujet de la concession des chaises et bancs et de l'attribution des places dans une église, spécialement sur la régularité de la concession,

---

[1] Cass. civ., 30 mai 1888, *J. Pal.*, 1889, p. 126. Rapport de M. le conseiller Monod. — *Contrà*, Circul. minis. du 15 mai 1884.

[2] Cons. d'Et. cont., 22 mai 1885.

[3] Cons. d'Ét. cont., 27 novembre 1885.

[4] Cons. d'Ét. cont., 9 août 1889.

sont de la compétence exclusive de la juridiction administrative[1].

FOURNITURES (Marché de). — **Législation.** — Les sociétés d'ouvriers français ont été autorisées, par le décret du 4 juin 1888, à soumissionner les fournitures faisant l'objet des adjudications et des marchés de gré à gré réalisés par l'État et les départements. Les conditions mises à ce concours sont les mêmes que celles qui ont été imposées à ces sociétés pour les adjudications et marchés de travaux publics (Voir : *Travaux publics*).

Jurisprudence. — Les entrepreneurs de subsistances militaires sont passibles des droits de douane, d'octroi ou autres impositions établis sur les objets à fournir, au moment de la signature du marché ; toutefois, en cas de modifications postérieures de ces droits, les prix convenus peuvent être modifiés, par voie d'augmentation ou de diminution, en raison de ces modifications[2].

L'autorité judiciaire est compétente pour statuer sur les contestations relatives à l'exécution des contrats de louage d'ouvrage ou des marchés de fournitures passés par les communes, spécialement pour l'allumage des réverbères de la commune[3].

GENDARMERIE. — Voir : *Département.* — **Jurisprudence.** — Le prélèvement, autorisé au profit du Trésor sur les ressources communales pour les dépenses de casernement de gendarmerie et des lits militaires, a le caractère de contribution indirecte ; par suite, il est opéré par

[1] Cass. civ., 18 octobre 1892.
[2] Cons. d'Ét. cont., 8 juin 1888.
[3] Cons. d'Ét. cont., 28 mars 1888.

la voie d'une contrainte, délivrée par la régie des contributions indirectes, et c'est à l'autorité judiciaire qu'il appartient de statuer sur les oppositions à ces contraintes[1].

GRATIS (Enregistrement). — **Jurisprudence.** — La gratuité de l'enregistrement, du timbre et de la transcription, sur un acte d'acquisition, en matière d'expropriation pour cause d'utilité publique, ne s'applique qu'autant que l'acte a été fait en conséquence d'un décret déclaratif d'utilité publique[2].

Mais les acquisitions faites en vue de l'alignement et de l'ouverture des rues dans une ville, en vertu du décret du 26 mars 1852, sur les rues de Paris, rendu spécialement applicable à un certain nombre de villes, sont affranchies des mêmes droits, sans qu'elles soient précédées d'une déclaration d'utilité publique, à moins qu'il s'agisse d'acquisitions d'immeubles sis en dehors du plan général d'alignement[3].

Les droits perçus sur un acte enregistré gratis, par erreur, se prescrivent par deux ans à partir de l'enregistrement.

HAUTE-COUR DE JUSTICE. — **Législation.** — Le Sénat, constitué en Haute-Cour de justice (Loi constitutionnelle du 16 juillet 1875, art. 16) a une double compétence *ratione personarum* et *ratione delicti. Ratione personarum,* il est seul juge de la responsabilité pénale

---

[1] Trib. confl., 24 novembre 1888.

[2] Trib. Montpellier, 9 février 1891, *J. Pal.*, 1892, p. 228. Voir dans le même sens, Cass., 7 mars 1883, *J. Pal.*, 1884, p. 467 et la note.

[3] Jug. du trib. de Montpellier, *suprà.*

du Président de la République, il est, facultativement seulement, le juge naturel des ministres pour les crimes commis dans l'exercice de leurs fonctions, lorsque l'un et les autres ont été mis en accusation par la Chambre des députés. *Ratione delicti,* le Sénat est compétent pour juger les inculpés d'attentats contre la sûreté de l'État, au cas où le pouvoir exécutif les a renvoyés, en raison de la gravité des faits, devant lui. Le mode de procéder devant la Haute-Cour pour l'accusation, l'instruction et le jugement a été renvoyé par la disposition constitutionnelle à une loi ultérieure.

Cette loi, rendue nécessaire par de mémorables événements d'ordre politique, a été promulguée, avant la première réunion du Sénat en Haute-Cour de justice, le 10 avril 1889. Tout d'abord, il convient de remarquer que cette loi ne règle que la procédure à suivre dans le cas où le Sénat est juge, *ratione delicti,* des inculpés d'attentats à la sûreté de l'État. Une seconde loi est à l'étude devant le Parlement pour régler la procédure, spéciale aux ministres et au Président de la République, qui est complètement indépendante de la première, et qui soulève de délicats problèmes de droit public.

Les rédacteurs de la loi du 10 août 1889 se sont inspirés des précédents de la Cour des pairs. Le mode de procéder devant la Cour des pairs, qui tenait de la constitution des attributions judiciaires analogues à celles du Sénat, n'avait pas, il est vrai, été tracé par une loi. Cependant elle fut fréquemment appelée, de 1814 à 1848, à statuer sur des attentats à la sûreté de l'État et elle fut amenée ainsi à déterminer elle-même, au cours des débats, la façon dont il devait être procédé devant elle. Plusieurs projets de loi ont été élaborés à cette époque et notamment par une commission de 1836, sous la présidence du baron Mounier. Ce projet, réunissant 142 articles, est un code complet réglant toutes les formes à suivre. Outre les précédents nationaux, ils ont comparé la loi italienne du 7 mai 1870. La constitution du royaume italien attribue, comme la nôtre, à la Chambre haute le jugement des attentats contre la sûreté de l'État et les lois d'instruction criminelle italiennes sont sensiblement semblables à celles qui sont fixées par notre Code d'instruction criminelle.

D'une manière générale, la loi de 1889 détermine les lignes principales de la procédure et ne décide que sur les points essentiels et sur ceux qui ont un caractère spécial à la juridiction du Sénat. Pour le surplus, elle renvoie aux principes généraux du droit. « Les dispositions du Code « d'instruction criminelle et de toutes autres lois générales « d'instruction criminelle, porte l'article 32, qui ne sont « pas contraires à la présente loi, sont appliquées à la pro- « cédure, s'il n'en est autrement ordonné par le Sénat. » On s'explique difficilement une disposition aussi anormale que la réserve contenue à la fin de cet article. Elle permet au Sénat de n'appliquer les règles du Code d'instruction criminelle que lorsqu'il le jugera à propos. N'a-t-elle pas pour conséquence de détruire toute la loi, en lui enlevant partiellement son caractère obligatoire? N'est-il pas à craindre, comme on l'a très justement fait observer dans la discussion, que le législateur « n'encoure le reproche de préméditer une sorte de bon plaisir? » Une semblable disposition est particulièrement grave, dans une loi pénale, dans une loi se rapportant à une juridiction exceptionnelle et à des faits, naturellement contingents, du domaine politique.

Le Sénat est, d'après la Constitution, constitué en Haute-

Cour de justice, par décret du Président de la République rendu en conseil des ministres. La justice ordinaire peut avoir été antérieurement saisie; le décret qui attribue la connaissance de l'affaire à la Haute-Cour peut être rendu jusqu'à l'arrêt de renvoi. A ce moment, la justice ordinaire est dessaisie. Les pièces de cette première instruction sont envoyées au parquet du Sénat; cependant, pour éviter toute interruption dans l'information, les magistrats qui auront commencé à instruire continuent à recueillir les indices et les preuves jusqu'à la première réunion de la Haute-Cour, en séance publique, dans laquelle est nommée la commission d'instruction.

Le siège de la Haute-Cour n'est pas fixe, il est déterminé par le décret de convocation. Mais, dès que les membres de la Haute-Cour auront, par suite de la convocation, le pouvoir de prendre une délibération, la Haute-Cour décidera souverainement si elle doit siéger dans le lieu où elle a été convoquée ou si elle entend, d'après les circonstances, tenir ses séances ailleurs.

Il n'existe pas de parquet permanent à la Haute-Cour, juridiction essentiellement temporaire. Il est institué au moment de la convocation et ses fonctions cessent au moment de la dissolution. La loi donne au Président de la République le droit de désigner un procureur général et un ou plusieurs magistrats chargés d'assister celui-ci en qualité d'avocats généraux. Le choix du gouvernement ne peut porter que sur des magistrats soit de la Cour de cassation soit des cours d'appel. Le greffier de la Haute-Cour est, de droit, le secrétaire général de la présidence du Sénat; les commis-greffiers sont assermentés et désignés par le Président du Sénat. Au jour fixé par la convocation le Sénat se réunit pour entendre la lecture du décret de convocation et le réquisitoire du procureur général. Il ordonne ensuite qu'il soit procédé à l'instruction.

L'instruction est faite par le président d'une commission de neuf sénateurs, nommés chaque année, au début de la session ordinaire, sans débats en séance publique et au scrutin de liste. La commission comprend en outre cinq membres suppléants, nommés dans la même forme. C'est elle qui élit son président chargé de procéder à l'instruction. Le président est assisté et peut même être suppléé par des membres de la commission, désignés par elle. Quelles sont les fonctions du président instructeur ? Par la force des choses, elles sont analogues à celles que le Code d'instruction criminelle attribue, de droit commun, au juge d'instruction. Elles en diffèrent cependant à plusieurs égards. Le président instructeur peut décerner un mandat d'arrêt, sans les conclusions du ministère public. Ce n'est pas lui mais la commission entière qui statue sur les demandes de mise en liberté provisoire; la décision de la commission est rendue, sans recours, après communication au ministère public. De droit commun, à la fin de l'information, le juge d'instruction fait acte de juridiction en rendant, à l'égard de chaque inculpé, une ordonnance soit d'incompétence, soit de non-lieu, soit de renvoi. Quant au président instructeur — et c'est là la différence la plus importante — il ne rend aucune décision sur la situation juridique résultant de l'instruction. Une fois l'instruction terminée, il n'a d'autre rôle à remplir que celui de rapporteur en présentant à la chambre spéciale d'accusation les résultats de l'information. Il était impossible de lui reconnaître le droit de rendre une ordonnance d'incompétence, c'eût été le rendre juge, par voie de conséquence, de l'incompétence de la Haute-Cour; impossible de lui remettre le droit de prononcer le non-lieu en raison de la gravité qu'aurait eue une pareille mesure dans une matière où la responsabilité gouvernementale est si profondément engagée par le décret constitutif. L'ordonnance de renvoi devenait un rouage inutile, aucune autre ordonnance ne pouvant être rendue.

La mise en accusation est prononcée par la même commission de neuf membres réunie sous le nom de « Chambre d'accusation » au jour fixé par le président.

La séance n'est pas publique. Le président de la commission fait son rapport sur l'instruction; il donne lecture des réquisitions écrites du Procureur général et des mémoires que les inculpés ont la faculté de produire; il donne communication des pièces du procès. Le Procureur général qui a le droit d'assister à la séance, se retire au moment de la délibération, avec le greffier. La chambre d'accusation statue par décision spéciale, à l'égard de chaque inculpé, sur la mise en accusation. En lui donnant la mission de statuer sur la mise en accusation, le législateur a entendu lui reconnaître le pouvoir de rendre un arrêt de non-lieu aussi bien que de renvoi, uniquement à la majorité ordinaire. Lorsque l'arrêt a été rendu et signé de tous les sénateurs qui y ont concouru, il est notifié, avec l'acte d'accusation dressé par le Procureur général, aux accusés avec citation à comparaître devant la Haute-Cour.

La Haute-Cour se réunit, pour le jugement, au jour fixé par le président du Sénat. Elle se compose de tous les sénateurs élus antérieurement au décret de convocation et dont l'absence n'est pas excusée par la Haute-Cour, en chambre du conseil. Quant aux sénateurs élus postérieurement, ils ne peuvent à aucun moment de la procédure connaître des faits incriminés. On a justement craint de mêler aux polémiques électorales le procès soumis au Sénat et de prendre en quelque sorte les électeurs sénatoriaux pour juges indirects. Ne peuvent participer au jugement que les membres de la Haute-Cour qui auront été présents à toutes les audiences; leur présence est constatée par un appel nominal fait au début de chaque audience. Le droit de récusation que la loi accorde à l'accusé, pour des motifs déterminés, devant toutes les juridictions, n'a pas été admis devant la Haute-Cour ni pour le ministère public ni pour la défense. La proposition en a cependant été faite à la Chambre des députés, mais elle n'a pas été admise. On peut difficilement justifier cette dérogation au droit commun. Pour les procès politiques le droit de récusation a une importance plus grande encore devant la Haute-Cour en raison des inimitiés politiques qui existeront souvent entre certains membres du Sénat et les accusés. Toutefois les membres de la commission d'instruction peuvent être, seuls, récusés par la défense.

La loi impose aux sénateurs, parents ou alliés de l'un des inculpés jusqu'au degré de cousin germain exclusivement, l'obligation de s'abstenir. Indépendamment de la cause de parenté et d'alliance, l'abstention est obligatoire pour les sénateurs entendus comme témoins à charge ou à décharge, la qualité de juge étant incompatible avec celle de témoin. Mais la citation en témoignage pouvait servir de moyen détourné de récusation. Aussi la loi permet au sénateur, assigné comme témoin, de siéger s'il déclare n'avoir aucun témoignage à fournir. L'abstention purement volontaire n'est pas admise par la loi que nous analysons; le sénateur, qu'un scrupule de conscience porte à penser qu'il ne peut convenablement connaître du procès, doit soumettre ses motifs à ses collègues qui les apprécient en chambre du conseil. En outre, les sénateurs, membres du gouvernement, doivent rester entièrement étrangers aux débats et aux délibérations de la Haute-Cour de justice.

La Haute-Cour ne peut délibérer valablement qu'avec le concours de la moitié plus un au moins de la totalité des sénateurs qui ont le droit de prendre part aux délibérations.

Les débats de la Haute-Cour de justice sont publics; ils sont présidés par le président du Sénat, ou, à son défaut, par l'un des vice-présidents de cette assemblée désigné par elle. Les exceptions, même celle d'incompétence, qui pourraient être soulevées au début de la discussion, sont jugées immédiatement ou jointes au fond. Il est procédé à l'audition des témoins, le ministère public prononce son réquisitoire, les défenseurs leurs plaidoiries; les accusés, qui ont la parole les derniers, présentent leurs observations. Les débats sont alors déclarés clos.

Elle se retire pour délibérer, en chambre du conseil, où sont posées par le président les questions sur la culpabilité et l'application de la peine, séparément pour chaque accusé. Il semble résulter des débats parlementaires que les membres de la Cour n'ont pas le droit de poser des questions ni de contester les questions posées. C'était là une garantie qu'on avait voulu introduire dans la loi pour remplacer celle qui existe pour l'accusé de la position des questions en audience publique, comme cela a lieu devant les cours d'assises. Une discussion générale s'ouvre à la suite de laquelle il est procédé au vote. Le vote a lieu séparément pour chaque inculpé et sur chaque chef d'accusation, en outre sur la question d'admission des circonstances atténuantes. Il a lieu par appel nominal en suivant

l'ordre alphabétique, à haute voix, le président appelé le
dernier. Dans l'intérêt de l'accusé, on a proposé la substitution du vote au scrutin secret au vote à haute voix.
Le vote à haute voix a été maintenu, sur la proposition
de la commission du Sénat, comme conforme aux précédents de la Cour des pairs et comme constituant, au contraire, une garantie plus sérieuse pour l'accusé[1]. La culpabilité est déclarée à la majorité ordinaire, c'est-à-dire
à la majorité absolue des votants. Cette disposition a été,
dans la discussion, l'objet des plus sérieuses critiques.
On a fait remarquer qu'une majorité plus forte (comme
celle des 5/8 admise par la Chambre des pairs, ou celle
des 7/12 établie pour le jury criminel), était nécessaire à
la sauvegarde des intérêts de l'accusé d'autant plus que
le débat se déroule dans une assemblée politique dont la
majorité lui est généralement hostile et que le vote a lieu
au scrutin public.

Il est ensuite donné connaissance, en séance publique,
de cette première délibération. L'accusé a le droit, comme

---

[1] On serait tenté de ne pas partager l'opinion optimiste de la commission du Sénat si l'on se reporte au passage, cité à la tribune de
la Chambre des députés, des « Souvenirs » du duc de Broglie, relatif au procès du maréchal Ney. « Nous délibérions, écrit l'illustre
« pair, sous une atmosphère d'intimidation dont le poids était étouf-
« fant. L'un des rares membres de la Chambre haute qui n'était pas
« favorable à la condamnation, s'approcha de moi et me demanda ce
« que je comptais faire, c'est-à-dire comment je me proposais de
« voter. Je le lui expliquai et il me dit : Je ferai comme vous. —
« Fort bien, repris-je alors, asseyez-vous à côté de moi, nous nous
« encouragerons mutuellement. — Il s'assit à côté de moi; puis,
« quand vint le moment de voter sur la culpabilité, il dit « oui »
« comme tous ceux qui l'avaient précédé, et quand vint le moment
« de voter sur la peine, il dit : « la mort » comme tous ceux qui l'a-
« vaient précédé. »

en matière ordinaire, de présenter des observations sur l'application de la peine. Le Sénat rentre en chambre du conseil où il est procédé, dans la même forme, au vote sur l'application de la peine. Pour atteindre la majorité absolue, il sera nécessaire, en présence de la diversité des avis, de procéder à plusieurs tours de vote. Si la majorité ne se produit pas dès le deuxième tour, pour les scrutins suivants, la peine la plus forte qui a été proposée au tour précédent est écartée ; et il est ainsi successivement procédé jusqu'à ce qu'une peine ait réuni la moitié plus une des voix.

A la Chambre des pairs, il était d'usage de ne compter que pour une voix le vote de deux pairs parents ou alliés à un degré rapproché lorsqu'ils opinaient dans le même sens. Cette disposition avait sa raison d'être dans une assemblée qui comptait un assez grand nombre de membres unis par le sang ou l'alliance. D'ailleurs si ce système diminuait les votes favorables à l'accusation, il diminuait également ceux favorables à l'accusé, en sorte qu'une compensation s'opérait qui lui enlevait toute efficacité. Aussi la loi actuelle l'a-t-elle rejeté en décidant expressément que les voix de tous les sénateurs sont comptées, quels que soient les degrés de parenté ou d'alliance existant entre eux.

La Haute-Cour n'est pas autorisée à prononcer des peines inférieures à celles qui résultent de la combinaison des textes du Code pénal réprimant les faits punis et de l'article 463 sur les circonstances atténuantes (art. 23). L'article 23 de la loi actuelle a été introduit pour exclure le « pouvoir modérateur » que s'était arrogé, dans de nombreux précédents, la Cour des pairs. Elle ne prononçait jamais de peine supérieure au maximum légal, mais elle s'attribuait le droit de descendre, sans limite, l'échelle des peines. Au reste, cette sorte de droit de grâce n'a plus de raison d'être, en raison de l'élasticité résultant pour le quantum de la répression du principe des circonstances atténuantes.

L'arrêt de la Cour est motivé. La rédaction en est confiée au président, elle est soumise au Sénat, en chambre du conseil, et il est prononcé en audience publique. Il est notifié à l'accusé par le greffier de la Haute-Cour et son exécution appartient à la justice criminelle ordinaire.

L'arrêt de la Haute-Cour, comme les décisions de la commission d'instruction, et de la chambre d'accusation, ne sont soumis à aucune voie de recours.

Droit comparé. — Voir : *Droit constitutionnel.*

IMPTÔS. — **Droit comparé.** — *Belgique.*— Loi du 30 juillet 1889 relative à la contribution personnelle [1].

Prusse. — Loi du 27 juillet 1885 soumettant aux taxes communales toutes sociétés, personnes morales ou particuliers possédant une industrie ou une propriété dans la commune [2].

Grand-Duché de Hesse. — Loi du 13 mai 1885 sur les impôts des villes [3]. — Loi du 20 septembre 1890 sur les infractions aux lois de l'impôt.

Wurtemberg. — Loi du 25 mars 1887 et loi du 14 juin 1887 modifiant la législation concernant le droit des communes et corporations publiques de percevoir des contributions à leur profit [4]. — Loi du 6 juin 1887 fixant, pour

---

[1] *Ann. de législ. étr.,* année 1889, p. 500.
[2] *Ann. de législ. étr.,* année 1885, p. 107.
[3] *Ann. de législ. étr.,* année 1885, p. 158.
[4] *Ann. de législ. étr.,* année 1887, p. 351.

la contribution des propriétés bâties, le revenu imposable des bâtiments [1]. — Loi du 31 mars 1887 exemptant de l'impôt sur le revenu certaines catégories de rentes [2]. — Loi du 23 mai 1890 modifiant la législation relative à l'impôt sur le revenu [3].

Saxe. — Loi du 9 avril 1888 instituant une contribution spéciale pour le lotissement des terres [4].

Lubeck. — Loi du 27 mai 1889 sur l'impôt sur le revenu [5].

Autriche-Hongrie. — Loi du 19 mars 1887 soumettant à l'impôt sur le revenu les chemins de fer de l'État [6].

Serbie. — Loi du 20 avril 1885 sur l'impôt direct. — Loi du 31 octobre 1886 modificative de la précédente. — Loi du 30 mars 1891 modifiant la loi du 14 juin 1884 sur l'impôt direct.

Turquie. — Loi du 10 mai 1887 sur la perception des dîmes [7].

Italie. — Loi du 2 juillet 1885 relative à l'impôt sur la richesse mobilière. — Décret du 28 avril 1885 pour l'application de ladite loi. — Loi du 10 juin 1888 modifiant la procédure à suivre pour réclamer contre les impôts directs. — Règlement du 3 août 1888 modifiant le règlement du 24 août 1877 sur la même matière.

Suisse. — *Genève.* — Loi du 23 septembre 1885 modifiant la loi générale sur les contributions publiques. — Loi du 3 octobre 1885 modifiant la loi générale sur les

---

[1-2] *Ann. de législ. étr.*, année 1887, p. 351.

[3] *Ann. de législ. étr.*, année 1890, p. 280.

[4] *Ann. de législ. étr.*, année 1888, p. 359.

[5] *Ann. de législ. étr.*, année 1889, p. 286.

[6] *Ann. de législ. étr.*, année 1887, p. 396.

[7] *Ann. de législ. étr.*, année 1889, p. 868.

contributions publiques [1]. — Loi générale du 9 novembre 1887, modifiée par les lois des 21 mars 1888, 20 mai 1888, 25 juillet 1888 sur les contributions publiques. — Loi du 30 mai 1888 contenant certaines exemptions du paiement de la taxe personnelle.

Schaffouse. — Ordonnance du 20 mai 1885 en vue d'assurer l'exécution de la loi du 29 septembre 1879 sur l'impôt [2].

Argovie. — Ordonnance du 24 février 1886 sur la perception des impôts directs de l'État et des communes. — Décision du Conseil d'État du 22 février 1888 modifiant l'ordonnance précédente relativement à l'impôt sur les valeurs.

Uri. — Loi d'impôt du 2 mai 1886 [3]. — Ordonnance du 7 octobre 1886. — Règlement du 19 juillet 1886 sur l'exécution de la loi du 2 mai 1886 [4].

Vaud. — Loi du 21 août 1886 relative à l'impôt sur la fortune mobilière et immobilière [5].

Bâle-Ville. — Décret du 21 mars 1887 modifiant la législation sur les contributions directes [6].

Espagne. — Loi du 18 juin 1885 relative à l'impôt sur la richesse foncière.

États-Unis d'Amérique. — Loi du 3 mars 1887 sur l'intérêt des impôts impayés. — Loi du 12 octobre 1888 sur les ventes d'immeubles pour le recouvrement d'impôts impayés.

Californie. — Loi du 10 mars 1885 relative aux percep-

---

[1] *Ann. de législ. étr.*, année 1885, p. 458.
[2] *Ann. de législ. étr.*, année 1885, p 480.
[3-4] *Ann. de législ. étr.*, année 1886, p. 562.
[5] *Ann. de législ. étr.*, année 1886, p. 575.
[6] *Ann. de législ. étr.*, année 1887, p. 673.

tions d'impôts. — Loi du 12 mars 1885 sur la levée des taxes. — Loi du 19 mars 1889 sur la taxe personnelle en matière de voirie. — Loi du 19 mars 1889 relative à l'assiette de l'impôt sur les voies ferrées circulant sur plus d'un comté.

Louisiane. — Loi du 23 juin 1886 sur la prescription en matière de recouvrement d'impôts[1]. — Loi du 8 juillet 1886, affranchissant d'impôts les lieux du domaine public ou affectés à un service public. — Loi du 8 juillet 1886, relative à l'impôt sur la propriété[2]. — Loi du 16 avril 1886 établissant une taxe spéciale sur les corporations, sociétés par actions ou associations[3]. — Loi du 4 mai 1886, sur la dénonciation des associations omises à l'application de cette taxe[4]. — Loi du 12 juillet 1888 sur les impôts. — Loi du 9 juillet 1890 réorganisant le système des impôts directs.

Massachusets. — Loi du 14 mai 1889 sur la perception des taxes[5].

Pensylvanie. — Loi du 1er juin 1889 complétant l'acte relatif à l'impôt sur le revenu[6].

Colombie. — Loi du 19 mars 1890 ; loi du 6 mai 1890 ; résolution du 1er octobre 1890 sur le recouvrement des impôts.

Névada. — Loi n° 71 de 1887 établissant une taxe de capitation[7].

[1] *Ann. de législ. étr.*, année 1886, p. 785.
[2] *Ann. de législ. étr.*, année 1886, p. 782.
[3] *Ann. de législ. étr.*, année 1886, p. 805.
[4] *Ann. de législ. étr.*, année 1886, p. 805.
[5] *Ann. de législ. étr.*, année 1889, p. 913.
[6] *Ann. de législ. étr.*, année 1889, p. 935.
[7] *Ann. de législ. étr.*, année 1887, p. 870.

Brésil. — Décret du 14 juillet 1887 portant règlement pour le recouvrement des impôts directs. — Décret du 26 avril 1890 autorisant l'emploi de l'action exécutoire pour le recouvrement des impôts.

Mexique. — Loi du 9 avril 1885 sur les contributions directes.

Uruguay. — Loi du 12 juin 1885 sur les contributions directes[1].

Inde-Anglaise. — Punjab Land Revenue Act n° 17 modifiant la loi relative à l'impôt dans le Pendjab[2]. — Act du 14 février 1890 modifiant le mode de recouvrement de certains impôts[3].

Congo. — Décret du 16 juillet 1890 concernant les impositions directes et personnelles. — Arrêté d'exécution du 3 septembre 1890.

IMPÔTS DÉPARTEMENTAUX ET COMMUNAUX. —
Droit comparé. — Voir : *Impôt.*

IMPÔT FONCIER. — Législation.
— Les terrains non cultivés et employés à un usage commercial ou industriel tels que chantiers, ateliers, entrepôts ou dépôts de bois qui, en raison de leur nature spéciale, entraient difficilement dans les classifications cadastrales et par suite échappaient le plus souvent à l'impôt, ont été assimilés, pour l'établissement de l'impôt foncier, aux propriétés bâties (art. 1er de la loi du 29 décembre 1884). Ils sont, en conséquence, cotisés à la contribution foncière : 1° à raison de leur superficie; 2° d'après leur valeur locative, détermi-

---

[1] *Ann. de législ. étr.*, année 1885, p. 734.
[2] *Ann. de législ. étr.*, année 1887, p. 1006.
[3] *Ann. de législ. étr.*, année 1890, p. 960.

née à raison de l'usage auquel ils sont affectés, déduction faite de l'estimation donnée à leur superficie.

— Les propriétaires de maisons destinées à la location et demeurées vacantes, peuvent obtenir la remise de l'impôt afférent au revenu perdu (loi du 15 septembre 1807, art. 37). Toutefois, à partir du 1er janvier 1886, les vacances de ces maisons ne donnent lieu à remise ou modération d'impôt foncier que lorsque l'inhabitation, totale ou partielle, aura duré une année au moins. C'est à cette condition de durée que le législateur attache la justification de la perte du revenu [1].

— Le régime de l'impôt foncier a reçu une profonde modification de la loi du 8 août 1890 (art. 4 à 14) qui a substitué le principe de la quotité à celui de la répartition pour la contribution foncière sur les propriétés bâties à partir du 1er janvier 1891. L'impôt foncier des propriétés bâties, au lieu d'être fixé annuellement par la loi de finances puis réparti par les assemblées élues, successivement entre les départements, les arrondissements et les communes, est désormais réglé directement en raison de la valeur locative de ces propriétés. Le taux de l'impôt, en principal, est calculé sur la valeur locative, sous déduction de 1/4 pour les maisons et de 1/3 pour les usines, en considération des dépérissements et des frais d'entretien et de réparation [2].

Les premières évaluations de la valeur locative des propriétés bâties ont été faites, en exécution de la loi du 8 août 1885 (art. 34); elles ne sont renouvelées qu'au bout d'une période de dix années et elles restent fixes dans l'in-

---

[1] Loi du 8 août 1885, art. 35.
[2] Pour l'exercice 1891, il a été fixé à 3 fr. 20 p. 0/0.

tervalle de deux révisions générales consécutives. Cependant au cas où il se produirait dans une commune par suite de quelque circonstance exceptionnelle, une dépréciation générale des maisons ou usines, la révision serait autorisée par l'administration, à la demande du conseil municipal, et effectuée aux frais de la commune.

Toutefois, la fixité des évaluations n'est acquise qu'à l'expiration d'un délai de six mois à partir de la mise en recouvrement du premier rôle; par suite, tout possesseur de propriété bâtie est admis à réclamer contre l'évaluation attribuée à son immeuble pendant les six mois qui suivent la publication du premier rôle dans lequel l'immeuble aura été imposé, et pendant trois mois à partir de la publication du rôle suivant. Passé ces délais l'évaluation est considérée comme définitive, sauf destruction totale ou partielle et transformation de la propriété en bâtiment rural. Néanmoins, relativement aux rôles postérieurs, des réclamations peuvent être encore présentées pendant les trois mois de la publication de chaque rôle, mais seulement si des circonstances exceptionnelles ont amené une dépréciation spéciale de l'immeuble imposé.

Il importe d'ajouter que le délai des réclamations relatives à la propriété bâtie a été prorogé d'une année par la loi du 18 juillet 1892 (art. 33). Par suite, les réclamations contre les évaluations sont autorisées trois mois encore après la publication des rôles en 1893. Les réclamations de cette nature sont formées d'après les règles suivies en matière de contributions directes qui ont été maintenues par la loi du 12 juillet 1889 sur la procédure à suivre devant les conseils de préfecture.

Les constructions nouvelles, les reconstructions, les additions de constructions faites dans l'intervalle de deux révisions sont imposées, non d'après leur valeur locative réelle au moment où elles deviennent passibles de l'impôt mais, pour assurer l'égalité de l'imposition , par comparaison avec les autres propriétés bâties de la commune où elles sont situées. Ces constructions nouvelles sont, en outre, exonérées de la contribution foncière pendant deux ans après leur achèvement ; à la condition par le propriétaire d'en faire la déclaration, à la mairie de la commune, dans les quatre mois à partir du commencement des travaux. A défaut de déclaration , dans le délai fixé, les constructions nouvelles sont imposées à partir du 1er janvier qui suivra leur achèvement.

Jurisprudence. — Sont passibles de la contribution foncière, par suite de la taxe des biens de mainmorte ainsi qu'à l'impôt des portes et fenêtres , les hospices et maisons de retraite communaux destinés exclusivement à recevoir des vieillards ou malades qui n'y sont admis que moyennant le paiement d'un prix de pension[1].

Droit comparé. — Voir : *Impôt foncier. — Prusse.* — Loi du 25 mai 1889 sur l'impôt foncier[2].

Italie. — Loi du 1er mars 1886 modifiant l'impôt foncier. — Décret du 2 août 1887 contenant règlement d'administration publique pour l'exécution de cette loi. — Décret du 6 août 1888 portant règlement pour le service de péréquation de l'impôt foncier.

Grèce. — Loi du 18 avril 1889 portant exemption de l'impôt foncier.

Roumanie. — Loi du 21 mars 1885 sur l'impôt foncier[3].

---

[1] Cons. d'Ét. cont., 26 mars 1886.
[2] *Ann. de législ. étr.*, année 1889, p. 241.
[3] *Ann. de législ. étr.*, année 1885, p. 562.

Égypte. — Décret du 17 décembre 1889 sur certaines exemptions de l'impôt foncier[1].

Congo. — Décret du 31 mai 1887 établissant l'impôt foncier.

IMPÔTS INDIRECTS. — Législation. — En matière de délits ou de contraventions prévus par les lois sur les contributions indirectes, les tribunaux n'étaient pas autorisés à modérer les amendes édictées par le législateur, en raison des circonstances atténuantes, l'amende fiscale étant moins considérée comme une peine que comme une restitution, une réparation civile. Cependant l'article 42 de la loi du 30 mars 1888 a étendu l'application de l'article 463 du Code pénal à cette classe de contraventions. Les contraventions en matière d'octroi sont exceptées de cette disposition[2]. En cas de récidive dans le délai d'une année, à partir du jugement qui a constaté la contravention ou le délit, le pouvoir, accordé aux tribunaux, cesse (art. 12 de la loi du 26 décembre 1890).

Jurisprudence. — L'instruction des instances relatives à la perception des droits réclamés par la Régie des contributions indirectes doit être faite sur mémoires respectivement signifiés, sans plaidoiries, et le jugement doit être précédé d'un rapport fait par un des juges. Ces formalités sont prescrites à peine de nullité[3].

---

[1] *Ann. de législ. étr.*, année 1889, p. 875.

[2] C. de cass., 22 décembre 1888, Sir., 1889. 1. 237. Un amendement, tendant à rendre commune cette règle aux contraventions d'octroi présenté, au cours de la discussion de la loi du 26 décembre 1890, adopté par la Chambre des députés, n'a pas été admis par le Sénat. Voir *Journ. off.* du 9 décembre 1890, *Déb. parl.*, p. 2484 et *Journ. off.* du 24 décembre 1890, *Déb. parl.*, p. 1295.

[3] Cass. civ., 4 décembre 1889, *Pal.*, 1890, p. 404.

Il doit être pris par le ministère public des conclusions orales après le rapport du juge et immédiatement avant la prononciation du jugement [1].

Le privilège établi en faveur de la Régie des contributions indirectes sur les meubles du contribuable n'a pour objet que de lui assurer la préférence, dans les conditions déterminées sur les créanciers du redevable venant en concurrence avec elle; mais il ne porte aucune atteinte au droit de propriété dûment constaté des tiers [2].

Le jugement déclaratif de faillite du redevable, qui retire au failli l'administration de ses biens sans lui en enlever la propriété, ne peut pas porter atteinte aux droits privilégiés de la Régie, lesquels, en vertu de leur généralité, s'appliquent aussi bien aux meubles lui appartenant au moment de la faillite qu'à ceux qui pourront lui advenir ultérieurement [3].

Les condamnations pécuniaires, prononcées en vertu des lois sur les contributions indirectes, constituent, qu'on les considère comme des peines ou comme des réparations civiles, des amendes prononcées en matière correctionnelle, dès lors elles sont soumises à la prescription quinquennale à partir du jugement ou de l'arrêt [4].

Les difficultés qui s'élèvent, en matière de contributions indirectes ou de taxes assimilées, spécialement sur les droits de voirie, doivent être jugées en premier et en dernier ressort par le tribunal de première instance, en suivant le mode d'instruction spéciale [5].

[1] Cass. civ., 4 décembre 1889, *Pal.*, 1890, p. 495.
[2] Cass. civ., 11 novembre 1884, *Pal.*, 1885, p. 386.
[3] Cass., 16 mai 1888, *Pal.*, 1888, p. 775.
[4] Cass. civ., 10 décembre 1890, *Pal.*, 1891, p. 277.
[5] Cass. civ., 8 mai 1889, *Pal.*, 1891, p. 258. Voir Cass., 7 décembre 1887 et 15 janvier 1889, *Pal.*, 1890, p. 815, 823.

En matière de contributions indirectes, l'amende ayant particulièrement le caractère d'une réparation civile et de dommages-intérêts au profit de la Régie, les dispositions de la loi du 26 mars 1891, sur l'atténuation et l'aggravation des peines, sont inapplicables[1].

Droit comparé. — (Voir : *Impôts*).

IMPÔT PERSONNEL MOBILIER. — Législation. — Aux termes de la loi de finances du 17 juillet 1889, article 3, § 3, étaient exonérés du paiement de la contribution personnelle et mobilière les père et mère de sept enfants vivants, légitimes ou reconnus. Cette dispense a été restreinte aux père et mère assujettis à une contribution personnelle mobilière inférieure à 10 francs en principal[2]. N'entrent en ligne de compte que les enfants mineurs, vivants, légitimes ou reconnus. Le montant des dégrèvements résultant de cette règle s'impute sur les fonds de non-valeurs.

Jurisprudence. — La contribution mobilière est due pour toute habitation meublée située soit dans la commune du domicile réel, soit dans toute autre commune alors même que les meubles la garnissant soient enlevés momentanément pendant plusieurs mois[3].

Le propriétaire qui a prévenu, dans le délai légal, le percepteur de la date du déménagement de son locataire, n'est pas tenu, au cas où le déménagement a lieu avant cette date, de faire une nouvelle déclaration dans les trois

---

[1] Cass. crim., 19 novembre 1891.
[2] Loi du 8 août 1890, article 31.
[3] Cons. d'Ét. cont., 9 décembre 1887.

jours du déménagement, ainsi qu'il est prescrit en cas de déménagement furtif[1].

Le propriétaire qui donne l'hospitalité gratuite à un tiers dans son immeuble n'est pas tenu, sous sa responsabilité en cas de non-paiement de la contribution mobilière, d'avertir le percepteur du déménagement de celui-ci, le tiers n'étant pas locataire au sens de l'article 22 de la loi du 21 avril 1832[2].

Droit comparé. — Voir : *Impôts*.

INCOMPATIBILITÉS. — **Législation.** — Depuis la loi du 9 décembre 1884, modificative des lois organiques sur l'organisation du Sénat et les élections sénatoriales et la loi du 26 décembre 1887, les incompatibilités pour le mandat de sénateur sont les mêmes que celles qui régissent le mandat de député. Les articles 8 et 9 de la loi du 30 novembre 1875 sont applicables au Sénat, comme à la Chambre des députés. Ce régime toutefois n'est que provisoire; édicté, à titre transitoire, en 1884, pour le renouvellement triennal du Sénat, le 25 février 1885, il doit, suivant la loi de 1887, durer jusqu'au vote d'une loi spéciale sur les incompatibilités parlementaires, laquelle est en voie d'élaboration devant le Parlement.

Le cumul du traitement du fonctionnaire sénateur avec l'indemnité de sénateur est, d'une façon certaine, permis par la loi. Ce principe, déjà admis par la jurisprudence, ne peut plus être utilement discuté en présence des travaux préparatoires de la loi du 26 décembre 1887. La Chambre des députés avait assimilé, dans son article 2,

---

[1] Cons. d'Ét. cont., 21 juin 1890.
[2] Cons. d'Ét. cont., 14 mars 1891.

d'une façon absolue, la situation des sénateurs à celle des députés en prohibant le cumul des traitements. Cet article, rejeté par le Sénat, n'a point passé dans la loi; d'où il résulte qu'il continue incontestablement à être légal.

Le texte, voté par la Chambre des députés, du projet qui est devenu la loi du 26 décembre 1887, portait que la mission temporaire confiée à un membre du Parlement, pour une durée n'excédant pas six mois, ne pourrait être renouvelée. Cette disposition n'a point été admise par le Sénat et, par suite, n'a pas pris place dans la loi. Le renouvellement de la mission peut donc encore être renouvelé, à l'expiration du délai de six mois, comme dans la législation antérieure.

Jurisprudence. — La question s'est posée de savoir si la loi municipale du 5 avril 1884 a maintenu le principe de l'incompatibilité entre les fonctions de maire ou d'adjoints et celles de greffier de la justice de paix.

Divers textes législatifs antérieurs ont prononcé l'incompatibilité des fonctions de greffier de justice de paix avec celles d'officier municipal (lois du 30 janvier 1791 et du 24 vend. an III). Les lois du 21 mars 1861 (art. 6). et du 5 mai 1855 (art. 5) édictent la même incompatibilité à l'égard des membres des cours, des tribunaux et des justices de paix. Mais la loi du 5 avril 1884, énumérant, dans son article 33, les cas d'inéligibilité au conseil municipal emploie le mot « magistrats » au lieu de celui de « membres des cours et tribunaux; » par là, elle a entendu formellement restreindre l'inéligibilité aux seuls magistrats, à l'exclusion des greffiers. Un amendement tendant à la substitution du mot « membres » à celui de « magistrats » dans le but d'étendre l'inéligibilité aux greffiers a été rejeté [1]. Pour les greffiers de « justice de paix, » la volonté du législateur de 1884 s'est encore plus clairement manifestée en remplaçant dans le même article 33 les mots « membres de la justice de paix, » par ceux de « juges de paix titulaires. » Donc les greffiers de toutes les juridictions et spécialement ceux des justices de paix sont éligibles au conseil municipal dans les communes de leur ressort; et le conseil municipal élisant, aux termes de l'article 76 de la même loi, les maires et adjoints parmi ses membres, ces fonctionnaires peuvent, à défaut de dérogation à cette règle en ce qui les concerne, être régulièrement élus maires ou adjoints. Les lois de 1791 et de vendémiaire an III ne sont pas, il est vrai, formellement abrogées par l'article 168 de la loi de 1884; mais elles le sont implicitement par la formule écrite dans le n° 28 de cet article qui abroge d'une manière générale « toutes dispositions contraires à la présente loi [2]. »

INSTRUCTION PUBLIQUE. — **Droit comparé.** — *Grande-Bretagne.* — Éducationnal Endowments Act (c. 18) sur les dotations consacrées à l'éducation en Irlande [3]. — Loi relative à l'enseignement secondaire dans le pays de Galles [4]. — Act du 26 juillet 1890 sur l'instruction publique [5].

---

[1] Voir la discussion parlementaire à laquelle a donné lieu l'article 33, 3° de la loi du 5 avril 1884 sur l'organisation municipale. *J. du Pal.*, Lois et décrets, 1884, p. 906, note 66.

[2] Avis consultatif du Conseil d'État du 22 mars 1888.

[3] *Ann. de législ. étr.*, année 1885, p. 20.

[4] *Ann. de législ. étr.*, année 1889, p. 12.

[5] *Ann. de législ. étr.*, année 1890, p. 12.

Belgique. — Loi du 6 février 1887 portant modification à la loi du 15 juin 1881 sur l'enseignement moyen[1].

Pays-Bas. — Loi du 8 décembre 1889 portant révision des lois des 17 août 1878, 27 juillet 1882, 3 janvier 1884, 11 juillet 1884 et 15 août 1885 sur l'enseignement primaire[2]. — Décret du 23 décembre 1889 rendu pour l'exécution de la précédente loi. — Décret royal du 14 décembre 1889 publiant le texte de la loi du 17 août 1878, sur l'instruction primaire, successivement modifiée par les lois des 27 juillet 1882, 3 janvier 1884, 11 juillet 1884, 15 avril 1886, 8 décembre 1889. — Décrets des 19 février 1890, 3 avril 1890, 20 mai 1890, 29 juin 1890 sur l'instruction primaire[3].

Prusse. — Ordonnance du 25 mars 1885 sur l'administration scolaire dans les principautés de Waldeck et Pyrmont. — Loi du 26 mai 1887 relative à l'établissement des charges communales pour les écoles primaires[4]. — Loi du 14 juin 1888 mettant à la charge de l'État une partie des frais d'entretien des écoles primaires[5]. — Loi du 31 mars 1889 complétant la loi précédente[6].

Grand-Duché de Bade. — Loi du 15 octobre 1888 sur l'enseignement primaire.

Brunswick. — Loi du 13 juin 1890 sur la surveillance des instituteurs dans les écoles libres.

Lübeck. — Loi du 20 octobre 1885 sur l'enseignement[7].

---

[1] *Ann. de législ. étr.*, année 1887, p. 554.

[2] *Ann. de législ. étr.*, année 1889, p. 568.

[3] *Ann. de législ. étr.*, année 1890, p. 536.

[4] *Ann. de législ. étr.*, année 1887, pp. 302, 303.

[5] *Ann. de législ. étr.*, année 1888, p. 344.

[6] *Ann. de législ. étr.*, année 1889, p. 253.

[7] *Ann. de législ. étr.*, année 1885, p. 169.

Brême. — Loi du 2 mars 1888 sur les écoles communales.

Alsace-Lorraine. — Ordonnance du 16 novembre 1887 modifiant l'ordonnance du 10 juillet 1873 sur l'instruction publique [1].

Autriche. — Loi du 3 juin 1887 concernant l'âge requis pour l'admission dans les gymnases [2] (Croatie, Slavonie, Dalmatie). — Loi du 13 février 1887 créant une inspection supérieure des écoles secondaires et primaires [3]. — Loi du 31 octobre 1888 sur l'organisation de l'instruction primaire et les écoles normales d'instituteurs [4].

Norwège. — Lois scolaires du 26 juin 1889 [5].

Serbie. — Loi du 20 avril 1885 modificative de la législation sur les écoles primaires. — Loi du 9 juillet 1886 sur l'établissement des écoles pour les jeunes filles. — Loi du 31 octobre 1886 modifiant la loi du 26 juin 1865 sur l'organisation des gymnases. — Loi du 31 octobre 1886 sur l'organisation de l'école supérieure de filles, modifiant celle du 19 janvier 1879. — Loi du 1er novembre 1886 modifiant la loi sur l'organisation du conseil supérieur de l'instruction publique.

Suisse. — *Bâle-Campagne.* — Loi du 12 janvier 1885 sur l'organisation de l'inspection des écoles et décret réglementaire du 30 décembre 1885 rendu pour l'exécution de cette loi [6].

Zurich. — Ordonnance universitaire du 7 mars 1885 [7].

---

[1] *Ann. de législ. étr.*, année 1887, p. 377.
[2] *Ann. de législ. étr.*, année 1887, p. 424.
[3] *Ann. de législ. étr.*, année 1887, p. 483.
[4] *Ann. de législ. étr.*, année 1888, p. 502.
[5] *Ann. de législ. étr.*, année 1889, p. 746.
[6] *Ann. de législ. étr.*, année 1885, p. 451.
[7] *Ann. de législ. étr.*, année 1885, p. 498.

Glaris. — Règlement du 19 février 1886 sur la non-fréquentation des écoles[1]. — Décision du 5 mai 1889 modifiant la loi du 11 mai 1873 relative à l'organisation des écoles secondaires[2].

Uri. — Décret du 8 février 1886 complétant l'ordonnance scolaire du 24 février 1875.

Valais. — Arrêté du Conseil d'État sur les absences non justifiées à l'école[3].

Soleure. — Ordonnance du 29 septembre 1889 créant un conseil de l'instruction publique.

Neufchâtel. — Loi du 27 avril 1888 sur l'enseignement primaire[4].

Vaud. — Loi du 9 mai 1889 sur l'instruction publique[5].

Italie. — Décret du 13 novembre 1890 approuvant le règlement des universités.

Espagne. — Décret du 18 août 1885 relatif aux établissements d'enseignement libre. — Ordre royal du 20 septembre 1885 approuvant le règlement pour l'exécution du décret précédent. — Ordre royal du 14 octobre 1885 approuvant le règlement pour les examens de confirmation des diplômes pour les institutions d'enseignement primaire. — Décret du 11 juillet 1887 réorganisant l'inspection générale de l'enseignement primaire. — Décret du 16 juillet 1889 sur l'acquittement des obligations de l'enseignement primaire. — Décret du 16 mai 1890 relatif aux

---

[1] *Ann. de législ. étr.*, année 1886, p. 549. — [2] *Ann. de législ. étr.*, année 1889, p. 688.

[3] *Ann. de législ. étr.*, année 1886, p. 565.

[4] *Ann. de législ. étr.*, année 1889, p. 696.

[5] *Ann. de législ. étr.*, année 1890, p. 661.

dépenses de l'instruction primaire. — Loi du 27 juillet 1890 réorganisant le conseil de l'instruction publique[1].

Portugal. — Décret du 28 juillet 1886 portant modification de la loi du 14 juin 1880 sur la réforme et la réorganisation de l'enseignement secondaire[2]. — Loi du 9 août 1888 organisant l'enseignement secondaire des jeunes filles et constituant un fonds spécial de l'instruction primaire[3]. — Décret du 6 mars 1890 approuvant le règlement des instituts d'enseignement secondaire du sexe féminin créés par la loi du 9 août 1888[4]. — Décret du 10 septembre 1890 réorganisant le conseil supérieur de l'instruction publique[5].

Egypte. — Décret du 11 décembre 1888 instituant un comité consultatif d'instruction publique[6].

Californie. — Code politique (chap. 107, 123, 124, 125) modifiant les dispositions sur les écoles publiques[7]. — Loi du 15 mars 1889 (chap. 160) relative à l'organisation scolaire[8].

Névada. — Loi n° 147 relative à l'administration des écoles publiques[9].

Pensylvanie. — Loi du 13 mai 1887 sur les écoles publiques.

Louisiane. — Loi du 12 juillet 1888 organisant un conseil d'éducation[10].

---

[1] *Ann. de législ. étr.,* année 1890, p. 415.

[2] *Ann. de législ. étr.,* année 1886, p. 421. — [3] *Ann. de législ. étr.,* année 1888, p. 571. — [4] *Ann. de législ. étr.,* année 1890, p. 453. — [5] *Ann. de législ. étr.,* année 1890, p. 454.

[6] *Ann. de législ. étr.,* année 1888, p. 887.

[7] *Ann. de législ. étr.,* année 1886, p. 775. — [8] *Ann. de législ. étr.,* année 1889, p. 898.

[9] *Ann. de législ. étr.,* année 1887, p. 871.

[10] *Ann. de législ. étr.,* année 1888, p. 931.

Illinois. — Loi du 24 mai 1889 portant révision du système des écoles publiques. — Loi du 24 mai 1889 sur l'obligation de l'instruction publique [1].

New-York. — Loi du 15 juin 1889 revisant et codifiant les lois relatives à l'université de l'État de New-York.

Costa-Rica. — Loi du 12 août 1885 sur l'instruction publique [2]. — Loi générale du 11 juin 1886 sur l'éducation publique [3].

République Argentine. — Loi du 3 juillet 1885 organisant les universités nationales de Buenos-Ayres et de Cordova [4].

Uruguay. — Lois du 9 janvier 1885 sur l'instruction publique [5].

Colombie. — Lois des 7 et 13 novembre 1888 sur l'instruction publique nationale [6].

Mexique. — Décret du 29 décembre 1888 réformant la loi sur l'instruction publique.

Brésil. — Décret du 8 novembre 1890 sur l'enseignement primaire et secondaire [7].

Québec. — Loi du 12 juillet 1888 (chap. 36) amendant les lois de l'instruction publique.

Honduras. — Réforme du Code de l'instruction publique [8].

---

[1] *Ann. de législ. étr.*, année 1889, p. 907.

[2] *Ann. de législ. étr.*, année 1885, p. 678. — [3] *Ann. de législ. étr.*, année 1886, p. 875.

[4] *Ann. de législ. étr.*, année 1885, p. 724.

[5] *Ann. de législ. étr.*, année 1885, p. 732.

[6] *Ann. de législ. étr.*, année 1888, p. 977.

[7] *Ann. de législ. étr.*, année 1890, p. 908.

[8] *Ann. de législ. étr.*, année 1888, p. 972.

IRRIGATION ET DRAINAGE. — Voir pour les travaux de drainage, exécutés par les associations syndicales, *suprà*, v° *Associations syndicales*.

Jurisprudence. — L'article 1er de la loi du 10 juin 1854 permettant à tout propriétaire, qui veut assainir son fonds par le drainage, d'en conduire les eaux souterrainement ou à travers les propriétés qui séparent ce fonds d'un cours d'eau, s'applique à tous les fonds, quelle qu'en soit la nature, sans distinguer entre ceux qui sont affectés à une exploitation agricole et ceux qui sont exploités pour l'extraction de tourbières, de pierres ou de minéraux [1].

Les engagements réciproques d'un syndicat d'irrigation et des souscripteurs ont pour objet l'exécution d'un marché relatif à un travail public, lorsque les travaux ont été déclarés d'utilité publique; par suite c'est au conseil de préfecture qu'il appartient de connaître des difficultés auxquelles cette exécution peut donner lieu [2].

JUSTICE (Publicité de la). — La loi du 30 octobre 1886, sur l'organisation de l'enseignement primaire, consacre la solution du Conseil d'État, contraire à l'opinion de M. Batbie, sur la non-publicité des séances des commissions scolaires et des conseils départementaux de l'instruction publique. Le système de la publicité des débats a été écarté, dans l'espèce, parce que ces conseils sont moins des tribunaux que des sortes de conseils de famille (art. 60).

— Aux deux restrictions, indiquées au traité, appor-

---

[1] Cass. req., 6 juin 1887, *J. Pal.*, 1887, p. 907.
[2] Trib. confl., 13 décembre 1890.

tées au principe de la publicité de la justice, relativement à la publication des débats par la voie des journaux, il convient d'ajouter celle qui résulte de l'article 1er de la loi du 18 avril 1886 (art. 239 nouveau du Code civil). Aux termes de cette disposition, la reproduction des débats par la voie de la presse, dans les instances en matière de divorce, est interdite également sous peine d'une amende de 100 à 2,000 francs.

LIBERTÉ INDIVIDUELLE. — **Législation**. — La question de la détention des armes secrètes, et en particulier des armes de guerre, que M. Batbie rattache à la liberté et à la sûreté individuelle[1], a été de nouveau agitée dans la discussion de la loi du 14 août 1885 qui a réglementé, dans le sens de la liberté, la fabrication et le commerce des armes de guerre[2]. Le projet de la commission de la Chambre des députés consacrait la liberté de détention des armes et de leurs munitions par les particuliers[3]. Mais l'ajournement de cette question a été voté à la demande du gouvernement. La législation antérieure sur la distinction des armes de guerre, de toutes espèces, reste donc en vigueur[4].

---

[1] *Traité* : tome II, p. 80 (2e édition).

[2] Voir *infrà*, v° *Liberté de l'industrie et du travail*.

[3] L'article 3 du projet portait : « Toute personne jouissant de ses « droits civils, civiques et de famille, pourra posséder des armes de « tir ou de guerre, y compris celles des modèles réglementaires en « France, à condition de faire dans les trente jours de l'acquisition, « au maire de la commune où elle réside, la déclaration du nombre « des armes qu'elle possède. »

[4] Voir séance du 27 juin 1885, *Journal officiel* du 28 juin, p. 1236, 1238 (*Débats parlementaires*). Circ. min. de l'int. du 10 novembre 1885.

LIBERTÉ DE L'INDUSTRIE ET DU TRAVAIL. —

Législation. — La liberté de l'industrie et du travail a subi longtemps une importante restriction relativement à la fabrication et au commerce des armes de guerre (loi du 14 juillet 1860 et décret du 6 mars 1861). Le système de la prohibition absolue, du monopole réservé à l'État, et, en dernier lieu de l'autorisation administrative qui a été successivement édicté, ce semble, plus dans un intérêt monarchique que dans l'intérêt même de la sécurité publique et que l'expérience historique démontre ne pas avoir mieux servi les intérêts des dynasties que ceux du pays, a été abandonné par la loi du 14 août 1885. Cette loi consacre la liberté absolue de la fabrication, du commerce, de l'importation, de l'exportation et du transit des armes de toutes espèces non réglementaires en France, et de leurs munitions non chargées, et même de revolwers et armes blanches réglementaires. Quant aux diverses opérations commerciales auxquelles donnent lieu les armes des modèles réglementaires en France, elles sont libres en principe. Toutefois, elles restent soumises à de simples formalités de précautions telles que la déclaration au préfet du département, la tenue d'un registre d'achats et de ventes soumis au visa périodique de l'autorité préfectorale[1].

La loi du 19 avril 1874 a réglementé le travail des enfants et des filles mineures employés dans l'industrie. Le travail des femmes dans les manufactures restait en dehors de ses prescriptions. Une loi du 2 novembre 1892

---

[1] Voir : Rapport à la Chambre des députés, *Journal officiel, Doc. parlement.* d'octobre 1885, p. 747. — Au Sénat, *Journal officiel*, 24 juillet 1885 *Déb. parlement.*, p. 936.

a comblé la lacune tout en édictant des mesures plus tutélaires concernant les enfants et les filles mineures.

Un certificat d'aptitude physique est exigé pour tous les enfants âgés de moins de 13 ans employés dans un établissement industriel. La journée légale du travail est réduite à 10 heures pour les ouvriers âgés de moins de 16 ans; elle est fixée à un maximum de 11 heures pour les personnes de 16 à 18 ans, pour les filles au-dessus de 18 ans et les femmes. Le travail de nuit est interdit pour les enfants jusqu'à l'âge de 18 ans, pour les filles mineures et les femmes de tout âge; les travaux souterrains sont interdits pour les filles et les femmes de tout âge et permis, pour les enfants de 13 à 18 ans, que sous certaines conditions. Ce sont là autant de restrictions, bien justifiées par leur motifs, apportées au principe de la liberté du travail et de l'industrie.

Droit comparé. — *Belgique.* — Loi du 13 décembre 1889 concernant le travail des femmes, des adolescents et des enfants dans les établissements industriels [1].

Pays-Bas. — Loi du 5 mai 1889 relative aux mesures à prendre pour limiter le travail excessif et dangereux des jeunes ouvriers et des femmes [2].

Russie. — Avis du conseil de l'Empire, approuvé le 24 avril 1890, modifiant certaines dispositions relatives au travail des enfants, des adultes et des femmes dans les manufactures [3].

Louisiane. — Loi du 10 juillet 1890 sur la liberté du commerce et de l'industrie [4].

---

[1] *Ann. de législ. étr.*, année 1889, p. 545.
[2] *Ann. de législ. étr.*, année 1889, p. 555.
[3] *Ann. de législ. étr.*, année 1890, p. 693.
[4] *Ann. de législ. étr.*, année 1890, p. 814.

Brésil. — Décret du 12 décembre 1890 modifiant les articles 205 et 206 du Code pénal sur les délits contre la liberté du travail.

LIBERTÉ D'ENSEIGNEMENT. — **Droit comparé.** — Voir : *Instruction publique.*

LIBERTÉ RELIGIEUSE. — **Jurisprudence.** — La suspension ou la retenue des traitements que l'État alloue aux titulaires ecclésiastiques peuvent être prononcées par le ministre des cultes, à titre disciplinaire; et les décisions prises dans l'exercice de ce pouvoir de haute discipline par le ministre ne sont pas susceptibles d'être discutées devant le Conseil d'État statuant au contentieux [1].

La décision portant suppression ou retenue de traitement ne peut être prise que par le ministre des cultes; par suite, doit être annulée pour incompétence la décision rendue en cette matière par le préfet [2].

LISTES ÉLECTORALES. — **Législation.** — Aux termes du décret organique du 2 février 1852 sur les élections (art. 15, n⁰ˢ 4 et 14) étaient frappés d'une interdiction perpétuelle des droits de vote et, par suite, d'éligibilité, les individus condamnés : 1° pour tromperie sur la nature ou la quantité des choses vendues, par application de l'article 423 du Code pénal à une peine supérieure à trois mois d'emprisonnement; 2° pour certaines fraudes dans la vente des boissons, à une peine également supérieure à trois mois de prison, par application de l'article 318 du

---

[1] Cons. d'Ét. cont., 1ᵉʳ février 1889. Voir le rapport du ministre des cultes et les conclusions du commissaire du gouvernement, *Revue générale d'administration*, 1889, 3. 294.

[2] Cons. d'Ét. cont., 1ᵉʳ février 1889.

Code pénal, modifié par la loi du 5 mai 1855 ; 3° pour falsification de substances alimentaires, mise en vente de ces substances falsifiées, et tromperie sur la quantité de la chose livrée par application de l'article 1ᵉʳ de la loi du 27 mars 1851, quelle que soit la durée de la peine encourue.

La loi du 24 janvier 1889 a eu pour objet de mettre dans la même situation cette triple catégorie de condamnés. Elle exige indistinctement, pour entraîner, en ce qui les concerne, la déchéance perpétuelle des droits de vote et d'éligibilité, une condamnation à plus de trois mois d'emprisonnement. La même loi consacre l'incapacité perpétuelle pour une classe de condamnés dont le décret de 1852 ne faisait pas expressément mention : les condamnés à l'emprisonnement, quelle que soit la durée de la peine prononcée, pour falsification à l'aide de substances nuisibles à la santé, en vertu des dispositions aggravantes de l'article 2 de la loi de 1851. Toutefois, les individus condamnés, par application de l'article 1ᵉʳ de la loi de 1851, ne sont point simplement dispensés de la peine accessoire de l'interdiction des droits civiques lorsque la peine est inférieure à trois mois de prison. En effet, si la peine est de plus d'un mois, le condamné ne peut être inscrit sur la liste électorale pendant une période de cinq années à partir de l'expiration de la peine. Ce n'est qu'autant que la peine est égale ou inférieure à un mois de prison que toute interdiction des droits de vote est supprimée.

Jurisprudence. — Les femmes ne tenant ni de la loi constitutionnelle, ni d'aucune autre disposition légale, la jouissance ou l'exercice des droits politiques n'ont pas droit à être inscrites sur les listes électorales [1].

---

[1] Cass. civ., 16 mars 1885. Voir le rapport de M. le conseiller Greffier, *Pal.*, 1885, p. 769.

Est entachée d'excès de pouvoir la décision d'un conseil de préfecture annulant les opérations de la révision des listes électorales postérieures à la publication du tableau des additions et retranchements[1].

Le maire est recevable à déférer au Conseil d'État cette décision[2].

Un électeur ne peut demander son inscription dans une section de commune en conservant celle qu'il a dans une autre section de la même commune. Néanmoins, la demande en radiation dans cette dernière section résulte suffisamment de la demande d'inscription elle-même dans la première[3].

L'omission de l'avertissement que la loi prescrit de notifier, en cas de radiation, à l'électeur intéressé, n'emporte pas nullité de la décision administrative qui la prononce, mais elle laisse pour l'électeur le droit de se pourvoir devant la commission pour obtenir la connaissance des motifs de la radiation et les contredire[4].

La commission municipale, appelée à statuer sur les demandes en inscription ou en radiation, ne peut délibérer valablement que si les cinq membres désignés par la loi pour la composer sont présents et concourent à la délibération. Cette règle est d'ordre public ; par suite, la violation peut en être invoquée devant la Cour de cassation même pour la première fois[5].

---

[1] Cons. d'Ét. cont., 26 décembre 1884.
[2] Même arrêt.
[3] Cass. civ., 9 avril 1888, *Pal.*, 1888, p. 640.
[4] Cass. civ., 27 juillet 1887, *Pal.*, 1888, p. 639.
[5] Cass. civ., 22 mars, 11 et 19 avril 1888, *Pal.*, 1890, p. 826. — Cass. civ., 20 mai 1890, *J. Pal.*, 1892, p. 277 ; — 18 mars 1891, *Pal.*, 1891, p. 640 ; — 9 mars 1892, *Pal.*, 1892, p. 462.

Le soldat sous les drapeaux ne peut être inscrit sur la liste électorale d'une commune qu'autant que, au moment de son départ pour l'armée, il avait dans cette commune soit son domicile réel, soit une résidence qui, sans cette absence, aurait atteint, avant la clôture des listes, une durée de six mois[1].

Ne peut être inscrit, dans sa nouvelle commune, l'électeur, inscrit déjà au moment de la révision annuelle sur la liste électorale de son ancienne commune, s'il n'a dans la première les six mois de résidence prescrits par la loi; mais il conserve son inscription sur la liste de l'ancienne commune[2].

L'enfant naturel non reconnu, s'il n'a pas eu de tuteur et s'il n'a pas été recueilli dans un hospice, n'a d'autre domicile que celui de la personne qui l'a élevé; dès lors, c'est sur la liste électorale de la commune du domicile de cette personne que doit être inscrit l'enfant naturel[3].

Le domicile réel de l'étranger naturalisé est déterminé par le lieu de sa résidence au moment du décret de naturalisation; par conséquent c'est sur la liste électorale de cette commune qu'il a le droit de demander son inscription[4].

Le maire a qualité pour déférer au Conseil d'État l'arrêté du conseil de préfecture annulant, à la demande du préfet, les opérations de révision de la liste électorale pour inobservation des délais et des formalités prescrits par la loi[5].

<hr>

[1] Cass. civ., 3 août 1886, *Pal.*, 1887, p. 304.
[2] Cass. civ., 1er avril 1885.
[3] Cass. civ., 9 mai 1889, *Pal.*, 1889, p. 1068.
[4] Cass. civ., 23 mai 1889, *J. Pal.*, 1890, p. 404.
[5] Cons. d'Ét. cont., 20 décembre 1889.

Le délai de deux jours à partir de la réception du tableau contenant les additions et les retranchements faits à la liste électorale, accordé au préfet pour déférer au conseil de préfecture les opérations de révision de la liste électorale, est imparti à peine de nullité du recours; il commence seulement à courir du jour où le préfet a effectivement reçu le tableau des additions et retranchements[1].

L'autorité judiciaire est incompétente pour connaître d'une demande tendant à l'annulation des opérations qui ont précédé la révision de la liste électorale d'une commune[2].

Le droit qui appartient à tout électeur d'attaquer la décision de la commission municipale peut s'exercer exceptionnellement, même après la clôture des listes, pendant les vingt jours qui suivent l'époque où elles ont été rendues publiques; il n'existe que dans le cas où ce droit aurait été paralysé par le fait d'un maire qui lui a refusé la communication de ces décisions[3].

Le commerçant déclaré en état de faillite doit être rayé de la liste électorale, nonobstant la décision qui le déclare excusable[4].

Le débiteur admis au bénéfice de la liquidation judiciaire n'a pas à justifier, pour être inscrit sur une liste électorale, soit qu'il a obtenu un concordat, soit que ce concordat a été homologué[5].

Un tiers électeur a le droit d'interjeter appel, dans le délai de vingt jours, à partir de la prononciation de la dé-

---

[1] Cons. d'Ét. cont., 20 décembre 1889.
[2] Cass. civ., 15 mars 1892, *Pal.*, 1892, p. 208.
[3] Cass. civ., 23 juillet 1890, *Pal.*, 1891, p. 1152.
[4] Cass. civ., 12 mai 1891, *Pal.*, 1891, p. 823.
[5] Cass. civ., 7 avril 1891, *Pal.*, 1891, p. 823.

cision, des décisions de la commission municipale, alors même qu'il n'a pas été partie dans l'instance suivie devant elle[1].

Le délai de dix jours dans lequel le pourvoi en cassation d'une décision rendue en matière électorale doit être dénoncé aux défendeurs n'est pas un délai franc mais il doit être, à peine de déchéance, renfermé strictement dans la limite de dix jours[2].

LOI MUNICIPALE. — Législation. — La loi municipale du 5 avril 1884, a été complétée par la loi du 22 mars 1890 contenant adjonction d'un titre entier, comprenant onze articles, et relatif à la constitution de syndicats entre communes limitrophes. Par cette loi, le législateur a voulu remédier à l'inconvénient résultant de la faiblesse des ressources des communes peu peuplées dont le nombre est grand, et permettre le développement, par voie d'association, d'œuvres déterminées d'intérêt collectif. — (Voir : *Communes* (Syndicats de)).

MAINMORTE (Taxe des biens de). — Législation. — Aucune disposition de la législation relative à l'assiette de la taxe des biens de mainmorte ne permettait d'imposer, au cours de l'année, les immeubles devenant passibles de la taxe, après la confection des rôles, ni les immeubles imposables mais omis aux matrices. La loi du 29 décembre 1884 (art. 3) a comblé cette lacune en autorisant l'établissement de rôles supplémentaires qui comprennent les immeubles assujettis à partir du premier du

---

[1] Cass. civ., 20 avril 1891, *Pal.*, 1892, p. 31; — 26 avril 1892.
[2] Cass. civ., 12 mai 1891, *J. Pal.*, 1892, p. 95.

mois pendant lequel ils en sont devenus passibles ainsi que ceux qui, soumis à la taxe, auraient été omis au rôle primitif mais à partir seulement, pour ceux-ci, du 1er janvier de l'année pour laquelle le rôle primitif a été émis.

Jurisprudence. — Le délai de trois mois pour réclamer contre une taxe de mainmorte ne court point, pour les personnes non inscrites nominativement au rôle, à partir de la publication des rôles, mais seulement de la date du premier acte de poursuite dirigée contre elles [1].

La taxe de mainmorte est imposable sur les hospices, les maisons de retraite, et les établissements communaux, exclusivement destinés à recevoir des vieillards et des malades qui n'y sont admis que moyennant un prix de pension, et, par suite, passibles de la contribution foncière [2].

MAIRES. — **Jurisprudence.** — L'autorité administrative, spécialement le ministre de l'intérieur, est incompétente pour statuer sur une demande tendant à faire condamner un maire, pris personnellement, à des dommages-intérêts à raison du préjudice résultant d'un arrêté municipal dont l'illégalité a été reconnue par l'autorité judiciaire [3].

— Il n'appartient pas à l'autorité judiciaire d'apprécier si un maire s'est ingéré dans le maniement des deniers communaux et s'est, par suite, constitué comptable [4].

— Les tribunaux civils ordinaires sont seuls compétents pour statuer sur la responsabilité encourue par un maire,

---

[1] Cons. d'Ét. cont., 6 mars 1885.
[2] Cons. d'Ét. cont., 26 mars 1886.
[3] Cons. d'Ét. cont., 4 décembre 1885.
[4] Cass. req., 31 mars 1886, *J. Pal.*, 1886, p. 646.

en raison d'un défaut de vigilance, au sujet de détourne-
ments commis par le secrétaire de la mairie[1].

— Aux termes de la loi du 5 avril 1884 (art. 38) le délai d'un mois dans lequel le conseil de préfecture doit statuer sur la protestation élevée contre l'élection d'un maire,
court du jour où il est saisi par l'enregistrement de la
protestation au greffe du conseil. Ce n'est qu'à l'expiration du délai, ainsi supputé, que la juridiction de premier ressort est dessaisie et que l'auteur de la protestation
peut porter sa réclamation devant le Conseil d'État, juridiction d'appel et de dernier ressort[2].

— Le préfet ne peut, sans commettre un excès de pouvoir, charger, par un seul et même arrêté, le sous-préfet
d'adresser à un maire une mise en demeure de procéder
à un acte qui lui est prescrit par la loi et procéder à la
désignation d'un délégué pour l'accomplir, en cas de refus
du maire[3].

Les membres d'un conseil municipal dont l'élection a
été annulée par un arrêt du Conseil d'État, même non encore officiellement notifié, ne peuvent prendre part à l'é-
lection du maire[4].

Les dispositions de l'article 60, § 1, de la loi du 5 avril
1884 qui permettent au préfet de déclarer démissionnaire
tout membre du conseil municipal qui, sans motifs reconnus légitimes, a manqué à trois convocations successives,
s'appliquent aux conseillers municipaux investis des fonctions de maire ou d'adjoint[5].

[1] C. Paris, 29 juin 1886.
[2] Cons. d'Ét. cont., 29 avril 1887.
[3] Art. 85 de la loi du 5 avril 1884. Cons. d'Ét. cont., 7 juin 1889.
[4] Cons. d'Et. cont., 6 décembre 1889.
[5] Avis du Cons. d'Ét., 4 juillet 1892.

Droit comparé. — Voir : *Organisation administrative.*

MANDAT IMPÉRATIF. — Jurisprudence. — En matière d'élections municipales, les bulletins émis sous condition ne peuvent être considérés comme constituant des suffrages valablement exprimés en faveur des candidats dont ils portent les noms[1].

MARAIS. — Voir : *Associations syndicales* (loi du **22** décembre 1888) notamment articles 1, 5, 6.

MARINE. — La loi militaire du 15 juillet 1889 (art. 43) affecte à l'armée de mer : 1° en première ligne, les hommes fournis par l'inscription maritime; 2° les engagés volontaires et les rengagés; 3° les jeunes gens qui, au moment des opérations du conseil de révision, demandent à entrer dans les équipages de la flotte et sont reconnus aptes à ce service. Ce n'est qu'à défaut des hommes rentrant dans cette triple catégorie qu'on a recours aux ressources du recrutement qui fournit alors les hommes du contingent auxquels les numéros les moins élevés ont été attribués de droit ou sont échus par le tirage au sort.

MENSE ÉPISCOPALE. — Jurisprudence. — La mense épiscopale est assimilée par la loi à un établissement public, légalement autorisé, placé sous la tutelle administrative, ayant son individualité pour posséder, recevoir, acquérir, aliéner des biens. — L'évêque, lorsqu'il est en

---

[1] Cons. d'Ét. cont., 31 mai 1889. Voir la note accompagnant cet arrêt dans la *Revue générale d'administration*, 1889, 2, 322.

pleine possession de son siège et des biens de la mense, est à la fois l'usufruitier et l'administrateur du patrimoine de la mense; mais lorsque le siège épiscopal devient vacant, le droit de régale s'exerce au profit de l'État par l'intermédiaire du commissaire administrateur, son agent et non celui de l'évêque. La régale étant un droit inhérent à la puissance publique, n'ayant aucun caractère civil et dépendant essentiellement du droit public et administratif, la juridiction civile n'a aucune compétence pour en contrôler ou en régler l'exercice [1].

La donation faite à un archevêque, ayant pour objet direct et exclusif la fondation, dans une chapelle privée, d'un office ecclésiastique pourvu à perpétuité d'un revenu qui lui serait propre, c'est-à-dire d'un établissement ecclésiastique que la loi ne reconnaît pas, mais à qui la mense épiscopale, donataire apparent, serait chargée d'assurer les effets de la libéralité est nulle comme faite au profit d'une personne incapable de recevoir [2].

MINES, MINIÈRES ET CARRIÈRES. — Législation.

— La législation sur les mines pourvoit à la sécurité des ouvriers mineurs par un ensemble de dispositions fondamentales, dont les principales forment le titre V de la loi générale sur les mines, du 21 avril 1810, relatif à l'exercice de la surveillance par l'administration publique, les titres II et III du décret du 3 janvier 1813 concernant les dispositions propres à prévenir les accidents, la loi du 27 avril 1838 relative à l'exploitation des mines [3]. La surveil-

---

[1] C. Limoges, 13 août 1888, *J. du Pal.*, 1890, p. 1165.

[2] Cass. civ., 24 novembre 1891, *J. du Pal.*, 1892, p. 25.

[3] Voir également l'ordonnance du 26 mars 1853, la loi du 27 juillet 1880 et le décret du 25 septembre 1882.

lance des exploitations est par ces textes remise aux ingénieurs et aux contrôleurs des mines. La loi du 8 juillet 1890 sur les délégués à la sécurité des ouvriers mineurs a pour but d'organiser, comme l'a fait en Angleterre une loi de 1872[1], à côté du contrôle des exploitants et du contrôle de l'État, un troisième mode de surveillance et d'en charger, dans l'intérêt même des ouvriers, des mandataires élus par les mineurs eux-mêmes.

Un délégué et un délégué suppléant exercent leurs fonctions dans une circonscription souterraine dont les limites sont déterminées par un arrêté préfectoral rendu, sous l'autorité du ministre des Travaux publics, après rapport des ingénieurs des mines et avis de l'exploitant. L'institution est obligatoire dans toutes les exploitations qui emploient, dans les travaux du fond, un nombre d'ouvriers supérieur à 25; au-dessous de ce chiffre, les concessions peuvent en être dispensées par arrêté préfectoral.

Les délégués et les délégués suppléants de chaque circonscription sont élus par le suffrage universel, au

---

[1] Loi du 10 août 1872, art. 30 : « Les ouvriers employés dans une « mine pourront de temps en temps désigner deux d'entre eux pour « faire à leurs frais l'inspection de la mine. Ceux qui seront ainsi « désignés seront libres, au moins une fois par mois, de parcourir « toutes les parties de la mine et d'inspecter les ponts, niveaux, plans « inclinés, chantiers, galeries de retour d'air, appareils d'aérage, « vieux travaux, mécanismes. — Le propriétaire, gérant ou direc- « teur, s'il le juge à propos, les accompagnera lui-même ou les fera « accompagner par un ou plusieurs employés de la mine. Toute faci- « lité leur sera donnée par le propriétaire, gérant ou directeur, et par « tout le personnel de la mine pour qu'ils puissent remplir l'objet de « leur inspection. Ils feront un compte-rendu sincère des résultats de « leur inspection ; ce rapport sera inscrit dans un registre tenu sur « la mine à cet effet et sera signé par ceux qui l'auront fait » (Rapport à la Chambre des députés, *Journal officiel* de 1883. *Documents parlementaires*, p. 1354).

scrutin de liste. Sont électeurs tous les ouvriers du fond, âgés de vingt et un ans, qui sont français, jouissant de leurs droits politiques et qui sont inscrits sur les feuilles de paye au moment du décret de convocation. Sont éligibles, à condition de savoir lire et écrire et de ne pas avoir encouru certaines condamnations spéciales : 1° les électeurs âgés de vingt-cinq ans, travaillant au fond de la mine depuis au moins cinq ans, dans la circonscription ou dans une circonscription voisine dépendant de la même exploitation ; 2° les anciens ouvriers, domiciliés dans les communes sur le territoire desquelles s'étend un ensemble précisé de circonscriptions, âgés de vingt-cinq ans, français, jouissant de leurs droits politiques, à la condition d'avoir travaillé au fond pendant cinq ans et de n'avoir pas cessé leur travail depuis plus de dix ans.

La liste électorale est dressée par l'exploitant et, à son défaut, dressée par le préfet, puis publiée par le maire. Dans les cinq jours de la publication, les intéressés sont admis à faire leurs réclamations qui sont portées devant le juge de paix, lequel statue d'urgence et en dernier ressort. Les électeurs sont convoqués par arrêté du préfet, affiché quinze jours au moins avant l'élection qui a lieu à la mairie de la commune désignée par l'arrêté de convocation. On suit, pour ces élections spéciales, les formes ordinaires des élections politiques ; il convient de remarquer toutefois que le bulletin de vote doit, sous peine de nullité, être renfermé dans une enveloppe d'un modèle uniforme, conforme au type déposé à la préfecture. Les manœuvres qui seraient de nature à intervenir dans ces sortes d'élections sont prévues par l'art. 10 de la loi et punies d'un emprisonnement d'un mois à un an et d'une amende de 100 à 2,000 francs.

Les protestations contre l'élection, soit de la part des électeurs, soit de la part de l'exploitation, sont adressées au préfet, qui peut également se pourvoir d'office, dans les trois jours de l'élection; elles sont jugées par le conseil de préfecture dans un délai de huitaine.

Les délégués et délégués suppléants sont nommés pour une période de trois ans; en cas de négligence grave ou d'abus dans l'exercice de leurs fonctions, ou à la suite de condamnations pour le délit d'entraves à la liberté du travail (art. 414, 415 du C. pén.), ils peuvent être suspendus, pour une durée de trois mois au plus, par arrêté préfectoral, soumis à l'approbation du ministre des Travaux publics et même révoqués par le ministre. Au cas de révocation, la loi les déclare inéligibles pendant une période de trois ans.

Les délégués ont une double mission que la loi leur interdit formellement d'étendre, dans la crainte qu'ils deviennent des agitateurs ou des agents de grève : 1° celle de visiter tous les puits, les chantiers et les galeries de leur circonscription ainsi que les appareils servant au transport et à la circulation des ouvriers. Cette visite doit avoir lieu au moins deux fois par mois; 2° pour le cas où il surviendrait dans la circonscription un accident qui aurait entraîné la mort ou des blessures graves à des ouvriers, celle de procéder sans délai à la constatation de l'état des lieux. Ils consignent sur un registre, tenu constamment à la disposition de tous les ouvriers, leurs observations, au regard desquelles l'exploitant a le droit de consigner ses dires en réponse. Ces observations et les dires sont adressés au préfet qui en fait la communication aux ingénieurs des mines.

Il n'était pas possible de demander à des ouvriers

mineurs l'accomplissement gratuit d'un mandat onéreux. Une indemnité est allouée aux délégués d'après des bases arrêtées chaque année par le préfet et leur est payée mensuellement. Le paiement est effectué directement par le Trésor pour le compte de l'exploitant à qui en incombe définitivement la charge (art. 16 de la loi du 8 juillet 1890 et loi du 1er août 1890). Le recouvrement de l'avance du Trésor sur les exploitants s'effectue comme en matière de contributions directes. De plus, une redevance supplémentaire de 0,08 par franc a été fixée, par la loi de finances du 8 août 1890 (art. 34), savoir : 0,05 par franc pour couvrir les décharges ou remises et les frais de confection des rôles et 0,03 par franc pour les frais de perception.

La loi du 8 juillet 1890 ne reçoit, en principe, d'application qu'aux exploitations souterraines de mines. Toutefois le législateur a laissé au préfet, statuant après avis des ingénieurs des mines, la faculté de leur assimiler les mines, minières et carrières à ciel ouvert dont l'exploitation serait périlleuse pour les ouvriers (art. 18).

Carrières. — L'article 81 de la loi du 27 juillet 1880 porte que les règlements généraux sur les carrières seront remplacés, dans les départements où ils sont en vigueur, par des règlements locaux rendus sous forme de décrets en Conseil d'État. En exécution de cette disposition, de nombreux décrets ont été rendus concernant les départements pris séparément, sur le rapport du ministre des Travaux publics, la proposition du préfet compétent, et après avis du conseil général des mines. Ces divers règlements, conçus dans une forme uniforme, fixent des règles relatives : aux déclarations (titre 1er) à l'exploitation des carrières exploitées à ciel ouvert et des carrières souterraines (titre 2, sect. 1, 2, 3), à la surveillance (titre 4), à la constatation, à la poursuite et à la répression des contraventions aux mesures d'ordre et de police prescrites (titre 5).

Jurisprudence. — Le concessionnaire de mines est tenu de réparer le préjudice que son exploitation occasionne aux installations faites à la surface par les propriétaires, sans distinction entre celles qui sont d'intérêt public ou d'intérêt privé et entre celles qui sont postérieures ou antérieures à l'exploitation; et cela même sans faute imputable au concessionnaire. Il en est ainsi, notamment, en l'absence de toute dérogation particulière au profit des compagnies de chemins de fer substituées aux droits et obligations des propriétaires de la surface, du moment que la construction de la voie ferrée sur un sol déjà concédé par l'exploitation d'une mine ne porte aucune atteinte directe à la propriété minière [1].

Le produit net de la mine, qui doit servir de base à l'établissement de la redevance proportionnelle et annuelle, doit être calculé à raison de la valeur du minerai extrait, sous déduction de la valeur des résidus de l'extraction des années antérieures [2].

L'indemnité due au propriétaire de la surface doit être calculée au double du produit net du terrain occupé temporairement et au double de la valeur du terrain avant l'occupation, que le propriétaire cultive par lui-même ou qu'il ait loué la surface. Mais, en cas d'existence d'un fermier, le propriétaire doit prélever sur la somme ainsi allouée et comprenant toutes les conséquences de la

[1] Cass. civ., 21 juillet 1885, *Pal.*, 1885. 1183.
[2] Cons. d'Ét. cont., 30 juillet 1886.

dépossession, l'indemnité qui peut être due au fermier [1].

Aux termes de l'article 17 de la loi du 21 avril 1810, qui donne au Gouvernement le droit de régler souverainement par l'acte de concession les indemnités à allouer aux inventeurs de mines, l'acte de concession, fait après l'accomplissement des formalités prescrites, purge, en faveur du concessionnaire, tous les droits des inventeurs entendus ou légalement appelés [2].

Un entrepreneur de travaux publics est responsable, à l'exclusion de l'État, des suites de l'accident causé par l'explosion d'une mine dans une carrière exploitée par lui, alors même que cette carrière lui aurait été désignée par l'État, si toutefois aux termes du cahier des charges de l'entreprise il était assujetti à l'obligation des mesures efficaces de précaution [3].

Doit être annulée, par application de l'article 11 de la loi du 8 juillet 1890, l'élection de délégués à la sécurité des ouvriers mineurs précédée, de la part des candidats élus, d'un placard affiché invitant les ouvriers à nommer des délégués « ayant su, sans défaillance, porter le drapeau de la classe ouvrière et garantissant par leur passé qu'ils sauront faire triompher les intérêts de leurs commettants [4]. »

L'arrêté préfectoral réglementant l'exploitation d'une mine au point de vue de la sûreté publique, de la conservation des puits, la solidité des travaux, la sûreté des ouvriers mineurs ou des habitations de la surface n'est plus, depuis la loi du 27 juillet 1880, modificative de la

[1] Douai, 18 février 1888, *J. du Pal.*, 1890, p. 467.
[2] Cons. d'Ét. cont., 10 mai 1889.
[3] Cons. d'Ét. cont., 17 mai 1889.
[4] Cons. d'Ét. cont., 31 juillet 1891.

législation sur les mines, soumis à l'approbation préalable du ministre[1].

Droit comparé. — *Grande-Bretagne.* — Stannaries Act (c. 43) sur la protection des mineurs dans les mines de Cornouailles et de Devon[2].

— Coal Mines Regulation act (c. 58) portant règlement sur le fonctionnement des mines de charbon[3].

Allemagne. — Ordonnance du 25 mars 1888 concernant l'industrie minière dans les pays de protectorat du Sud-Ouest de l'Afrique[4].

Prusse. — Loi du 31 mai 1887 sur la propriété des mines dans partie de la province de Hesse-Nassau[5].

Saxe. — Loi du 18 mars 1887 modifiant la législation générale sur les mines[6].

Grand-Duché de Bade. — Loi du 22 juin 1890 sur les mines[7].

Grand-Duché de Luxembourg. — Loi du 30 avril 1890 sur l'exploitation des mines, minières et carrières[8].

— Loi du 25 décembre 1889 relatif à l'impôt sur les exploitations minières[9].

Autriche. — Loi du 28 juillet 1889 concernant la situation des associations fraternelles de mineurs; et, loi du 17 janvier 1890 modificative de la précédente[10].

---

[1] Cass. crim., 6 août 1892. Voir *Revue générale d'administration*, 1892. 3. 176, les conclusions du Procureur général et le rapport.

[2] *Ann. de législ. étr.*, année 1887, p. 21.

[3] *Ann. de législ. étr.*, année 1887, p. 22.

[4] *Ann. de législ. étr.*, année 1888, p. 236.

[5] *Ann. de législ. étr.*, année 1887, p. 334.

[6] *Ann. de législ. étr.*, année 1887, p. 348.

[7] *Ann. de législ. étr.*, année 1890, p. 289.

[8] *Ann. de législ. étr.*, année 1890, p. 555.

[9] *Ann. de législ. étr.*, année 1889, p. 582.

[10] *Ann. de législ. étr.*, année 1889, p. 363 et 1890, p. 351.

Suède. — Loi du 28 mai 1886 sur la recherche et l'exploitation des mines de charbon[1].

Russie. — Avis du conseil de l'Empire, approuvé le 2 juin 1887, relatif à la réglementation de l'industrie minière privée sur les terres inoccupées appartenant à l'État.

Turquie. — Loi du 7 septembre 1887 sur les mines[2].

Espagne. — Décret du 18 décembre 1890 relatif aux dommages causés à l'agriculture par les industries minières.

New-York. — Loi du 22 mai 1890 (ch. 411) sur la propriété des mines[3].

Nevada. — Loi n° 103 pour encourager l'exploitation minière[4].

Mexique. — Loi du 2 juin 1887 sur les mines[5].

Colombie. — Loi du 5 mars 1887 adoptant un Code des mines.

République de l'Équateur. — Loi encourageant le développement de l'industrie minière[6].

Chili. — Nouveau Code des mines[7].

Brésil. — Décret du 29 mars 1890 sur la transmission des concessions de mines[8].

République Argentine. — Code minier du 25 novembre 1886[9].

---

[1] *Ann. de législ. étr.*, année 1886, p. 593.
[2] *Ann. de législ. étr.*, année 1889, p. 869.
[3] *Ann. de législ. étr.*, année 1890, p. 828.
[4] *Ann. de législ. étr.*, année 1887, p. 870.
[5] *Ann. de législ. étr.*, année 1887, p. 935.
[6] *Ann. de législ. étr.*, année 1887, p. 954.
[7] *Ann. de législ. étr.*, année 1888, p. 999.
[8] *Ann. de législ. étr.*, année 1890, p. 893.
[9] *Ann. de législ. étr.*, année 1886, p. 971.

Canada (Québec). — Act du 30 décembre 1890 pour amender et refondre la loi des mines.

MINISTRES. — **Droit comparé.** — Voir : *Droit constitutionnel.*

Japon. — Ordonnance impériale du 26 février 1885 sur l'organisation générale des ministères[1].

— Décret du 23 décembre 1885 sur la responsabilité ministérielle[2].

Bulgarie. — Loi des 16-28 décembre 1889 sur les pensions des ministres démissionnaires.

Serbie. — Loi du 30 janvier 1891 sur la responsabilité des ministres[3].

MINISTRES (Bureaux des). — **Législation.** — La loi de finances du 29 décembre 1882 a prescrit (art. 16) que l'organisation centrale de chaque ministère soit, dans de certaines formes, réglée par un décret spécial. Par là, le législateur a voulu que les administrations centrales soient, comme tous les services dépendant des ministères, organisées d'une façon permanente et que, les conditions d'admission des employés de ces administrations, leur traitement, leur avancement, leurs obligations et jusqu'à la durée de leur travail quotidien soient l'objet de règlements rédigés sur un plan uniforme pour tous les ministères. Afin de soustraire ces administrations aux incessantes variations qui, depuis longtemps, leur enlevait toute stabilité, la loi dispose que leur organisation sera

---

[1] *Ann. de législ. étr.,* année 1885, p. 755.

[2] *Ann. de législ. étr.,* année 1885, p. 754.

[3] *Ann. de législ. étr.,* année 1891, p. 759.

fixée, à l'avenir, par un décret rendu dans la forme des règlements d'administration publique, inséré au *Journal officiel*, et ne pourra être ultérieurement modifiée que dans les mêmes conditions de forme et de publicité. Les transformations successives et très nombreuses que l'organisation de chaque ministère subit sans cesse laissent à craindre, après une bien courte expérience, que le but du législateur est encore loin d'être atteint.

Plusieurs décrets ont été ainsi rendus en exécution de ces dispositions de la loi de 1882. Ils contiennent tous, en principe, trois titres : le premier qui détermine l'organisation générale du ministère ; — le second, qui est relatif au recrutement, à l'avancement et à la discipline du personnel de l'administration centrale ; — sous le troisième, sont rangées des dispositions diverses et des dispositions transitoires, nécessitées par l'application du nouveau régime.

Ministère de la Justice et des Cultes[1]. — Cabinet du ministre ; — Direction du personnel et de la comptabilité ; — Direction des affaires criminelles et des grâces ; — Direction des affaires civiles et du sceau ; — Direction des cultes[2].

Ministère des Affaires étrangères[3]. — Cabinet du ministre et services rattachés ; — Service du protocole ; — Direction des affaires politiques et des protectorats ;

---

[1] Décret originaire du 30 décembre 1884 ; décrets modificatifs du 25 avril 1885, 29 décembre 1888, 22 décembre 1890, 14 février 1892.

[2] Décret du 18 avril 1887.

Le service des cultes qui est rattaché tantôt au ministère de la Justice, tantôt au ministère de l'Intérieur, tantôt au ministère de l'Instruction publique a été rattaché, par décret du 6 décembre 1892, à ce dernier département ministériel.

[3] Décret du 12 mai 1891.

— Direction des consulats et des affaires commerciales ;
— Division des archives ; — Division des fonds et de la
comptabilité.

Ministère de l'Intérieur[1]. — Cabinet du ministre ; —
Direction du personnel et du secrétariat ; — Direction de
l'administration départementale et communale ; — Direction de l'assistance et de l'hygiène publique ; — Direction
de l'administration pénitentiaire ; — Direction de la sûreté
générale.

Ministère des Finances[2]. — Cabinet du ministre ; —
Direction du personnel et du matériel ; — Direction du
contrôle des administrations financières, de l'inspection
générale et de l'ordonnancement ; — Direction du mouvement général des fonds ; — Direction générale de la
comptabilité publique ; — Direction de la dette inscrite ; —
Agence judiciaire du Trésor et contentieux ; — Caisse
centrale du Trésor public ; — Service du payeur central
de la dette publique ; — Contrôle central du Trésor public.

Au ministère des Finances se rattachent : 1° le service
de l'inspection générale des finances ; 2° la direction générale des contributions directes ; 3° la direction générale
de l'enregistrement, des domaines et du timbre ; 4° la direction générale des douanes ; 5° la direction générale des
contributions indirectes ; 6° la direction générale des manufactures de l'État ; 7° la direction générale des monnaies
et médailles (partie administrative)[3].

---

[1] Décrets des 4 novembre 1886, 10 mars 1888, 5 janvier 1889, 9
mars 1889, 25 juillet 1890, 22 septembre 1890, 22 décembre 1891.

[2] Décrets des 19 janvier 1885, 23 avril 1885, 19 novembre 1886,
30 mai 1887, 1er décembre 1890, 30 avril 1891, 15 février 1892, 16
août 1892.

[3] L'administration centrale des monnaies et médailles se divise en

Ministère de la Guerre[1]. — Cabinet du ministre; — État-major général; — Direction du contrôle; — Service intérieur; — Direction de l'infanterie; — Direction de la cavalerie; — Direction de l'artillerie; — Direction du génie; — Direction des services administratifs; — Direction des poudres et salpêtres; — Direction du service de santé.

Ministère de la Marine et Colonies. — Service de la marine[2] : Cabinet du ministre; — Service des torpilles; — Direction du personnel; — Direction du matériel; — Direction de l'artillerie; — Direction de la comptabilité générale.

Service des colonies[3] : 2 divisions, comportant 7 bureaux[4].

Ministère de l'Instruction publique et des Beaux-arts[5]. — Cabinet du ministre; — Direction de l'enseignement supérieur; — Direction de l'enseignement secondaire; — Direction de l'enseignement primaire; — Direction du secrétariat et de la comptabilité; — Direction des Beaux-arts.

L'administration des musées nationaux, organisée par

deux parties : 1º la partie administrative qui est à la charge du budget général; 2º la partie active, comprenant les services techniques, qui figurent dans un budget annexe ayant pour base les frais de fabrication.

[1] Décrets des 29 novembre 1884, 24 mai 1887, 18 février 1888.

[2] Décrets des 31 janvier 1885, 12 août 1886, 4 août 1887, 15 août 1890, 22 décembre 1892.

[3] Décrets des 3 janvier 1887, 20 mai 1888, 13 juin 1889, 22 mai 1890.

[4] Le service des colonies se rattache, suivant les combinaisons ministérielles, tantôt au ministère de la Marine, tantôt au ministère du Commerce et de l'Industrie. Actuellement c'est à ce dernier département ministériel qu'il ressort (Décret du 11 janvier 1893).

[5] Décret du 4 avril 1887.

décret du 1er mars 1879, a été confiée à un directeur, sous l'autorité du ministre de l'Instruction publique et des Beaux-arts[1].

Ministère des Travaux publics[2]. — Cabinet du ministre et bureau de l'enregistrement; — Direction du personnel, du secrétariat et de la comptabilité; — Direction des routes, de la navigation et des mines; — Direction des chemins de fer.

La direction des bâtiments civils et des palais nationaux a été distraite du ministère de l'Instruction publique et des Beaux-arts et transférée au ministère des Travaux publics par décret du 5 juillet 1890.

Ministère de l'Agriculture[3]. — Cabinet du ministre; — Direction de l'agriculture; — Direction des forêts; — Direction de l'hydraulique agricole; — Direction des haras.

Ministère du Commerce et de l'Industrie[4]. — Cabinet du ministre; — Direction du commerce intérieur; — Direction du commerce extérieur; — Direction de l'enseignement industriel et commercial; — Office du travail.

Le service des postes et télégraphes avait été élevé au rang de ministère spécial qui a été supprimé par décret du 30 mai 1887. Il a été rattaché au ministère des Finances, où il constituait une régie financière, puis au ministère du Commerce et de l'Industrie. Actuellement il forme à ce dernier département une direction générale comprenant

---

[1] Décret du 26 septembre 1887.

[2] Décret organique du 27 mars 1885, décret modificatif du 3 septembre 1888.

[3] Décrets des 28 septembre 1887, 14 janvier 1888 et 12 octobre 1890.

[4] Décrets du 11 avril 1887, 30 mai 1887, 15 juin 1887, 27 juin 1887, 28 juillet 1887, 13 août 1889, 5 janvier 1889, 7 août 1890, 19 août 1891, 2 février 1892, 4 février 1892.

le secrétariat et la direction; — le service du matériel et de l'exploitation électrique; — le service de l'exploitation postale; — le service de la comptabilité.

OCCUPATIONS TEMPORAIRES. — Voir : *Extraction de matériaux. Travaux publics*. — **Législation**. — Les règles à suivre pour les occupations temporaires ont été déterminées par la loi du 29 décembre 1892, qui réserve les cas d'occupation, en cas d'urgence', des propriétés privées nécessaires aux travaux de fortification, régis par la loi du 30 mars 1831.

Tous les terrains sont soumis, comme dans la législation antérieure, à la servitude d'occupation, à moins qu'ils soient à la fois clos par des murs ou par des clôtures équivalentes d'après les usages du pays et qu'ils soient attenants à une habitation. Cette servitude s'applique, ainsi que le reconnaissait une jurisprudence récente[1], aux travaux de quelque nature qu'ils soient, civils ou militaires, qu'ils concernent l'État, le département ou la commune. Elle a pour objet l'extraction et le ramassage des matériaux, l'affouillement, l'établissement de dépôts de terre, ainsi que, d'une façon générale, toutes les opérations relatives à l'exécution des travaux publics (art. 2 et 3).

La loi nouvelle fixe la procédure à suivre pour l'exercice de cette servitude, en reproduisant les règles de la législation antérieure, mais en complétant les garanties accordées à la propriété de façon à éviter les abus auxquels elle a donné lieu et la rendre moins lourde.

L'autorisation d'occuper temporairement un terrain est

---

[1] Cons. d'Et. cont., 20 janvier 1893.

donnée par un arrêté préfectoral indiquant le nom de la commune où le territoire est situé, les numéros que les parcelles dont il se compose portent sur le plan cadastral, les travaux à raison desquels l'occupation est ordonnée, les surfaces sur lesquelles elle doit porter, la nature et la durée de l'occupation, ainsi que la voie d'accès. Il est annexé à l'arrêté un plan parcellaire désignant par une teinte les terrains à occuper. Cet arrêté général d'autorisation est déposé, avec le plan parcellaire, à la mairie de la commune pour être communiqués aux intéressés sur leur demande. Il en est en outre notifié par le maire à chaque propriétaire ou, à défaut, au gardien de la propriété (art. 3, 4 et 5).

Si le propriétaire du terrain ne peut s'entendre à l'amiable avec l'administration, il lui est fait sommation, dix jours au moins à l'avance, par lettre recommandée, de se rendre ou de se faire représenter sur les lieux, au jour fixé, pour procéder contradictoirement à la constatation de l'état des lieux[1]. A défaut par le propriétaire de satisfaire à la sommation, le maire lui désigne, d'office, un représentant. Le procès-verbal de l'opération doit contenir tous les éléments nécessaires pour évaluer le dommage. Si les parties sont d'accord sur l'état des lieux, l'occupation peut avoir lieu sans délai. Si, au contraire, il y a désaccord entre elles, la contestation est portée devant le conseil de préfecture; mais l'occupation ne peut être effectuée qu'une fois cette première difficulté tranchée (art. 7).

---

[1] Toutefois, lorsque l'occupation temporaire a pour objet exclusif le ramassage des matériaux à la surface du sol, l'établissement du plan parcellaire n'est pas exigé et les notifications individuelles sont remplacées par des notifications collectives par voie d'affichage et de publication dans la commune (art. 3 et 6).

D'après la jurisprudence du Conseil d'État l'arrêté d'autorisation devait assigner à l'occupation une durée limitée, afin de ne pas laisser indéfiniment la propriété sous le coup d'une servitude onéreuse d'utilité publique. La loi de 1892 fait un pas de plus dans la voie des garanties en décidant (art. 8) que tout arrêté qui autorise une occupation temporaire est périmé de plein droit s'il n'est suivi d'exécution dans les six mois de sa date. De plus, l'occupation ne peut être autorisée pour une durée supérieure à cinq ans. A l'expiration de ce délai, et à défaut d'une entente avec le propriétaire, il doit être procédé à l'expropriation du terrain occupé, dans les formes tracées par la loi du 3 mai 1841, soit à la requête de l'administration ou de son délégué, soit à la réquisition du propriétaire (art. 9).

Aux termes de l'article 55 de la loi du 16 septembre 1807, la valeur des matériaux extraits n'entrait en ligne de compte que s'ils étaient pris dans une carrière en exploitation. En dehors de ce cas, l'indemnité ne s'appliquait qu'au préjudice causé par les fouilles. Cette base d'évaluation, qui a donné lieu à de vives et légitimes critiques ainsi qu'à de nombreuses difficultés, se trouve modifiée; il est tenu compte, dans le calcul de l'indemnité, tant du dommage causé à la surface que de la valeur des matériaux extraits, sans distinction. La valeur des matériaux est estimée d'après les prix courants sur place, abstraction faite de l'existence et des besoins du travail public qui a motivé l'occupation, et en tenant compte des frais de découverte et d'exploitation. Cependant si les matériaux n'ont d'autre valeur que celle qui résulte du travail de ramassage, l'occupation ne donne lieu à indemnité que pour le dommage fait à la surface (art. 13).

Le montant de l'indemnité peut être diminué si l'exécution des travaux qui ont nécessité l'occupation a procuré une plus-value à la propriété. La jurisprudence appliquait, d'une façon large, le principe de la plus-value et paraissait ne pas exiger qu'elle fût spéciale à la propriété[1]. La loi du 29 décembre 1892 applique à la matière de l'occupation le principe posé en matière d'expropriation pour cause d'utilité publique : la plus-value n'est prise en considération, dans le règlement de l'indemnité qu'autant qu'elle est et spéciale et immédiate. « Ne « serait-il pas injuste, dit le rapporteur au Sénat, de « faire payer à un propriétaire sous forme de plus-value, « en ne lui allouant qu'une part de l'indemnité due, les « avantages généraux procurés à tout un quartier par la « création ou l'élargissement de voies publiques alors que « les propriétaires voisins, que les travaux n'auront pas « lésés, bénéficieront dans une proportion égale et même « peut-être supérieure des mêmes améliorations[2]. »

Les constructions, plantations ou améliorations qui auraient été faites sur le terrain dont l'occupation est autorisée ne doivent pas être comprises dans le calcul de l'indemnité, lorsque, à raison de l'époque où elles auront été faites ou de toute autre circonstance, il peut être établi qu'elles ont été faites dans le but d'obtenir une indemnité plus élevée[3].

---

[1] Cons. d'Ét. cont., 23 janvier 1874. — Cons. d'Ét. cont., 4 août 1876.

[2] Rapport au Sénat, *J. off.* du 12 octobre 1892, n° 125, p. 348.

[3] Reproduction d'une disposition analogue contenue dans l'article 52 de la loi du 3 mai 1841. Il paraît difficile d'en comprendre la sphère d'application en matière d'occupation temporaire pour l'exécution de travaux publics.

L'indemnité est réglée à la fin de l'occupation temporaire des terrains et à la fin de chaque campagne, si les travaux doivent durer plusieurs années : à l'amiable, si les parties peuvent tomber d'accord; à défaut d'accord amiable par le conseil de préfecture, à la demande de la partie la plus diligente et conformément à la loi du 22 juillet 1889 (art. 13 à 25) sur la procédure à suivre devant les conseils de préfecture (art. 10).

L'indemnité est réglée entre l'administration et les divers ayants-droit. Pour arriver au règlement, la loi adopte le système suivi en matière d'expropriation pour cause d'utilité publique (loi du 3 mai 1841, art. 21). Le propriétaire, figurant dans l'instance ou dûment appelé, est tenu de mettre lui-même en cause ou de faire connaître à la partie adverse, les fermiers, locataires, colons partiaires, ceux qui ont des droits d'usufruit ou d'usage tels qu'ils sont réglés par le Code civil, et ceux qui peuvent réclamer des servitudes résultant des titres mêmes du propriétaire ou d'autres actes dans lesquels il serait intervenu. Au cas où le propriétaire ne se conforme pas à cette obligation, il reste seul chargé envers eux des indemnités qu'ils pourront réclamer. Néanmoins, mais à la différence des prescriptions de la loi du 3 mai 1841, si le propriétaire est insolvable, les ayants-droit ont un recours subsidiaire, pendant deux ans, contre l'administration. Ce recours n'est donné que dans la mesure où ces tiers, n'ayant pas été avertis, ne peuvent équitablement supporter les conséquences d'une faute qui ne leur est pas imputable; aussi cesse-t-il si, l'arrêté d'autorisation ayant été affiché dans la commune et inséré dans un journal d'annonces légales, ils ont été mis en demeure de faire valoir directement leurs droits (art. 11 et 12).

L'action en indemnité pour dommage, au cas d'occupation temporaire, se prescrit par le délai de deux ans, à partir du jour où l'occupation a cessé (art. 17). D'après la jurisprudence du Conseil d'État, l'action était prescrite par un délai de trente ans à l'encontre des, personnes autres que l'État, et à l'égard de l'État, le débiteur encourait la déchéance quinquennale[1]. C'est la même prescription qui est édictée par la loi du 21 mai 1836, pour l'action appartenant au propriétaire de terrains pris ou fouillés pour l'établissement de chemins vicinaux.

La loi crée au profit des propriétaires des terrains occupés ou fouillés, pour le recouvrement de l'indemnité de dommage, un privilège, de préférence à tous les créanciers, sur les fonds déposés dans les caisses publiques pour être distribuées aux entrepreneurs, et cela qu'il s'agisse des travaux de l'État ou de ceux effectués pour le compte des départements, des communes et des établissements publics. Mais il est à remarquer que le privilège au profit de ces ayants-droit est primé par celui accordé aux ouvriers, pour le paiement de leurs salaires[2]. De plus, en cas d'insolvabilité des entrepreneurs, les ayants-droit ont un recours subsidiaire contre l'administration qui doit les indemniser intégralement. « La servitude d'occupation « temporaire et d'extraction est en effet établie dans l'in- « térêt de l'administration, il est juste et équitable qu'elle « soit responsable des fautes qu'elle a pu commettre en « choisissant mal ses représentants[3]. »

Les matériaux extraits doivent être employés aux tra-

---

[1] Cons d'Et. cont., 11 décembre 1877.
[2] Loi du 25 juillet 1891.
[3] Rapport au Sénat.

vaux en vue de l'exécution desquels l'autorisation d'extraction a été accordée. Si les entrepreneurs en font un autre usage, ils perdent les privilèges attachés à leur qualité d'entrepreneur. De plus, la loi dispose qu'en cas d'infraction, le contrevenant paye la valeur des matériaux et est, en outre, puni d'une amende correctionnelle. Les mêmes peines sont applicables au cas où l'extraction n'a pas été précédée de l'autorisation administrative.

Pour éviter à l'administration et aux propriétaires la charge des frais, tous les actes (plans, procès-verbaux, significations, jugements, contrats) sont, comme en matière d'expropriation pour cause d'utilité publique[1], visés pour timbre et enregistrés gratis.

OCTROI. — **Jurisprudence.** — Les sections réunies des finances, des postes et télégraphes, de la guerre, de la marine et des colonies et de l'intérieur, des cultes, de l'instruction publique et des beaux-arts du Conseil d'État ont émis, à la date du 25 juin 1884, les avis suivants[2] :

1° Les décrets, relatifs aux affaires d'octroi prévus sous les n°ˢ 1, 2, 3 et 4 de l'article 137 de la loi du 5 avril 1884, doivent, en vertu des articles 68 et 137 de la loi municipale, approuver les délibérations des conseils municipaux et non les tarifs et règlements prorogés ou modifiés, qui doivent d'ailleurs être annexés à ces délibérations, conformément au principe posé par l'article 3 du décret du 12 février 1870;

2° Que le Conseil d'État n'a pas à connaître de la partie des délibérations des conseils municipaux rentrant dans

---

[1] Loi du 3 mai 1841, art. 58.

[2] *Revue générale d'administration*, 1885, t. 2, p. 85.

les limites de compétence de leur pouvoir propre (art. 139 de la loi), même au cas où ces délibérations contiendraient des violations de lois ou de règlements; qu'en vertu des articles 63 et 65 de la loi de 1884, il appartient au préfet de déclarer la nullité totale ou partielle des délibérations totalement ou partiellement illégales; que rien ne s'oppose d'ailleurs à ce que, sur des communications administratives, le Conseil d'État signale les violations de lois ou de règlements qui se rencontreraient dans les délibérations de l'espèce dont il s'agit;

3° Que lorsque les délibérations des conseils municipaux comporteraient le remaniement du tarif, au moyen d'atténuations, d'une part, et, d'autre part, au moyen d'addition d'objets ou d'augmentation des droits, le gouvernement, s'il devait être saisi en vertu de l'article 137 de la loi municipale, aurait à connaître, par raison de connexité, de la partie de la délibération portant abaissement des taxes qui, en général, rentrent dans la compétence prévue à l'article 138 de la même loi;

4° Qu'il appartient au gouvernement qui statue, en vertu de l'article 137 sur les taxes spéciales d'octroi votées par les conseils municipaux, en conformité de l'article 134 de la loi municipale, de s'assurer si ces taxes spéciales sont réellement affectées à des besoins déterminés et temporaires, sans que d'ailleurs il puisse modifier le caractère desdites taxes[1].

5° Que, le législateur ayant cessé d'employer les expressions de « taxes *additionnelles* » ou de « centimes *additionnels*, » rien ne s'oppose à ce que la totalité de la taxe

[1] Cons. d'Ét. cont., 16 décembre 1842 et 5 juin 1848.

frappant un objet déterminé soit une taxe spéciale d'octroi au sens de l'article 134 de la loi municipale;

6° Que, dans le silence de la loi du 5 avril 1884, il convient de décider que les emprunts remboursables au moyen de taxes spéciales d'octroi sont soumis aux mêmes règles de compétence que lesdites taxes; que, lorsque le Conseil d'État est saisi, en vertu de l'article 137 de la loi municipale, il y a lieu, par raison de connexité, de le saisir en même temps de la question de l'autorisation de l'emprunt corrélatif.

Les difficultés relatives à la perception des taxes publiques, rentrant dans la classe des taxes indirectes, sont de la compétence de l'autorité judiciaire; en conséquence, le Conseil d'État est incompétent pour statuer sur la validité de la délibération d'un conseil municipal fixant une augmentation de taxe sur les bières sans fixation de délai[1].

En matière de contravention d'octroi, les maires ne sont pas tenus, pour agir en justice soit comme demandeurs soit comme défendeurs, de se pourvoir de l'autorisation du conseil municipal[2].

En matière d'octroi, le délai fixé pour l'appel est de dix jours conformément à la règle générale, en matière correctionnelle[3].

La disposition de l'article 42 de la loi de finances du 30 mars 1888 n'est relative qu'aux contributions indirectes et ne peut être étendue aux contraventions en matière d'octroi, l'administration de l'octroi étant fondamentalement distincte de celle des contributions indirectes[4].

---

[1] Cons. d'Ét. cont., 8 juillet 1885.

[2] Cass. req., 21 janvier 1884, *J. du Pal.*, 1886, p. 623.

[3] Cass. crim., 10 juillet 1885, *J. du Pal.*, 1888, p. 1197.

[4] Cass. crim., 22 décembre 1888, *J. du Pal.*, 1889, p. 557.

Les nullités de forme contre les contraintes en matière d'octroi doivent être, à peine de déchéance, proposées avant toute défense[1].

Les contraventions aux règlements d'octroi sont, en vertu de la loi du 24 mai 1834, punies d'une amende dont le taux excède celui des peines de simple police; dès lors, un tribunal de police, indûment saisi par la poursuite du ministère public, doit d'office déclarer son incompétence[2].

Le ministère public est sans qualité pour former un pourvoi en matière de contravention d'octroi, le droit de poursuite n'appartenant qu'au maire lorsque la contravention n'est punie que d'une simple peine pécuniaire[3].

Droit comparé. — *Espagne.* — Loi du 16 juin 1885 relative au recouvrement de l'octroi; — Décret royal du 16 juin 1886 réglant l'établissement des octrois; — Décret royal du 16 juin 1886 approuvant le règlement pour l'administration et le recouvrement de l'octroi.

Bulgarie. — Loi des 16-28 décembre 1887 sur l'octroi; — Loi des 16-28 décembre 1889 modifiant la législation sur le droit d'octroi.

Égypte. — Décret du 18 juillet 1888 réglementant la perception des droits d'octroi; — Décret du 20 décembre 1888 supprimant la perception de droits d'octroi et autres dans certaines villes[4].

OCTROI DE MER. — **Législation.** — L'établissement du mode d'assiette, des règles de perception et du mode de répartition de l'octroi de mer appartient aux conseils

---

[1] Cass. req., 16 mars 1891, *J. du Pal.*, 1891, p. 1085.
[2] Cass. crim., 31 janvier 1890, *J. du Pal.*, 1892, p. 283.
[3] Cass. crim., 31 janvier 1890, *J. du Pal.*, 1892, p. 283.
[4] *Ann. de législ. étr.*, année 1888, p. 885.

généraux ou aux conseils d'administration des colonies. Les délibérations de ces conseils doivent être approuvées par décrets rendus dans la forme des règlements d'administration publique. Quant aux tarifs de l'octroi de mer, ils sont également votés par ces conseils ; ils peuvent être mis provisoirement à exécution en vertu d'arrêtés des gouverneurs ; mais ils doivent être définitivement rendus exécutoires par décrets ordinaires, rendus au rapport du ministre du commerce, de l'industrie et des colonies [1].

Jurisprudence. — L'octroi de mer, qui, au lieu de porter seulement sur la consommation locale dans les limites d'un octroi municipal circonscrit au territoire de la commune, étend son action au périmètre tout entier d'une colonie et qui atteint, sur tous les points, la consommation générale du pays où sont introduits les objets assujettis qu'il frappe à raison de leur provenance extérieure, affecte, au point de vue du commerce, les relations de la colonie avec la métropole et présente les caractères constitutifs d'une taxe essentiellement douanière ; en conséquence, est illégal et inconstitutionnel l'arrêté du gouverneur d'une colonie établissant, dans de certaines circonstances, une taxe de cette nature [2].

ORGANISATION ADMINISTRATIVE (DÉPARTEMEN-TALE et COMMUNALE). — Droit comparé. — *Grande-Bretagne.* — Loi du 13 août 1888 amendant les lois relatives à l'administration locale en Angleterre et dans le pays de Galles [3].

[1] Loi du 19 janvier 1892 relative à l'établissement du tarif général des douanes, art. 6.

[2] Cass. civ., 11 mars 1885, *J. du Pal.*, 1885, p. 1036.

[3] *Ann. de législ. étr.*, année 1888, p. 42.

— Loi du 26 août 1889 pour modifier les lois relatives à l'administration locale en Écosse [1].

Saxe. — Loi du 24 avril 1886 modificative de la législation municipale des communes rurales [2].

Grand-Duché de Bade. — Lois des 1 et 2 mai 1886 modifiant la loi organique des villes et la loi organique municipale [3].

— Loi du 22 juin 1890 modifiant la législation concernant l'organisation et l'administration municipales [4].

Wurtemberg. — Lois du 25 mars 1887 et du 14 juin 1887 modifiant la législation relative au droit pour les communes et les corporations publiques de percevoir à leur profit des contributions [5].

— Loi du 16 juin 1885 sur le droit de bourgeoisie municipale [6]; — I. De l'acquisition et de la nature du droit de bourgeoisie; — II. Des habitants de la commune; — III. Des statuts locaux.

Prusse. — Loi du 5 juin 1888 réglementant, pour le Hanovre, l'organisation des communes réelles [7].

— Loi du 14 mars 1890 modifiant la législation relative à l'organisation des communes de la rive droite du Rhin [8].

Alsace-Lorraine. — Loi du 4 juillet 1887 sur la nomination et la rémunération des maires et des adjoints [9].

---

[1] *Ann. de législ. étr.*, année 1889, p. 50.
[2] *Ann. de législ. étr.*, année 1886, p. 176.
[3] *Ann. de législ. étr.*, année 1886, p. 183.
[4] *Ann. de législ. étr.*, année 1890, p. 286.
[5] *Ann. de législ. étr.*, année 1887, p. 351.
[6] *Ann. de législ. étr.*, année 1885, p. 152.
[7] *Ann. de législ. étr.*, année 1888, p. 312.
[8] *Ann. de législ. étr.*, année 1890, p. 271.
[9] *Ann. de législ. étr.*, année 1887, p. 390.

Belgique. — Loi du 30 décembre 1887 apportant des modifications aux lois provinciales et communales [1].

Autriche-Hongrie. — Loi XXI du 8 juillet 1886 sur les municipes [2].

— Loi XII du 8 juillet 1886 sur les communes [3].

— Loi du 28 décembre 1889 modifiant la loi sur l'organisation des municipalités en Croatie-Slavonie [4].

Suisse. — *Canton de Genève.* — Loi du 28 août 1886 sur les attributions du conseil administratif des maires [5].

— *Canton du Valais.* — Loi du 26 novembre 1886 sur la répartition des charges municipales et des travaux publics dans les communes.

— *Canton d'Argovie.* — Ordonnance du 12 décembre 1887 sur l'administration et la comptabilité des communes [6].

— *Canton de Neufchâtel.* — Décret du 7 avril 1887 portant modification constitutionnelle aux droits de bourgeoisie [7].

— Loi du 5 mars 1888 sur la loi des communes [8].

— *Canton de Zurich.* — Loi du 15 juillet 1888 modifiant la législation sur les communes [9].

— Ordonnance du 28 novembre 1889 relative à la comptabilité des communes [10].

---

[1] *Ann. de législ. étr.*, année 1887, p. 628.
[2] *Ann. de législ. étr.*, année 1886, pp. 273 et 280.
[3] *Ann. de législ. étr.*, année 1886, pp. 273 et 314.
[4] *Ann. de législ. étr.*, année 1890, p. 367.
[5] *Ann. de législ. étr.*, année 1886, p. 545.
[6] *Ann. de législ. étr.*, année 1887, p. 664.
[7] *Ann. de législ. étr.*, année 1887, p. 686.
[8] *Ann. de législ. étr.*, année 1888, p. 705.
[9] *Ann. de législ. étr.*, année 1888, p. 749.
[10] *Ann. de législ. étr.*, année 1889, p. 720.

— *Canton d'Uri*. — Constitution du canton d'Uri du 6 mai 1888 (art. 34 à 41, section III « administration cantonale » et art. 75 à 67 « affaires communales » section VIII)[1].

— *Canton de Bâle*. — Constitution du canton de Bâle-Ville des 2 décembre 1889 et 2 février 1890 (Section IV, rapport de l'Etat et des communes[2]).

— *Canton de Lucerne*. — Loi du 5 mai 1889. — Loi du 5 mai 1890 sur les assemblées communales[3].

Espagne. — Loi du 9 juillet 1889 modifiant la loi municipale.

— Décret du 5 novembre 1890 adaptant la loi électorale aux élections des provinces et des communes[4].

Portugal. — Loi du 18 juillet 1885 approuvant la réforme administrative de la ville de Lisbonne[5].

Italie. — Loi du 30 décembre 1888 modifiant la loi communale et provinciale.

— Décret du 10 février 1890 sur la loi communale et provinciale.

Grèce. — Loi du 27 mai 1887 sur les conseils départementaux[6].

— Loi du 29 mai 1887 supprimant les sous-préfectures.

Roumanie. — Loi du 8 mai 1886 sur les conseils généraux[7].

— Loi du 12 juin 1886 concernant l'élection des conseils communaux.

---

[1] *Ann. de législ. étr.*, année 1888, p. 721.
[2] *Ann. de législ, étr.*, année 1889, p. 672.
[3] *Ann. de législ. étr.*, année 1889, p. 689.
[4] *Ann. de législ. étr.*, année 1890, p. 412.
[5] *Ann. de législ. étr.*, année 1885, p. 324.
[6] *Ann. de législ. étr.*, année 1888, p. 877.
[7] *Ann. de législ. étr.*, année 1886, p. 679.

— Loi communale du 6 mai 1887[1].

Bulgarie. — Loi des 10/22 et des 11/23 juillet 1886 sur les communes urbaines et rurales [2].

— Loi des 16/28 décembre 1887 sur les conseils généraux [3].

Serbie. — Loi communale du 25 novembre 1889 [4].

— Loi du 1er juillet 1889 sur l'organisation des départements et arrondissements [5].

Russie. — Oukase du 12 juin 1890 et loi du 12 juin 1890 ayant trait à la loi sur les institutions représentatives locales des provinces et des districts [6].

Finlande. — Ordonnance du 20 août 1887 étendant les pouvoirs des autorités administratives locales [7].

Égypte. — Décret du 5 janvier 1890 instituant une commission municipale à Alexandrie [8].

Colombie. — Loi du 3 décembre 1888 sur le régime politique et municipal [9]. — Loi du 4 février 1887 sur l'administration départementale et municipale [10].

Brésil. — Décrets du 25 février 1889, du 6 février 1889, du 6 janvier 1889 et arrêté du 15 janvier 1889 relatifs à l'administration communale; — Décret du 25 février 1890 sur l'administration communale [11].

---

[1] *Ann. de législ. étr.*, année 1887, p. 785.
[2] *Ann. de législ. étr.*, année 1886, p. 696.
[3] *Ann. de législ. étr.*, année 1887, p. 803.
[4] *Ann. de législ. étr.*, année 1889, p. 852.
[5] *Ann. de législ. étr.*, année 1889, p. 846.
[6] *Ann. de législ. étr.*, année 1890, pp. 696 et 700.
[7] *Ann. de législ. étr.*, année 1887, p. 763.
[8] *Ann. de législ. étr.*, année 1890, p. 773.
[9] *Ann. de législ. étr.*, année 1888, p. 980.
[10] *Ann. de législ. étr.*, année 1887, p. 947.
[11] *Ann. de législ. étr.*, année 1890, p. 891.

République Argentine. — Loi sur l'organisation municipale de Buenos-Ayres.

New-York. — Loi du 7 juin 1890 concernant l'administration des villes[1].

Inde anglaise. — Act du 13 décembre 1889 réformant l'organisation des municipalités dans les provinces centrales[2].

OUTRAGE. — **Jurisprudence.** — Publics ou non, les outrages adressés à un fonctionnaire public dans l'exercice ou à l'occasion de l'exercice de ses fonctions rentrent dans l'application de l'article **222** du Code pénal et sont par suite de la compétence de la juridiction correctionnelle, à moins qu'ils n'aient été commis par la voie de la presse ou de discours proférés en des lieux ou réunions publics[3].

PARIS (Ville de). — **Législation.** — La législation électorale, antérieure à la loi municipale du 5 avril 1884 avait établi une distinction entre les électeurs politiques et les électeurs municipaux. La loi de 1884 (art. 14) a établi l'unification des listes municipales et politiques, mais cette loi n'étant pas applicable à la ville de Paris, il s'ensuivait que Paris restait soumis au régime de la double

---

[1] *Ann. de législ. étr.*, année 1890, p. 837.

[2] *Ann. de législ. étr.*, année 1889, p. 1062.

[3] Cass. crim., 10 août 1883, *J. du Pal.*, 1886, p. 300. Cass., 23 août 1883, *J. du Pal.*, 1884, p. 592. Cass., 16 novembre 1883, *J. du Pal.*, 1885, p. 433. Cass., 12 mai 1888, *J. du Pal.*, 1888, p. 1085. Cass., 2 février 1889, *J. du Pal.*, 1889, p. 686. Cass., 5 juillet 1888, *J. du Pal.*, 1889, p. 1085.

liste électorale. Pour faire cesser cette inégalité, la loi du 29 mars 1886 a rendu applicable à la ville de Paris l'article 14 de la loi de 1884.

De même, la publicité des séances des conseils municipaux, introduite par la loi organique du 5 avril 1884 (art. 54), ne recevait pas son application pour le conseil municipal de la ville de Paris. La loi du 5 juillet 1886 a spécialement étendu au conseil municipal de Paris le système général de la publicité des débats.

L'organisation des secours à domicile dans la ville de Paris a été fixée par un décret portant règlement d'administration publique du 12 août 1886. Ce décret détermine l'organisation et le fonctionnement des bureaux de bienfaisance, le recrutement et les fonctions du personnel médical, les catégories d'indigents aptes à recevoir les secours de l'assistance publique, la nature des secours distribués tant sur les ressources propres des bureaux de bienfaisance que ceux imputés soit sur les fonds généraux de l'administration de l'assistance publique, soit sur les allocations du budget départemental. Il règle, en outre, le service de l'assistance médicale à Paris et pose les règles concernant les budgets et les comptes des bureaux de bienfaisance. Les dispositions du décret de 1886 semblent n'avoir satisfait aucun des intérêts en présence et n'avoir pas amené de résultats utiles ; aussi des modifications profondes au régime nouveau ont-elles été mises à l'étude et sont actuellement soumises au conseil supérieur de l'assistance publique.

PARTAGES (*Enregistrement*). — **Jurisprudence.** — En cas de partage comprenant à la fois des biens situés à l'étranger et des biens situés en France, le droit gradué doit être calculé sur l'ensemble des biens sans distinction entre les premiers et les seconds[1].

PASSEPORT. — **Législation**. — Toute différence dans le prix des passeports à l'intérieur et à l'étranger a été supprimée par la loi du 16 juin 1888. Le prix unique des passeports des deux catégories est fixé à 0 fr. 50 en principal, y compris les frais de papier, de timbre et d'expédition. Ce droit reste soumis aux décimes. Comme par le passé, les passeports sont délivrés gratuitement aux personnes véritablement indigentes et reconnues incapables d'en acquitter le montant. Un décret du 12 avril 1890, rendu pour l'exécution de cette loi, a déterminé le modèle des passeports pour l'étranger[2].

PATENTES. — **Législation**. — Suivant l'article 4 de la loi du 15 juillet 1880 sur les patentes, les industries non dénommées au tarif des patentes sont imposées, par voie d'assimilation, d'après l'analogie des opérations par un arrêté spécial du préfet, rendu sur la proposition du directeur des contributions directes et après avis du maire. Tous les cinq ans, des tableaux contenant les industries, ainsi classées depuis trois ans au moins, doivent être soumis à la sanction législative. En 1880, la législation des patentes a été revisée dans toutes ses parties et la loi du 15 juillet de la même année est la dernière qui ait arrêté l'ensemble des tarifs. La première révision quinquennale

---

[1] Cass. req., 3 mars 1884 et Cass. civ., 11 août 1884, *J. du Pal.*, 1885, p. 407.

[2] *Journ. Off.* du 18 avril 1890.

a été opérée par la loi du 30 juillet 1885; la seconde par la loi de finances du 8 août 1890 (art. 28).

Ce dernier article apporte des modifications assez importantes non seulement aux droits mais encore à la nomenclature des patentes (tableau D, annexé à la loi). Les principales concernent la patente des grands magasins et les raffineries de sucre.

La loi divise les magasins en deux classes : ceux qui emploient moins de 100 employés et ceux qui en emploient un nombre supérieur. Les premiers continuent à être régis par la loi du 15 juillet 1880; les autres sont soumis à un tarif spécial. Le droit fixe est évalué de la manière suivante : dans les villes de 100,000 habitants et au-dessus, la taxe déterminée est de 200 francs et le droit par employé de 50 francs; dans les villes de 50,000 à 100,000 âmes, chacun de ces droits est : le premier de 160 francs, le second de 40 francs; dans les villes au dessous de 50,000 âmes, le premier droit est fixé à 60 francs et le second à 30 francs. De plus le droit proportionnel fixé au dixième de la valeur locative est porté au huitième. Ce régime s'applique non seulement aux magasins de nouveautés, mais encore aux « magasins pour la vente de quincaillerie, de ferronnerie et d'articles de ménage » et à ceux pour « la vente d'épiceries, de liqueurs et de conserves. »

Le droit de patente applicable aux raffineries de sucre est modifié par la loi de 1890. Le droit payé par ces établissements en vertu de la loi de 1880 (tableau C, 3ᵉ partie) se composait d'un droit fixe déterminé de 5 francs et d'un droit fixe de 10 francs variable par ouvrier. La loi du 8 août 1890, sans modifier le droit fixe déterminé, porte le droit fixe variable par ouvrier à 25 francs; le droit proportionnel sur la valeur locative des locaux industriels est élevé à 1/40. Pour les raffineries occupant moins de 100 ouvriers, le droit fixe par ouvrier continue à être de 10 francs seulement.

L'article 28 de la loi du 15 juillet 1880, au cas de vente d'un établissement de commerce, autorisait le transfert de la patente du cédant au cessionnaire, sur la seule déclaration des parties. La négligence des parties a souvent amené ce résultat qu'elles ont été soumises à une double patente. Pour éviter cet inconvénient, la loi du 8 août 1890 (art. 29), autorise les préfets à prononcer d'office des mutations de cote, lorsque les cessions d'établissements parviennent à la connaissance du service des contributions directes, en dehors de toute réclamation des parties.

La décharge de l'impôt des patentes est accordée par la loi de 1880 (art. 28, § 3) en divers cas, notamment au cas de faillite. L'article 30 de la loi de 1890 accorde le même bénéfice, par identité de motifs, au contribuable qui a obtenu sa liquidation judiciaire et cesse son commerce.

Jurisprudence. — Les opérations faites par les bookmakers ne constituent pas l'exercice d'une profession imposable à la contribution des patentes [1].

Est soumis à la patente le propriétaire qui loue des appartements meublés alors même qu'il n'est pas propriétaire des meubles les garnissant [2].

La maison appartenant à une compagnie de chemin de fer et servant au logement de gardes de sémaphore ne peut être considérée comme une dépendance nécessaire de l'exploitation de la compagnie; par suite, elle ne doit

---

[1] Cons. d'Ét. cont., 13 mai 1887.
[2] Cons. d'Ét. cont., 5 décembre 1884.

pas être imposée au droit proportionnel au taux de 50 cent. à titre de dépendance de l'établissement industriel[1].

Droit comparé. — *Espagne*. — Décret du 9 juillet 1885 sur le règlement des patentes.

Grand-Duché de Bade. — Loi du 26 avril 1886 modifiant la législation des patentes.

Brunswick. — Loi du 7 mai 1888 modificative de la loi du 16 novembre 1870 relative à l'impôt des patentes[2].

Suisse-Argovie. — Ordonnance du 19 décembre 1886 concernant la perception du droit de patente.

Bulgarie. — Loi du 29 décembre 1887 sur l'impôt des patentes[3].

États-Unis. — Loi sur la patente des agents de propriétés immobilières.

Louisiane. — Loi du 8 juillet 1886 réorganisant l'impôt sur la profession[4]. — Loi du 12 juillet 1888 relative aux patentes dues par les banques[5].

Chili. — Loi du 28 juillet 1888 attribuant aux communes l'impôt des patentes[6]. — Décret du 24 mars 1889 modificatif de l'impôt des patentes[7].

Égypte. — Décret du 9 janvier 1890 créant un droit de patente[8].

PAVAGE ET TROTTOIRS. — Jurisprudence. — Doit être annulé, pour excès de pouvoir, l'arrêté préfectoral

---

[1] Cons. d'Ét. cont., 4 juillet 1890.
[2] *Ann. de législ. étr.*, année 1888, p. 389.
[3] *Ann. de législ. étr.*, année 1887, p. 796.
[4] *Ann. de législ. étr.*, année 1886, p. 783.
[5] *Ann. de législ. étr.*, année 1888, p. 930.
[6] *Ann. de législ. étr.*, année 1888, p. 998.
[7] *Ann. de législ. étr.*, année 1889, p. 1001.
[8] *Ann. de législ. étr.*, année 1890, p. 774.

déclarant d'utilité publique l'établissement de trottoirs le long d'une route nationale s'il n'a été précédé de l'enquête de *commodo* et *incommodo* prescrite par l'article 2 de la loi du 7 juin 1845 [1].

PENSIONS CIVILES. — **Législation.** — La limite d'âge pour la mise à la retraite de certains fonctionnaires civils se trouve réglée par des décrets ou des arrêtés ministériels. Souvent l'abaissement de la limite d'âge, dans ce cas, était décidé par simple mesure administrative; ce mode de procéder avait pour résultat d'augmenter, dans des proportions très lourdes, les charges du Trésor. Aussi la loi du 30 mars 1888 a-t-elle décidé, avec raison, que la limite d'âge fixée, pour la mise à la retraite de fonctionnaires civils, même par décrets ou arrêtés, ne peut être abaissée que par une loi. La mesure est étendue aux pensions de retraite des militaires (art. 22, § 2).

Jurisprudence. — Le droit à la pension de retraite est acquis d'après l'article 5 de la loi du 9 juin 1853, par ancienneté à soixante ans d'âge et après trente ans accomplis de service, en général, et à cinquante-cinq ans d'âge et vingt-cinq ans de services pour les fonctionnaires qui ont passé quinze ans dans la partie active. La question s'est posée de savoir quelle est la nature du droit résultant de ces dispositions pour les fonctionnaires et employés civils. Consulté par le ministre des finances, le Conseil d'État a émis l'avis, à la date du 17 janvier 1889, que l'article 5 de la loi sur les pensions ne confère point, aux fonctionnaires et employés qui remplissent les condi-

[1] Cons. d'Ét. cont., 7 août 1886.

tions prescrites, le droit d'exiger leur admission à la retraite[1].

L'article 12 de la loi du 30 août 1883 qui règle la pension de retraite attribuée aux magistrats non maintenus s'applique aux commis-greffiers non maintenus des tribunaux de première instance[2].

Le fonctionnaire ayant obtenu une pension de retraite à titre d'ancienneté n'est pas fondé à réclamer une pension à titre exceptionnel pour infirmités par application de l'article 11 de la loi du 9 juin 1853[3].

La veuve d'un fonctionnaire ayant perdu la vie à la suite d'un accident de service a droit à la pension, si elle justifie que son mariage a été contracté six ans au moins avant l'événement qui a entraîné la mort de son mari; sans qu'on puisse lui opposer que le mariage est postérieur à l'accident[4].

Les pensions liquidées et notifiées aux parties ne peuvent être l'objet d'une révision purement administrative[5].

Le fonctionnaire qui a cessé d'appartenir à l'activité, par suite d'un remplacement administratif, sans être révoqué ni démissionnaire, est, à raison de cette mesure même, fondé à faire valoir ses droits à la retraite[6].

L'allocation supplémentaire et annuelle de 100 francs, accordée à un instituteur public, titulaire d'une médaille d'argent pour le temps d'activité, doit s'ajouter au traitement minimum dont il doit être tenu compte dans l'éta-

---

[1] *Pal.*, Lois, décr., 1890, p. 1324.
[2] Cons d'Ét. cont., 3 juillet 1885.
[3] Cons. d'Ét. cont., 28 mars 1885.
[4] Cons. d'Ét. cont., 11 décembre 1885.
[5] Cons. d'Ét. cont., 8 mars 1888.
[6] Cons. d'Ét. cont., 15 mars 1889.

blissement du traitement moyen devant servir de base à la liquidation de la pension de retraite[1].

Le fonctionnaire qui appartenait au cadre régulier et permanent d'une administration civile aux colonies et dont le traitement figurait au budget de la colonie, est admis à faire valoir ses droits à une pension de retraite sur les fonds de l'État, en vertu de la loi du 21 mars 1885[2].

S'il appartient au conseil général de modifier, au profit d'une catégorie déterminée d'agents, le règlement en vigueur sur les pensions départementales, il n'a pas le droit, sans y toucher, de décider, par voie de mesure individuelle, que ses dispositions ne seront pas opposables à tel ou tel agent[3].

PENSIONS MILITAIRES. — Législation. — Armée de terre. — Aux termes de l'article 19 des lois des 11 et 18 avril 1831 sur les pensions des armées de terre et de mer, les militaires et marins dont la mort a été causée soit par des événements de guerre, soit par des maladies contagieuses, ne laissent à leurs veuves des droits à une pension, qu'à la condition qu'ils soient morts à l'armée ou hors d'Europe, sur les bâtiments de l'État ou dans les colonies. Cette condition, rigoureuse et manifestement contraire à l'équité, a été modifiée par la loi du 15 avril 1885 qui prend en considération, pour ouvrir le droit à la pension, non simplement le lieu du décès, mais plus justement le caractère de l'événement, la nature de la maladie et les circonstances de service dans lesquelles elle a été contractée. Les causes, l'origine et la nature de ces faits

[1] Cons. d'Ét. cont., 2 mai 1890.
[2] Cons. d'Ét., 19 décembre 1890.
[3] Avis du Cons. d'Ét., 17 novembre 1891.

doivent être constatées par un certificat d'origine dressé à l'époque où ils se sont produits et avant le retour en France. Lorsque les militaires et marins, à leur retour en France, ne se considéreront pas comme guéris, ils doivent faire constater que les effets des événements subsistent encore; et cette constatation doit être renouvelée d'année en année. Les veuves n'ont droit à la pension qu'autant que le décès des militaires ou marins ne s'est produit que moins d'une année après la date de la dernière constatation. Le droit pour les veuves existe dans ces diverses hypothèses, pourvu que le mariage soit antérieur tout à la fois aux événements de guerre et à l'origine de la maladie.

De la combinaison des lois sur le traitement et la pension de retraite des militaires, il résultait que les officiers généraux placés dans la deuxième section du cadre d'activité (réserve), recevaient un traitement notablement inférieur à la pension de retraite. Pour maintenir ces officiers dans le cadre de réserve, la loi du 14 janvier 1890 dispose, modifiant en cela l'article 3 de la loi du 4 août 1839, que les officiers généraux et fonctionnaires placés dans la deuxième section du cadre d'état-major général (réserve), après avoir atteint la limite d'âge fixé par la loi, recevront une solde égale au taux de la pension à laquelle ils auraient droit s'ils avaient été admis, sur leur demande, à la retraite, sans que cette solde soit frappée de la retenue légale de 2 0/0 au profit du Trésor. Le temps ainsi passé dans la réserve, après la limite d'âge, ne compte pas, en principe, pour la retraite. En outre, les officiers et fonctionnaires placés dans le même cadre de réserve, avant d'avoir atteint la limite d'âge, ne reçoivent cependant que la solde de réserve ordinaire ; mais le temps passé par ceux-ci par anticipation dans la réserve leur est compté, pour la retraite, comme service effectif.

Les sous-officiers quittant les drapeaux après quinze ans de service effectif, ont droit à une pension proportionnelle à la durée du service, et, après vingt-cinq ans de service, à une pension de retraite (loi du 19 mars 1889, art. 13). Le taux en est déterminé par un tarif annexé à la loi. La pension se règle sur l'emploi dont le sous-officier est investi, s'il en est titulaire depuis deux années consécutives et sur l'emploi et le grade inférieur dans le cas contraire; elle peut se cumuler avec le traitement afférent à l'emploi civil que peut remplir le pensionnaire.

Les dispositions de la loi de 1831[1] aux termes de laquelle la pension de retraite des sous-officiers, caporaux, brigadiers ou gendarmes ayant accompli douze ans d'activité dans le grade est augmentée d'un cinquième est abrogée par la loi du 19 mars 1889 (art. 30). Mais le taux de la majoration de la pension est modifié; le nouveau tarif est établi dans l'état annexé à la loi.

Les tarifs des pensions de retraite des fonctionnaires du corps du contrôle de l'administration de l'armée et de certains services spéciaux tels que l'administration des services de l'intendance et des hôpitaux militaires, l'administration de la justice militaire, ainsi que de celles des veuves et orphelins, ont été modifiés par la loi du 15 novembre 1890.

A partir du 1er janvier 1891 et par application de l'article 31 de la loi du 26 décembre 1890, les pensions militaires concédées à des officiers ou assimilés ne peuvent se cumuler avec un traitement civil payé, soit par l'État,

---

[1] Voir tome VII, p. 329, n° 310.

soit même par les départements, les communes ou les établissements publics qu'autant que le total du traitement et de la pension est inférieur au montant de la solde du titulaire, au moment de l'admission à la retraite. Si le total du traitement et de la pension dépasse le montant de la solde, il est ramené à ce chiffre, par voie de suspension d'une partie de la pension ; si le montant du traitement civil est égal ou supérieur au montant de la solde, la pension est suspendue, en totalité, tant que le titulaire jouit du traitement. Ces prescriptions, en ce qui concerne le cumul, ne sont toutefois pas applicables aux pensions concédées aux officiers ou assimilés pour raison de blessures ou infirmités contractées dans le service.

Armée de mer. — La loi du 15 avril 1885 fait une obligation aux marins ou assimilés, à leurs veuves ou orphelins, qui prétendraient avoir droit à l'obtention d'une pension de retraite, de se pourvoir en liquidation devant le ministre de la marine, dans un délai de cinq ans, à peine de déchéance, réserve faite des autres causes de déchéance spéciale résultant de la législation en vigueur sur les pensions de l'armée de mer (art. 2). C'est une disposition analogue à celles que contient, pour l'armée de terre, la loi du 17 avril 1833 (art. 7).

Le service des pensions militaires de l'armée de mer, ainsi que de celles du personnel civil du département de la marine et des colonies, était assuré par la Caisse des Invalides. La loi du 22 mars 1885 en a déchargé cet établissement pour le remettre, dans un but d'uniformité, au ministère des finances. En ce qui concerne la liquidation, l'inscription et l'ordonnancement, et la mise en paiement ces pensions sont soumises à toutes les prescriptions relatives : 1º aux pensions de l'armée de terre pour celles des lois des 11 et 18 avril 1831 ; 2° aux pensions civiles pour celles de la loi du 9 juin 1853. Toutefois, les pensionnaires qui figurent sur les matricules de l'inscription maritime, ainsi que les veuves et orphelins d'inscrits maritimes, peuvent être payés de leurs pensions sur certificats de vie, délivrés sans frais, par les syndics des gens de mer. Un décret du 17 novembre 1885 a réglé le mode de paiement des pensions civiles et militaires de la marine et des colonies.

Jurisprudence. — Le temps passé sous les drapeaux, pour des exercices ou manœuvres en temps de paix, par tous les militaires de la réserve et de l'armée territoriale, autres que ceux mentionnés à l'article 53 de la loi du 13 mars 1875, ne doit pas être compté comme service effectif pour la retraite d'ancienneté [1].

Les médecins-majors incorporés dans un régiment et ayant obtenu des congés renouvelables avant d'être nommés élèves du service de santé militaire sont en droit de faire entrer en ligne de compte, pour l'obtention d'une solde temporaire de réforme, le temps de service accompli en qualité d'élèves [2].

La veuve d'un officier décédé par suite d'une insolation, au combat, est fondée à prétendre qu'elle a droit à la pension allouée aux veuves de militaires qui ont péri à l'armée et dont la mort a été causée par des événements de guerre [3].

N'a pas droit à la pension la veuve d'un officier dont la

---

[1] Avis de la section des finances du Conseil d'État, 9 décembre 1884.

[2] Cons. d'Et. cont., 17 juillet 1885.

[3] Cons. d'Ét. cont., 14 mai 1886.

mort a été causée par suite de grandes fatigues subies au cours d'une reconnaissance militaire [1].

La veuve d'un gendarme, frappé mortellement en effectuant, sur l'ordre de ses chefs, l'arrestation d'un gendarme en état de rébellion, est fondée à réclamer les trois quarts du maximum de la pension d'ancienneté affectée au grade dont son mari était titulaire, conformément à l'article 17 de la loi du 8 août 1879 [2].

POLICE. — **Législation.** — Un arrêté du ministre de l'intérieur du 31 décembre 1885 décide que, pour être appelé aux fonctions de commissaire de police ou d'inspecteur spécial de la police des chemins de fer il faut être : 1° âgé de plus de 25 ans et moins de 40 ans ; 2° agréé par le ministre de l'intérieur ; 3° être porté sur la liste d'admissibilité dressée à la suite d'un examen. Les candidats ne peuvent se présenter aux examens avant 23 ans ni après 35 ans, sauf ceux qui justifieraient de cinq ans de services militaires et qui sont admis aux épreuves jusqu'à 40 ans (art. 1, 2). Les articles 3 et suivants de l'arrêté déterminent les conditions et les matières de l'examen.

Jurisprudence. — Doivent être annulés comme entachés d'excès de pouvoir : 1° l'arrêté municipal prohibant d'une façon générale les ventes à la criée faites dans les lieux privés, par ce motif qu'il viole le principe de la liberté de l'industrie et la loi du 25 juin 1841 qui contient une exception formelle, pour la vente des comestibles, à l'interdiction de la vente en détail des marchandises neuves à cri public [3].

[1] Cons. d'Ét. cont., 9 juillet 1886.
[2] Cons. d'Ét. cont., 23 juillet 1886.
[3] Cons. d'Et. cont., 9 avril 1886. Cons. d'Ét. cont., 18 mars 1887.

2° L'arrêté municipal interdisant à une société musicale déterminée de jouer sur la voie publique et dans les établissements municipaux tant qu'elle sera dirigée par un chef non français; cet arrêté n'étant pas pris en vue du maintien de la tranquillité publique ou de la sûreté de la circulation [1].

Sont illégaux et en conséquence non obligatoires :

1° L'arrêté municipal enjoignant aux sages-femmes qui reçoivent à domicile des pensionnaires de tenir un registre analogue à celui imposé aux hôteliers et logeurs [2].

2° L'arrêté municipal prescrivant le transport hors de la commune ou la suppression d'un dépôt de cocons, établissement commercial non rangé parmi les établissements insalubres [3].

3° L'arrêté municipal prohibant l'usage d'instruments de musique bruyants et incommodes, à de certaines heures et sans autorisation écrite du maire, dans les habitations particulières [4], ou le jeu des instruments par les sociétés musicales en corps dans les propriétés particulières [5], ou interdisant à une société musicale de jouer sur la voie publique, sans aucune circonstance se rattachant au maintien de l'ordre et de la tranquillité publique, et sur le seul fondement que cette société musicale s'est refusée, le jour de la fête nationale, d'exécuter un air patriotique [6].

4° L'arrêté municipal qui, au lieu de se borner à prescrire des mesures de précaution destinées à empêcher un

---

[1] Cons. d'Et. cont., 1ᵉʳ avril 1887.
[2] Cass. crim., 12 juin 1886, *Pal.*, 1886, p. 1073.
[3] Cass. crim., 17 avril 1886, *Pal.*, 1886, p. 933.
[4] Cass. crim., 12 juin 1887, *Pal.*, 1888, p. 308.
[5] Cass. crim., 12 novembre 1887, *Pal.*, 1888, p. 309.
[6] Cass. crim., 19 février 1887, *Pal.*, 1887, p. 432.

établissement de brocanteur à devenir un foyer d'insalubrité et de compromettre la santé publique, en ordonne la suppression pure et simple [1].

5° L'arrêté municipal interdisant d'élever ou de conserver, non pas une agglomération d'animaux de basse-cour dans l'intérieur des maisons, ce qui pourrait constituer une cause d'insalubrité légitimant une mesure de police, mais un seul de ces animaux dans toute la circonscription de la commune sans l'autorisation du maire; un pareil arrêté portant atteinte au droit de propriété des citoyens, au respect dû à leur domicile et au principe de la liberté du commerce et de l'industrie [2].

6° L'arrêté municipal qui prescrit qu'il n'y aura dans la commune, le jour de la fête patronale, qu'un seul bal public et qui en confie en même temps l'organisation au chef de la fanfare municipale à l'exclusion de tous autres [3].

7° Interdisant d'une manière générale tous châssis et transparents lumineux servant à la publication des nouvelles ou à des exhibitions diverses [4].

8° Prescrivant à un particulier de transporter, à une certaine distance des habitations et de la voie publique, un dépôt de pulpes de betteraves [5].

9° Édictant, dans le but de mettre les habitants à l'abri des incommodités inhérentes à ce transport et de sauvegarder les intérêts des contribuables en diminuant les frais d'entretien des voies publiques à la charge de la commune, un ensemble de prescriptions, pour le transport des plâ-

---

[1] Cass. crim., 18 février 1887, *Pal.*, 1887, p. 959.
[2] Cass. crim., 14 mai 1887, *Pal.*, 1887, p. 961.
[3] Cass. crim., 23 février 1889, *Pal.*, 1889, p. 814.
[4] Cass. crim., 7 décembre 1889, *Pal.*, 1890, p. 843.
[5] Cons. d'Ét., 26 février 1891.

tres, concernant notamment la forme et la disposition des voitures [1].

Au contraire, il a été jugé que sont légaux et obligatoires les arrêtés municipaux :

1° Prescrivant, afin de permettre aux inspecteurs d'en constater la salubrité, que le poisson, le gibier de terre et de mer, entrant dans la commune pour y être vendus, devront être apportés sur le marché communal [2].

2° Interdisant, à toutes les sociétés musicales, sans distinction, de jouer et de circuler en corps, sans autorisation, sur le territoire de la commune et dans les lieux publics [3]. Cette réglementation ne concerne d'ailleurs que les réunions publiques autres que celles qui ont lieu dans l'intérieur de l'église pour les cérémonies du culte [4].

3° Prohibant le jeu d'instruments de musique bruyants et incommodes, à certaines heures déterminées et sans autorisation écrite du maire, dans les lieux publics seulement [5].

4° Subordonnant à l'autorisation du maire l'ouverture d'un bal public, et ce, en vue d'en assurer la surveillance [6].

5° Fixant le prix des places dans les voitures mises en service sur la voie publique, spécialement dans celles

---

[1] Cons. d'Ét. cont., 12 février 1892.

[2] Cons. d'Ét. cont., 18 mars 1887.

[3] Cass. crim., 12 novembre 1887, *Pal.*, 1888, p. 309. Cons. d'Ét. cont., 2 décembre 1887. Voir *Revue générale d'administration*, année 1888, t. 1, p. 66, 183.

[4] Cass. crim., 15 décembre 1888, *Pal.*, 1889, p. 188.

[5] Cass. crim., 11 juin 1887, *Pal.*, 1888, p. 308.

[6] Cass. crim., 30 juin 1887.

conduisant de la gare aux hôtels, et ordonnant l'apposition à l'intérieur d'une affiche indiquant ce tarif[1].

6° Interdisant à toute société privée, quels que soient son but et sa constitution, de se produire sur la voie publique sans une autorisation spéciale. Cette prohibition s'applique au surplus à une société orphéonique[2].

7° Indiquant un emplacement déterminé pour la tenue d'un bal public unique, pendant toute la durée d'une fête patronale[3].

8° Interdisant, en vue des intérêts publics d'ordre, de sécurité et de décence, une partie indéterminée de la plage, même terrain domanial, et de la mer aux baigneurs de tout sexe[4].

9° Ordonnant, dans un intérêt de salubrité et de propreté, que l'enlèvement des boues et immondices ne pourra être effectué, les dimanches et jours fériés, qu'à certaines heures déterminées[5].

10° Interdisant à tous cafetiers et autres débitants de boissons établis dans la commune, d'employer des femmes ou filles étrangères à leur famille dans la partie de leurs établissements ouvertes au public[6].

11° Interdisant, dans l'intérêt de la sécurité et de l'agriculture, de laisser divaguer les chiens[7].

12° Interdisant, d'une manière générale, dans l'intérêt

[1] Cass. crim., 20 janvier 1888.

[2] Cass. crim., 15 décembre 1888, *Pal.*, 1889, p. 188.

[3] Cass. crim., 23 février 1889, *Pal.*, 1889, p. 814.

[4] Cass. crim., 2 juillet 1887, *Pal.*, 1888, p. 1187.

[5] Cass. crim., 23 avril 1887.

[6] Cass. crim., 23 mai 1889, *J. du Pal.*, 1889, p. 948. Voir en outre Cass., 21 juillet 1883, *J. du Pal.*, 1884, 187 et 22, 23 mai 1885, *J. du Pal.*, 1887, p. 423.

[7] Cass., 21 juin 1890.

de la tranquillité publique, les chenils et les meutes de chiens dans l'intérieur de la ville et dans ses faubourgs [1].

13° Prescrivant, dans l'intérêt de la sécurité publique, l'éclairage des voies privées ouvertes au public [2].

14° Ordonnant le transport préalable sur le marché public, à fin d'inspection, de tout poisson introduit sur le territoire de la commune et destiné à être vendu [3].

15° Subordonnant, dans la commune, à une autorisation du maire, l'exercice de la profession de crieur public pour les annonces de ventes ou objets perdus et les autres publications analogues [4].

L'arrêté préfectoral modifiant les conditions mises par un arrêté municipal à l'autorisation d'établissements, dans la commune, de tir avec armes à feu, est entaché d'excès de pouvoir [5].

Constitue une contravention de police et non une simple inexécution d'un contrat civil, le fait par le concessionnaire de l'enlèvement des boues et immondices d'avoir négligé l'enlèvement dans le délai fixé par le cahier des charges, lorsque le cahier des charges dressé par le maire et approuvé par le préfet a force de règlement de police [6].

PORTES ET FENÊTRES (Impôt des). — Législation.

— Afin de déterminer la population dans les villes de 5,000 âmes et au-dessus, base du tarif de cet impôt, il y avait lieu, sous l'empire de la loi du 21 avril 1832 (art. 24, § 2), de

---

[1] Cass. crim., 21 décembre 1889, *Pal.*, 1890, p. 319.
[2] Cass. crim., 23 janvier 1890, *Pal.*, 1891, p. 561.
[3] Cass. crim., 27 décembre 1890, *Pal.*, 1890, p. 1179.
[4] Cass. crim., 31 décembre 1891, *Pal.*, 1891, p. 174.
[5] Cons. d'Ét. cont., 23 mai 1890.
[6] Cass. crim., 13 décembre 1890, *Pal.*, 1891, p. 1180.

tenir uniquement compte de la population correspondant aux maisons comprises dans les limites intérieures de l'octroi : les habitations de la banlieue étant taxées comme celles des communes rurales[1].

En raison de l'inexistence d'octroi dans un certain nombre de villes comptant plus de 5,000 habitants et de la mobilité incessante des limites des octrois existants, une modification à cet élément du tarif s'imposait qui a été réalisée par la loi du 30 juillet 1885 (art. 3).

Cette loi limite à la partie agglomérée de la commune l'application du tarif correspondant à la population totale et elle substitue, par suite, aux limites de l'octroi, celles de l'agglomération telle qu'elle est déterminée par le décret quinquennal de dénombrement. A l'égard des bâtiments précédemment assujettis au tarif rural qui devront figurer à l'avenir dans la partie agglomérée, l'augmentation de taxe est applicable dans les communes de 5,000 à 10,000 âmes à partir du 1er janvier 1886 ; et, dans les communes d'une population supérieure à 10,000 habitants, par voie d'augmentations successives, de cinq ans en cinq ans, savoir : 1° dans les communes de 10,000 à 25,000 âmes, pour moitié du 1er janvier 1886 au 1er janvier 1891 et en totalité, à partir de cette dernière date ; 2° dans celles de 25,000 à 50,000 âmes, pour un tiers du 1er janvier 1886 au 1er janvier 1891, pour deux tiers pendant les cinq années suivantes, et en totalité à partir du 1er janvier 1896 ; 3° dans celles comptant de 50,000 à 100,000 âmes et dans celles d'une population supérieure à ce dernier chiffre, pour un quart du 1er janvier 1886 au 1er janvier 1891, pour moitié, puis pour trois quarts, dans chacune des deux

____

[1] Voir tome VI du *Traité*, p. 151, n° 184.

périodes suivantes de cinq années, et en totalité à partir du 1er janvier 1901. Toutefois les conseils municipaux reçoivent la faculté de demander que les ouvertures des maisons de la partie non agglomérée soient, en ce qui concerne la répartition individuelle, taxées d'après le tarif afférent à la population totale. En cette matière, la délibération du conseil municipal est soumise, après avis du directeur des contributions directes, au conseil général à qui appartient la décision définitive [1].

— On sait que de vives et nombreuses critiques ont été dirigées, depuis un demi-siècle, contre l'impôt des portes et fenêtres. Les publicistes les plus autorisés le considéraient comme inexact au point de vue de la proportionnalité de l'impôt avec le revenu, et surtout comme contraire aux règles de l'hygiène, les propriétaires préférant se priver d'air et de lumière que se soumettre à la charge de cet impôt. La réforme, déjà proposée par le ministre des finances, à la session budgétaire de 1881, a été réalisée par la loi du 18 juillet 1892. A partir du 1er janvier 1894, « la contribution des portes et fenêtres est, en principe, supprimée et remplacée par une taxe représentative calculée à raison de 2,40 p. 0/0 du revenu net imposable de la propriété foncière bâtie. »

Jurisprudence. — Sont légalement soumis à l'impôt des portes et fenêtres, comme à l'impôt foncier, les hospices et maisons de retraite communaux exclusivement destinés à recevoir des vieillards et malades qui n'y sont admis que moyennant un prix de pension payé d'avance [2].

Droit comparé. — Voir : *Impôts*.

---

[1] Voir rapport à la Chambre des députés, *J. off.*, *Doc. parl.* de novembre 1885, p. 1054.
[2] Cons. d'Ét. cont., 26 mars 1886.

POSTE. — **Législation**. — Une loi du 16 mars 1887 a supprimé (art. 4) les délais successifs et le système de surtaxes croissantes, établis par la loi du 27 mai 1863 pour le départ des lettres expédiées après les levées générales. Pour augmenter le nombre de ces lettres et pour donner de nouvelles facilités de correspondance, le dernier délai, expirant au moment de la clôture des dépêches, seul, a été maintenu avec taxe unique supplémentaire fixée à 0 fr. 15, équivalente au simple de la taxe principale d'une simple lettre ordinaire ; et ce, quel que soit le poids des lettres (art. 2).

Un décret du 21 septembre 1885 a créé des cartes postales, avec réponse payée, pour le service entre la France et les colonies. Ces cartes sont du prix de 0 fr. 20 ; elles peuvent, de plus, être soumises à la formalité de la recommandation contre paiement d'un droit fixe de 0 fr. 25.

Un décret du 20 mars 1888 a déterminé un régime spécial de faveur relativement aux lettres à l'adresse ou émanant des militaires ou marins présents sous les drapeaux ou à bord des bâtiments de l'État, à l'étranger ou aux colonies françaises, pour le cas où ces correspondances ne jouissent pas de la franchise résultant de la loi du 30 mai 1871. Ces lettres sont, sous certaines conditions de détail, soumises à la taxe intérieure métropolitaine.

Les limites de dimension des boîtes de valeurs déclarées, fixées par l'article 8 de la loi du 25 janvier 1873, ont été modifiées par la loi du 9 avril 1887. De 5 centimètres en hauteur, 8 cent. en largeur, 10 cent. en longueur, elles sont portées à 10 centimètres uniformément en tous sens.

Le Conseil d'État, sur la demande du ministre des Postes et des Télégraphes, a émis l'avis qu'en l'absence de tout texte légal accordant expressément aux représentants des incapables le droit de faire arrêter ou de se faire remettre les correspondances adressées à ces derniers (personnes mineures ou légalement considérées comme telles), l'administration des postes ne saurait, « sans engager sa res« ponsabilité, modifier le mandat qu'elle a reçu de l'expé« diteur, et déférer, de sa propre autorité, aux demandes « formées par les représentants des incapables[1]. »

Enfin la taxe des lettres insuffisamment affranchies et celle des objets à taxe réduite expédiés sans affranchissement ont été modifiées par une loi du 25 mars 1892. En cas d'insuffisance d'affranchissement, la taxe à percevoir est égale au double du montant de l'insuffisance. Pour les objets dont le transport par la poste a été soumis à une taxe réduite (imprimés, échantillons, papiers d'affaires ou de commerce), lorsqu'ils sont expédiés sans affranchissement, la taxe est égale au double de la taxe ordinaire. En cas d'affranchissement insuffisant en timbres-poste, ils supportent en sus une taxe égale au double de l'insuffisance de l'affranchissement.

— Aux termes de l'article 6 de la loi du 5 avril 1889, relatif au recouvrement des valeurs par la poste, les valeurs qui n'auront pu être recouvrées, devaient être réexpédiées en franchise au déposant. Mais la loi de finances, du 26 janvier 1892, pour mettre fin à des abus révélés par l'application pratique de cette règle, dispose que « les valeurs de toute nature qui, pour une cause quelconque, demeureront impayées, seront passibles, chacune, d'une taxe fixe de 0 fr. 10. »

POUDRES ET SALPÊTRES. — Législation. — Les poudres françaises, destinées à l'armement ou au com-

---

[1] 13 mai 1885.

merce maritimes et à l'exportation par voie de terre, sont soumises à un régime spécial établi par décret du 21 mai 1886. Les poudres de toute espèce peuvent être, en principe, exportées ; toutefois, l'exportation par voie de terre est restreinte à la sorte dite « de commerce extérieur » et l'exportation des poudres de guerre peut être suspendue par le ministre de la guerre.

Afin d'assurer la réalité de la destination des poudres pour l'exportation, elles ne sont délivrées qu'avec certification par des acquits-à-caution, rédigés par l'administration des contributions indirectes, et contenant mention des quantités, qualités et espèce des poudres livrées. Jusqu'au moment de l'embarquement, les poudres restent déposées dans les magasins de l'État, pour celles qui doivent être employées à l'armement maritime ou exportées par mer. Pour celles qui doivent être exportées par voie de terre, elles restent dans les magasins des entrepôts de l'administration, jusqu'au moment de leur expédition au bureau frontière. Les acquits-à-caution sont vérifiés, au port d'embarquement ou au bureau de sortie, par les préposés des douanes qui certifient l'exportation, pour la justification à produire à l'administration des contributions indirectes. A défaut de justification régulière de la sortie, les exportateurs sont tenus, par l'engagement qu'ils en prennent dans l'acquit-à-caution, de l'obligation de payer : 1° pour les poudres de chasse et les poudres pyroxylées, le double et la différence entre le prix inférieur auquel elles leur ont été vendues et celui réglé par le tarif pour les poudres de même espèce vendues aux consommateurs de l'intérieur : 2° quant aux autres poudres, somme égale à celle qu'ils auraient eue à payer, dans le même cas, pour une pareille quantité de poudre de chasse ordinaire.

Les poudres livrées par l'État pour l'exportation par mer ou par terre doivent être consommées hors du territoire français ; leur réintroduction en France est rigoureusement interdite et punie de la confiscation des poudres, des chevaux, des voitures et en outre d'une amende de 20 fr. 44 par kilogramme de poudre. Si la réintroduction a lieu par la voie de mer, dans le but d'égaliser la répression, l'amende est portée au double, outre la confiscation de la poudre[1].

Les prix des poudres destinées à l'exportation sont fixés chaque année par arrêté du ministre des Finances, après entente avec le ministre de la Guerre qui fixe les espèces de poudres de guerre admises à l'exportation. Des arrêtés ministériels, des 25 janvier 1888 et 24 janvier 1890, 16 janvier 1891, 23 janvier 1892, ont été rendus à cet effet[2].

Pour la consommation intérieure, indépendamment des poudres de mine dites lente — ordinaire — forte, il est fabriqué par l'administration : 1° une poudre de mine spéciale, dite pulvérin, exclusivement destinée aux artificiers (décret du 11 juillet 1885). Le prix du pulvérin primitivement fixé à 1 fr. 50 le kilogramme (même décret), a été abaissé à 0 fr. 90 le kilogramme par décret du 28 septembre 1886 ; 2° deux nouvelles espèces de poudre de mine à base de nitrate d'ammoniaque et de nitrate de soude. Le prix de la première est de 3 francs le kilogramme, de la seconde de 2 francs le kilogramme (décret du 12 août 1889). L'administration des contributions indirectes débite, également pour l'usage des mines, des cartouches

---

[1] Loi du 30 août 1797, art. 21.

[2] Voir *Journal officiel*, 29 janvier 1888, 28 janvier 1890, 20 janvier 1891, 26 janvier 1892.

comprimées au coton poudre et au nitrate d'ammoniaque
(décret du 12 juin 1890, art. 2). Le prix de ces cartouches
est déterminé par le même décret, qui modifie, en même
temps, le prix de vente, à l'intérieur, de certaines espèces
de poudres de mine[1].

PRÉFETS. — **Législation.** — Les dispositions du
décret du 15 avril 1877, sur le traitement des préfets ont
été modifiées par un décret du 22 mars 1887. Actuellement, après trois ans de services (au lieu de cinq) dans un
même département, ou de cinq années (au lieu de sept)
dans des départements différents, le traitement des préfets
de deuxième classe peut être augmenté, sur place, de
5,000 francs. Dans les mêmes conditions de services, les
préfets de troisième classe peuvent recevoir une augmentation de traitement de 3,000 francs. Après une nouvelle
période de trois ans ou de cinq ans (au lieu de cinq ou de
sept), l'augmentation peut être portée à 11,000 francs
pour les préfets de deuxième classe, et à 6,000 francs
pour la troisième classe. La loi de finances du 26 février
1887 prescrit (art. 48) au ministre de l'Intérieur de produire, à l'appui de ses propositions budgétaires, l'état
nominatif des préfets, sous-préfets, secrétaires généraux,
comme des conseillers de préfecture, jouissant, à titre
personnel, d'un traitement supérieur à celui de la classe
de leur résidence. Cet état doit mentionner la date de la
nomination à la classe actuelle et la date de la nomination
à la classe immédiatement inférieure. Cette prescription a
pour but d'assurer la stricte observation des règles précédentes.

[1] Voir *Journal officiel,* 17 juin 1890.

PRESCRIPTION (*Enregistrement*). — Jurisprudence.
— La prescription biennale établie en matière de droits
d'enregistrement ne peut être étendue au droit principal
se rattachant à un marché de travaux subordonné à la
condition suspensive de la constitution d'une société et
devenu exigible seulement par l'accomplissement de cette
condition[1].

La prescription biennale ne concerne que les droits non
perçus sur une disposition particulière dans un acte présenté à l'enregistrement ou les suppléments réclamés pour
une perception insuffisante ; elle ne s'applique pas au cas
de déclaration contraire à la vérité[2].

Elle ne couvre d'ailleurs que les omissions et les insuffisances de perception constatées à l'occasion d'actes présentés à la formalité ; en dehors de ces cas, la prescription est de trente ans, suivant le droit commun[3].

PRESSE. — Législation. — La Cour de cassation, par
deux arrêts du 30 octobre 1885 et du 16 février 1888[4],
avait refusé toute force obligatoire aux arrêtés pris par
les préfets et les maires, en vue d'assurer le bon ordre de
la voie publique, à l'effet de réglementer les procédés de
réclame employés pour la vente des journaux. Elle consi-
dérait que l'abrogation contenue dans l'article 68 de la loi
du 29 juillet 1881, sur la presse, avait atteint toutes les
prohibitions antérieures, en pareille matière, et que les
dispositions relatives à la police municipale, inscrites dans

---

[1] Cass. req., 23 juillet 1883, *J. du Pal.*, 1885, p. 63.

[2] Cass. req., 18 janvier 1888, *J. du Pal.*, 1890, p. 411.

[3] Cass. req., 7 mars 1888, *J. du Pal.*, 1890, p. 414. Cass. req.,
18 juillet 1888, *J. du Pal.*, 1890, p. 417.

[4] *J. du Pal.*, 1886, p. 78 et 1888, p. 1076.

la loi du 5 avril 1884, n'avaient pu modifier cette situation. Aussi, pour combler cette lacune de la loi de 1881, une loi du 19 mars 1889 interdit l'annonce, dans les rues et lieux publics, des journaux et des écrits vendus ou distribués, autrement que par leur titre, leur prix, l'indication de leur opinion et les noms de leurs rédacteurs ; elle punit la contravention à cette prescription d'une amende de simple police et, en cas de récidive, d'un emprisonnement de un à cinq jours, sauf l'application des circonstances atténuantes.

Jurisprudence. — La loi du 19 mars 1889 a entendu réglementer uniquement les cris des marchands de journaux et le mode suivant lequel les crieurs pourront à l'avenir annoncer les journaux sur la voie publique; par suite, le fait « de sonner du cornet sur la voie publique pour annoncer des journaux » ne renferme pas les éléments de la contravention prévue par cette loi, les sons de trompe ne constituant pas par eux-mêmes, au sens légal du mot, l'annonce du journal[1].

De même ne constitue pas la contravention réprimée par la loi du 19 mars 1889, le fait par un libraire d'accrocher à l'extérieur de la devanture de son magasin une planchette, recouverte de papier blanc, sur laquelle sont écrits en gros caractères les titres des principaux articles du journal[2].

Ne peut être gérant d'un journal, comme étant privé de ses droits civiques par une condamnation judiciaire, le failli non réhabilité[3].

---

[1] Cass. crim., 17 mai 1889, *Pal.*, 1890, p. 190.

Cass. crim., 6 juillet 1889, *Pal.*, 1890, p. 191.

Cass. crim., 17 décembre 1886 et Cass. Ch. réun., 22 juin 1887,

**PRESTATIONS POUR LES CHEMINS VICINAUX. —
Jurisprudence.** — Le receveur des contributions, régulièrement, dans les délais légaux, prévenu par un contribuable de son intention d'acquitter la prestation mise à
sa charge par le conseil de préfecture, en nature — conformément à l'option qui lui est laissée par la loi du 21 mai
1836 sur les chemins vicinaux (art. 1) entre le paiement
en argent et le paiement en nature — commet une faute
engageant sa responsabilité personnelle en exigeant de ce
contribuable un paiement en argent, et en dirigeant,
malgré son opposition, contre lui des poursuites rigou-
reuses[1].

PROCÉDURE ADMINISTRATIVE. — Droit comparé.
— *Prusse*. — Loi du 27 avril 1885 complétant l'article 7
de la loi du 30 juillet 1883 sur l'administration générale[2].

— Loi du 27 mai 1888 modifiant la législation concernant la procédure administrative[3].

Brésil. — Loi du 27 juin 1885 sur les délais d'appel
en matière administrative[4].

Costa-Rica. — Loi du 27 décembre 1887 portant application de la procédure civile au jugement du contentieux
administratif.

Grèce. — Loi du 24 décembre 1887 réglant la procédure en matière de travaux publics ou communaux.

J. *du Pal.*, 1887, p. 429 et 811. Rapport de M. le conseiller Poux-
Franklin et conclusions de M. l'avocat général Pétiton. *Contrà*, Paris,
12 juin 1886 et Caen, 24 mars 1887, J. *du Pal.*, 1887, p. 429 et 811.

[1] Cass. req., 19 mai 1886.

[2] *Ann. de législ. étr.*, année 1885, p. 129.

[3] *Ann. de législ. étr.*, année 1888, p. 342.

[4] *Ann. de législ. étr.*, année 1885, p. 714.

PROCÉDURE (*Conseil d'État*). — **Jurisprudence.** — Le pourvoi formé, par le ministre des Travaux publics, contre un arrêté du conseil de préfecture rendu entre l'État et un entrepreneur de travaux publics, plus de trois mois après la notification régulièrement faite de l'arrêté attaqué par le préfet à l'entrepreneur, est irrecevable comme tardif[1].

Est non recevable la requête en révision présentée au Conseil d'État, sans ministère d'avocat, même dans les matières dans lesquelles des dispositions spéciales ont dispensé les parties du ministère d'avocat pour les recours ordinaires formés devant le Conseil[2].

Le Conseil d'État est le juge ordinaire du contentieux administratif; en conséquence il est compétent, à l'exclusion des ministres, pour connaître des litiges du ressort de la juridiction administrative sans attribution d'un tribunal spécial[3].

Le pourvoi formé par un étranger domicilié en Angleterre, plus de quatre mois, à partir de la notification de la décision attaquée à son représentant en France et avant l'enregistrement de la requête, est irrecevable comme tardif[4].

Droit comparé. — *Prusse.* — Loi du 8 mai 1889 sur la procédure disciplinaire devant le tribunal administratif supérieur[5].

---

[1] Cons. d'Ét. cont., 15 mars 1889. Voir dans la *Revue générale d'administration*, année 1889, 3, 173, les conclusions du commissaire du gouvernement.

[2] Cons. d'Ét. cont., 12 avril 1889.

[3] Cons. d'Ét. cont., 13 décembre 1889.

[4] Cons. d'Ét. cont., 16 janvier 1891.

[5] *Ann. de législ. étr.*, année 1889, p. 254.

Alsace-Lorraine. — Ordonnance du **23** mars **1889** sur la procédure à suivre devant le conseil impérial [1].

PROCÉDURE (*Conseils de préfecture.*) — **Législation.** — Aux termes de l'article **14** de la loi du **21** juin **1865**, relative aux conseils de préfecture, un règlement d'administration publique devait « déterminer provisoire-
« ment : 1° les délais et les formes dans lesquels les arrê-
« tés contradictoires ou non contradictoires des conseils de
« préfecture pourront être attaqués; 2° les règles de la
« procédure à suivre devant les conseils de préfecture,
« notamment pour les enquêtes, les expertises et les visites
« de lieux; 3° ce qui concerne les dépens. Il devait être
« statué par une loi dans un délai de cinq ans. » Le règle-
ment annoncé n'a jamais été fait. Mais, en exécution de la disposition qui précède, un projet de loi a été délibéré par le Conseil d'État et soumis au Sénat le **10** juin **1870** [2], qui n'a pu être discuté en raison des événements politiques. Cette proposition a été reprise par voie d'initiative parlementaire devant le Sénat et reproduite presque litté-
ralement pour aboutir à la loi du **22** juillet **1889** sur la procédure à suivre devant les conseils de préfecture.

La loi du **12** juillet **1889** ne forme pas un code complet de procédure administrative pour les conseils de préfecture. Les principes généraux, en cette matière, décou-
lent du Code de procédure civile. Elle a uniquement pour objet les mesures spéciales à ces tribunaux en raison de la nature particulière des affaires qui sont de leur compé-

---

[1] *Ann. de législ. étr.*, année 1889, p. 288.

[2] Voir exposé des motifs de MM. Chevandier de Valdrome, ministre de l'intérieur, et Aucoc, conseiller d'État (*J. off.*, 16 juin 1870) et le texte du projet de loi (*J. off.* du 11 juin 1870).

tence; et pour but de préciser les règles que la pratique et la jurisprudence du Conseil d'État avaient admises. Elle détermine successivement en six titres, l'introduction des instances et les mesures générales d'instruction, les différents moyens d'instruction; elle règle les incidents, le jugement, les voies de réformation, les dépens.

Introduction de la demande et mesures générales d'instruction. — La demande est introduite devant le conseil de préfecture, en matière contentieuse ordinaire, par une requête adressée directement au conseil de préfecture, déposée au greffe du conseil où elle est inscrite sur un registre d'ordre, frappée d'un timbre à l'arrivée et où il en est donné récépissé. La requête qui doit être établie sur timbre, à peine de nullité (loi du 13 brumaire an VII, art. 12), doit contenir les noms, profession et domicile du demandeur, les noms et demeure du défendeur, l'objet de la demande et l'indication des pièces sur lesquelles se fonde la demande; les documents doivent être annexés. A la requête introductive d'instance, qu'elle émane d'un particulier ou de l'administration, doivent être jointes autant de copies, certifiées conformes par le demandeur, qu'il y a de parties en cause ayant un intérêt distinct. A défaut de la production de ces copies de la demande en nombre suffisant, le demandeur est averti par le secrétaire-greffier du conseil de préfecture que, si la production n'en est pas faite dans le délai de quinze jours à partir de l'avertissement, la requête sera déclarée non avenue par le conseil de préfecture. La loi laisse aux parties le choix entre ce mode d'assignation et la signification de la demande par exploit d'huissier. Dans ce dernier cas l'original de la signification est déposé, sans copie, au greffe du conseil de préfecture, dans un délai de quinze jours à dater de la signification, sous peine de péremption de l'exploit. Toutefois, l'introduction de la demande par exploit judiciaire n'étant pas obligatoire, les frais de la notification ne peuvent entrer en taxe (art. 1, 2, 3, 4).

Le dépôt au greffe effectué, le conseil de préfecture organise les communications entre les parties. Immédiatement après l'enregistrement de la requête, le président du conseil de préfecture désigne un rapporteur auquel le dossier est remis dans les vingt-quatre heures. Dans la huitaine qui suit la transmission, le conseil de préfecture règle, en chambre du conseil, après avis du rapporteur, la notification de la requête au défendeur. Il détermine en même temps, eu égard aux circonstances de l'affaire, le délai dans lequel ce dernier sera tenu de produire sa défense. Il désigne enfin, suivant les cas, l'agent qui sera chargé, en la forme administrative, de la notification de la requête introductive d'instance, et de l'arrêté du conseil. Récépissé est donné par le défendeur de cette notification ; à défaut de récépissé, procès-verbal est dressé par l'agent désigné et déposé au greffe (art. 5, 6, 7).

Les mémoires en défense sont soumis, pour leur dépôt et leur communication au demandeur, aux mêmes formes que la requête introductive. Il en est de même pour la réplique du demandeur, en suite de la communication du mémoire en défense (art. 9).

Les parties peuvent comparaître devant le conseil de préfecture en personne ou par mandataire. Le ministère d'aucun intermédiaire ne leur est imposé légalement ni pour la postulation, ni pour la plaidoirie. Elles peuvent avoir recours au mandataire de leur choix ; à cet égard, toute liberté leur est laissée ; toutefois, l'individu privé du droit de témoigner en justice ne peut être admis comme mandataire. Les avocats et les avoués n'exercent donc devant le conseil de préfecture aucun monopole ; ils jouissent cependant d'un double privilège. Le mandataire ordinaire est tenu de justifier de son mandat soit par un acte authentique, soit par un acte privé, enregistré et légalisé par le maire ; les avocats et les avoués exerçant leurs fonctions dans le département sont dispensés de toute justification de cette nature. En outre, les parties et leurs mandataires ne peuvent prendre connaissance des pièces de l'instance qu'au greffe et sans déplacement ; les avocats et les avoués peuvent obtenir du président du conseil de préfecture l'autorisation de déplacer les pièces durant un délai déterminé (art. 8).

Telle est la procédure en matière ordinaire ; des règles spéciales sont établies par la loi en matière de contraventions de la compétence du conseil de préfecture, et pour les réclamations en matière électorale ainsi qu'en matière de contributions directes.

Les contraventions de la compétence du conseil de préfecture sont de deux sortes : 1° celles pour lesquelles aucune forme de procéder n'est édictée ; 2° celles dont la répression doit être poursuivie suivant des formes prévues par les lois spéciales : ainsi les contraventions à la police du roulage et les contraventions en matière de servitudes militaires (art. 10).

Pour cette dernière classe, les règles établies par les lois spéciales sont réservées ; ainsi le titre 3 de la loi du 30 mai 1851 sur la police du roulage et le titre 7 du décret du 10 août 1853, continueront à recevoir leur application.

Pour la première classe, les règles de procédure sont tracées par la loi de 1889. C'est au préfet, chargé d'exercer l'action publique, qu'est adressé le procès-verbal constatant la contravention. Dans les dix jours qui suivent la rédaction de ce procès-verbal et son affirmation, quand elle est exigée, le préfet fait faire, en la forme administrative, notification au contrevenant de la copie du procès-verbal et de son affirmation avec citation à comparaître, dans le délai d'un mois, devant le conseil de préfecture. La citation doit indiquer à l'inculpé qu'il est tenu, s'il veut fournir des défenses écrites, de les déposer dans le délai de quinze jours à dater de la notification et l'inviter à faire connaître, en même temps, s'il entend user du droit de présenter des observations orales. Le conseil de préfecture ordonne la communication du mémoire en défense de l'inculpé à l'administration compétente, et la communication à l'inculpé de la réponse de l'administration (art. 10).

En matière électorale et en matière de recouvrement des contributions directes, les réclamations portées devant le conseil de préfecture restent soumises à la législation particulière qui les concerne (Loi du 5 avril 1884, art. 37; loi du 21 avril 1832).

Quant aux contestations relatives aux taxes assimilées aux contributions directes, qui sont perçues au profit soit de l'État, soit des communes, soit même des associations syndicales, elles sont divisées, au point de vue de la procédure à suivre devant le conseil de préfecture, en deux catégories : 1° celle qui comprend les taxes qui sont assimilées aux contributions directes non seulement pour le recouvrement qui s'opère dans les mêmes formes, mais aussi pour leur assiette qui est confiée aux mêmes agents : ainsi les prestations en nature pour les chemins vicinaux et la taxe des chiens; 2° celle qui comprend les taxes qui sont perçues de la même manière que les contributions directes, mais dont l'assiette est remise non plus aux agents de l'administration des contributions directes, comme pour celles de la classe précédente, mais à des agents spéciaux tels que les ingénieurs des ponts et chaussées, par exemple les frais de curage de certains cours d'eau.

Les réclamations auxquelles la première catégorie donne lieu continuent à être introduites et instruites comme les réclamations en matière de contributions directes. Pour la seconde catégorie, au contraire, les réclamations sont assujetties aux formes de la procédure ordinaire tracées par la loi de 1889 (art. 11).

Le rapporteur a la mission de surveiller la procédure. Lorsque l'affaire est en état d'être jugée, il prépare un rapport qui est transmis, avec le dossier, au commissaire du gouvernement. Le rapporteur ne doit plus, comme sous l'empire du décret du 12 juillet 1865 (art. 9), préparer, en même temps que son rapport, un projet de décision; on a voulu que son opinion pût être modifiée à l'audience, après les débats, et qu'il reste libre de se décider, sans avoir à l'avance un parti pris qui, sans être irrévocable, engage toujours dans une certaine mesure[1]. Il en est de même lorsqu'il y a lieu d'ordonner, préalablement à la décision, une mesure d'instruction.

Des différents moyens de vérification. — Les moyens de vérification auxquels les conseils de préfecture peuvent avoir recours sont : 1° l'expertise, 2° les visites de lieux, 3° les enquêtes et les interrogatoires, 4° les vérifications d'écriture et les inscriptions de faux.

Des expertises. — L'expertise peut être ordonnée soit à

---

[1] Rapport au Sénat, *Journal officiel, Doc. parlem.* de mai 1889, p. 1.

la demande des parties soit d'office. Facultative, en principe, pour le conseil, elle est obligatoire, si les parties la requièrent, en matière de dommages causés par les travaux publics (loi du 16 septembre 1807, art. 56) et en matière de subventions spéciales pour dégradations extraordinaires aux chemins vicinaux (loi du 21 mai 1836, art. 14 et 17)[1]. Toutefois, même dans le cas où l'expertise est obligatoire, le conseil de préfecture n'est pas tenu de l'ordonner si la demande doit être rejetée par une fin de non-recevoir, indépendante de toute vérification ou si les faits allégués, en les supposant établis, ne sont pas de nature à justifier la réclamation.

L'expertise est faite, en règle générale, par trois experts; le conseil de préfecture en désigne un; les deux autres sont nommés par les parties, à raison d'un expert pour chaque partie ou chaque groupe de parties ayant un même intérêt Les parties peuvent toutefois consentir à ce que l'expertise soit opérée par un seul expert; en ce cas, l'expert unique est désigné par le conseil de préfecture à moins que les parties ne tombent d'accord pour le nommer.

La loi du 16 septembre 1807 et la loi du 21 mai 1836 prescrivaient, en matière de dommages résultant de l'exécution des travaux publics, et en matière de dommages causés par les travaux de voirie vicinale, après l'expertise, une tierce expertise faite, dans le premier cas, de droit par l'ingénieur en chef du département, dans le second cas, par un expert désigné par le préfet. Cette seconde opération est supprimée par la loi du 22

---

[1] La matière des contributions directes et des taxes assimilées reste, pour l'expertise comme pour l'instruction, soumise à la législation spéciale.

juillet 1889[1]. Elle avait pour conséquence de retarder la solution des instances, d'en augmenter les frais et surtout de donner injustement, dans l'expertise, en quelque sorte deux représentants à l'administration alors que le demandeur n'était défendu que par son expert.

L'article 17 de la loi de 1889 rend incapables d'être désignés comme experts, soit que la nomination ait lieu d'office, soit qu'elle résulte du choix des parties, les fonctionnaires qui ont exprimé une opinion dans l'affaire litigieuse et ceux qui ont pris part aux travaux qui donnent lieu à la réclamation. De plus, aux experts nommés d'office par le conseil de préfecture, s'appliquent les règles tracées par le Code de procédure civile pour les causes et les formes de la récusation; cependant, par dérogation spéciale, la récusation doit être proposée, en notre matière, dans les huit jours qui suivent la notification de l'arrêté qui a nommé l'expert et doit être jugé d'urgence (art. 18).

Les experts prêtent serment devant l'autorité désignée par l'arrêté de nomination, à moins qu'ils n'en soient dispensés du consentement de toutes les parties. Celles-ci doivent être averties, par lettre recommandée, quatre jours au moins à l'avance, de la date de l'expertise et ont le droit de faire consigner au rapport les observations qu'elles croiront utiles de présenter au cours des opérations. Un seul rapport doit être rédigé par les experts, après qu'il a été procédé en commun à la visite des lieux; mais, par dérogation aux prescriptions de l'article 318 du Code de procédure civile et suivant une pratique constante

---

[1] Rapport au Sénat, *Journal officiel, Doc. parlem.* de mai 1889, p. 1.

devant la juridiction administrative, le rapport, au cas
où ils sont d'avis différents, doit contenir l'avis personnel
à chacun d'eux et les motifs à l'appui. S'il ne contient pas
des éclaircissements suffisants, le conseil de préfecture
peut ou ordonner un supplément d'instruction ou bien la
comparution des experts devant lui. Le conseil de préfecture fixe le délai dans lequel le rapport doit être déposé, en outre, il peut prononcer une condamnation
contre l'expert qui ne remplit pas sa mission, après l'a-
voir acceptée, ou celui qui est en retard de l'accomplir, à
tous les frais frustratoires et même à des dommages-intérêts (art. 16, 18, 19, 20, 22).

Suivant le principe général, le rapport de l'expert ne
constitue qu'un avis et, en aucun cas, ne lie le conseil de
préfecture. Il doit être déposé au greffe du conseil de préfecture où les parties, informées par un avertissement
dans la forme administrative, peuvent en prendre communication et échanger leurs observations dans un délai
de quinzaine, à partir de l'avis, sauf prorogation de délai
facultative (art. 21, 22).

Au rapport doit être joint un état des vacations, frais
et honoraires dûs aux experts. La liquidation et la taxe
de l'état sont faites par arrêté du président du conseil de
préfecture, même en matière de contributions et de taxes
assimilées; l'arrêté du président peut être contesté, par
les experts comme par les parties, devant le conseil de
préfecture, statuant en chambre du conseil. Un délai de
trois jours, à partir de la notification de l'arrêté, est accordé pour ce recours.

L'article 24 de la loi de 1889 a eu pour objet de régu-
lariser, en principe, une pratique que la jurisprudence
du Conseil d'État avait reconnue régulière, et qu'on avait

qualifiée, improprement peut-être, du nom de référé administratif. Il donne au président du conseil de préfecture.
le droit de désigner, à titre simplement conservatoire, un
expert pour constater des faits, qu'il y a urgence à reconnaître et qui seraient de nature à motiver ultérieurement une instance devant le conseil de préfecture. Il y a
là un simple constat, non une expertise réelle. D'après les
travaux préparatoires, la vérification doit être faite, sans
qu'il y ait lieu d'apprécier les droits respectifs des parties,
la recevabilité et le mérite de leurs prétentions : ces questions appartenant au fond du litige qui doit rester intact.
La nomination de l'expert n'est pas contradictoire. La mesure, en effet, ayant pour but de permettre la constatation
immédiate de faits qui, appelés à disparaître, échappe-
raient à toute constatation postérieure, on conçoit que les
délais, nécessités par l'appel de la partie adverse, enlève-
raient à la mesure sollicitée toute son utilité. Mais, une
garantie s'imposait dans l'intérêt du défendeur éventuel ;
aussi, avis lui sera donné de la nomination de l'expert
et il pourra tout à la fois assister à l'expertise et présenter ses observations à l'expert.

Des visites de lieux. — Le conseil de préfecture peut
ordonner, d'office ou à la demande des parties, la visite
des lieux litigieux. Tantôt elle est faite par le conseil en
entier, tantôt par une délégation d'un ou de plusieurs de
ses membres. Le conseil de préfecture procède aux cons-
tatations et aux vérifications déterminées par son arrêté ;
il entend, s'il le juge utile, les personnes indiquées pour
fournir tous renseignements nécessaires. De même, il peut
faire procéder, en sa présence, aux opérations qui pourraient être utiles à l'instruction de l'affaire. Les parties
en cause sont averties, par un avis dans la forme admi-

nistrative, de la date de la visite; elles ont le droit d'y assister et de présenter leurs observations. Procès-verbal de la visite est dressé (art. 25).

Des enquêtes. — Indépendamment des mesures d'instruction qui précèdent, le conseil de préfecture peut, même d'office, ordonner une enquête sur les faits dont la constatation serait utile pour préparer la solution de l'instance. L'arrêté du conseil indique : 1° les faits sur lesquels l'enquête doit porter; 2° la date à laquelle elle devra avoir lieu; 3° le mode suivant lequel il y sera procédé. En effet, l'enquête peut avoir lieu soit devant le conseil, en audience publique, soit devant un conseiller commissaire qui se transportera sur les lieux. Lorsque l'enquête a lieu en audience publique, le secrétaire-greffier dresse procès-verbal de l'audition des témoins; lorsqu'elle a lieu sur place, par un conseiller délégué, le procès-verbal est dressé par un commissaire enquêteur et les dépositions des témoins entendus sont reçues sous serment et signées par eux. Le demandeur et le défendeur, car la contr'enquête est admise comme en matière civile, sont avertis, par un avis du secrétaire-greffier dans la forme administrative, de la date de l'enquête et invités à produire leurs témoins. Il est dans le vœu de la loi que les témoins comparaissent sans être cités; néanmoins, pour assurer leur comparution, les parties peuvent leur donner citation, par exploit d'huissier; mais, en ce cas, les frais de la citation n'entrent point en taxe et restent à leur charge (art. 26 à 34).

En matière d'opérations électorales de la compétence du conseil de préfecture, c'est-à-dire pour les élections non seulement des conseillers municipaux, mais encore des maires et adjoints, des conseillers d'arrondissement et des délégués sénatoriaux, l'enquête est soumise à trois particularités : 1° les témoins ne peuvent requérir taxe, à la différence de ce qui est prescrit pour les enquêtes ordinaires. Il s'agite, en effet, dans ce cas, une question en quelque sorte d'ordre public et il convient que la perspective de frais importants n'entrave pas les réclamations ; 2° l'avis du secrétaire-greffier de l'arrêté ordonnant l'enquête, en fixant en même temps la date et celui indiquant aux parties le dépôt au greffe du procès-verbal d'enquête sont donnés, non plus en la forme administrative, mais par lettre recommandée exempte de toute taxe postale. 3° Il doit être, conformément à l'article 38 de la loi du 5 avril 1884, statué par le conseil de préfecture dans le délai d'un mois à partir de la notification de l'arrêté prescrivant l'enquête (art. 34, 35, 44, 83, 84, 85).

De l'interrogatoire. — Cette mesure d'instruction de la loi de 1889 ne correspond pas, comme on serait tenté de croire, à l'interrogatoire sur faits et articles du Code de procédure civile (art. 324 et s.). Plus exactement, elle serait assimilée à la comparution personnelle des parties. La comparution peut être ordonnée soit à la demande des parties soit d'office ; elle a lieu, facultativement pour le conseil, soit en audience publique soit en chambre du conseil (art. 36).

Qu'arriverait-il si la partie ne déférait pas à l'ordre du conseil de préfecture? Sur ce point, le texte est muet. Dans cette hypothèse, l'article 330 du Code de procédure civile dispose que si la partie ne comparaît pas ou refuse de répondre après avoir comparu, les faits pourront être tenus pour avérés. Il est difficile d'admettre que telle sera la sanction de la non comparution, devant le conseil de préfecture, ou du refus de répondre. En outre du défaut de texte à cet égard, la loi de 1889 ne prescrit point, comme l'article 329, que la requête contenant les faits sur lesquels la partie sera interrogée, lui devra être signifiée; dès lors son silence ne pourra pas légitimement être considéré comme un aveu. Il semble résulter de là que le conseil de préfecture devra avoir recours à d'autres moyens de preuve, ou statuer, abstraction faite de l'arrêté ordonnant la comparution.

Il convient de remarquer ici que la loi de 1889 ne contient aucune disposition relativement au serment décisoire. Les travaux préparatoires indiquent que des motifs d'ordre public s'opposent à ce qu'un tel serment soit déféré devant la juridiction administrative. Fréquemment, en effet, le débat s'y engage entre des particuliers et des agents de l'administration, qui ne peuvent ni prêter ni déférer le serment, sans inconvénient grave[1].

De la vérification d'écritures et de l'inscription de faux. — Pour ce mode d'instruction, la procédure est identique à celle qui est suivie devant le Conseil d'État (art. 13 et 20 du décret du 22 juillet 1806).

La vérification d'écritures prescrite par le conseil de préfecture doit être faite, devant un conseiller délégué, par un ou plusieurs experts désignés d'office par le conseil.

Lorsque s'élève, au cours d'une instance, une demande en inscription de faux contre une pièce produite, le conseil de préfecture fixe le délai dans lequel la partie qui l'a produite sera tenue de déclarer si elle entend s'en servir. La partie ne fait-elle pas de déclaration ou déclare-t-elle renoncer à arguer de la pièce? la pièce sera

---

[1] Rapport au Sénat, *Journ. off.*, *Doc. parlem.* de mai 1889, p. 1.

rejetée. Déclare-t-elle, au contraire, qu'elle entend s'en servir, le conseil de préfecture a le choix entre deux partis : ou surseoir à statuer sur l'instance principale jusqu'après le jugement du faux par le tribunal compétent, ou, s'il reconnaît que la décision ne dépend pas de la pièce arguée de faux, statuer au fond sans s'arrêter à l'inscription de faux (art. 37, 38).

Des incidents. — Toutes les demandes incidentes, et par là il faut entendre celles qui modifient la demande principale ou tout au moins le fond du procès, se forment et s'instruisent d'après les mêmes règles que celles qui ont été établies et qui viennent d'être analysées pour les demandes principales (art. 39).

La loi s'occupe principalement des demandes en intervention, de la récusation des juges, du désistement (art. 40 à 43).

Le droit d'intervenir dans les instances engagées devant le conseil de préfecture est expressément réservé à ceux qui ont intérêt à la décision du litige.

Les demandes en récusation, devant le conseil de préfecture, sont soumises aux règles, essentielles sur la matière, du Code de procédure civile (378 à 389). Quelques différences cependant sont à signaler : 1° le Code de procédure civile admet la récusation au cas où le juge est administrateur de quelque établissement, société ou direction, partie dans la cause (art. 378-7°). Jusqu'à la loi de 1889, la jurisprudence du Conseil d'État[1] refusait de faire l'application de cette disposition au préfet dans les instances intéressant le département. Depuis cette loi, aucun doute n'est plus possible par suite du renvoi formel qui

---

[1] Avis du Conseil d'État du 3 février 1859.

est fait au Code de procédure. Le préfet peut être récusé dans l'espèce; il en est de même des conseillers généraux appelés à suppléer un conseiller de préfecture empêché de siéger. Il en est de même encore des conseillers généraux qui seraient en même temps conseillers municipaux au cas où la commune qu'ils représentent est partie au procès. Par suite du renvoi aux règles de la procédure civile (art. 378-8°) le conseiller de préfecture qui, d'une façon quelconque, aurait manifesté officiellement son opinion sur la contestation, pourrait être récusé; 2° aux termes de l'article 382 du Code de procédure civile, la demande en récusation doit être formée, pour les affaires ordinaires, avant le commencement de la plaidoirie et, si l'affaire est en rapport, avant que l'instruction soit achevée. Devant les conseils de préfecture, la récusation n'est plus possible après l'expiration des délais accordés dans chaque affaire pour la production des défenses et des répliques puisque, devant ces tribunaux, l'instruction est toujours et nécessairement écrite.

Comme en matière civile, la récusation est proposée par un écrit déposé au greffe, signé par la partie ou son mandataire par procuration authentique et spéciale, et contenant le moyen sur lequel elle se fonde. La demande est suivie d'un arrêté du conseil, après un rapport du président et les conclusions du commissaire du gouvernement, qui statue sur l'admissibilité de la demande et en ordonne la communication au conseiller récusé pour fournir des explications dans un délai déterminé. L'arrêté désigne en même temps un rapporteur et fixe un délai dans lequel le rapport doit être fait, après la déclaration faite au greffe par le juge visé, au conseil qui statue définitivement sur l'admission ou le rejet de la demande, sans que la partie adverse ait le droit d'intervenir dans ce débat. A partir de l'arrêté admettant la demande, l'instruction sur le fond de l'affaire est suspendue; toutefois le conseil, en cas d'urgence, et pour ne pas retarder la solution du litige, a la faculté de désigner un autre juge.

Les dispositions du Code de procédure relatives à l'appel des jugements en matière de récusation (390 à 396) ont été écartées de la procédure à suivre devant les conseils de préfecture. Il a été déclaré dans les travaux préparatoires[1] qu'en cette hypothèse il sera statué, s'il y a lieu, par le Conseil d'État, quand il sera formé un recours contre la décision rendue sur le fond par le conseil de préfecture.

Le désistement peut être fait et accepté par actes signés des parties ou de leurs mandataires et déposés au greffe au lieu d'être, comme en matière civile (art. 402 du C. de pr.), notifiés par acte d'avoué à avoué. Le désistement d'instance, qui est une véritable convention, doit être accepté par le défendeur; d'où la conséquence qu'il doit lui en être donné connaissance dans la forme prescrite pour l'instruction des demandes incidentes. Si le défendeur accepte le désistement, l'incident est vidé et les frais du procès sont à la charge de la partie qui se désiste. S'il est refusé, le procès continue au fond, le conseil saisi ayant tel égard que de droit au désistement du demandeur.

Aucune prescription n'est expressément formulée par la loi relativement aux diverses exceptions (caution *judicatum solvi*, déclinatoire d'incompétence, nullités, exceptions dilatoires) au renvoi à un autre tribunal pour parenté ou alliance, aux interruptions et aux reprises d'instance,

---

[1] Voir le rapport au Sénat.

à la péremption. Sur tous ces points, il faudra recourir, ce semble, aux règles générales du Code de procédure civile et en faire l'application avec les modifications pourtant qui résultent du caractère administratif de la contestation. « Le projet, était-il dit dans l'exposé des motifs de 1870 « qui a servi de base à la discussion de la loi de 1889, le « projet a été restreint dans les limites de ce qui était né-« cessaire pour assurer la marche régulière des affaires « devant les conseils de préfecture. Il n'eût pas été utile « de faire un Code de procédure complet posant les prin-« cipes généraux, prévoyant et réglant tous les détails; « le Code de procédure civile y a pourvu, et les conseils « de préfecture comme les justiciables n'auront qu'à s'y « référer. »

Du jugement. — Le rôle des séances du conseil de préfecture est arrêté par le président, après avis du rapporteur, communiqué au commissaire du gouvernement et affiché à la porte de la salle d'audience (art. 43). Toutes les parties doivent être averties du jour de l'audience par un avis adressé, quatre jours au moins avant l'audience, directement à la partie ou, si elle est représentée par un mandataire domicilié dans le département, à la personne du mandataire ou du défenseur désigné (avocat ou avoué). Dans les matières ordinaires, cette notification est faite administrativement par un agent désigné par le conseil de préfecture; elle doit être faite, que la partie ait ou non déclaré au greffe son intention de présenter des observations orales. Au contraire, en matière de contributions directes ou de taxes assimilées, d'élections et de contraventions, elle n'est obligatoire que pour les parties ayant déclaré, antérieurement à la fixation du rôle, qu'elles entendent user du droit de présenter des observations orales, et, dans ces hypothèses, elle peut être donnée par lettre recommandée, exempte de toute taxe postale (art. 44).

En principe, les débats ont lieu en séance publique ; cette règle, résultant du décret du 30 décembre 1862 et de la loi du 21 juin 1865, n'a pas été modifiée par la législation nouvelle. Toutefois, d'après cette dernière loi, les jugements des comptes des revenus des communes et des établissements de bienfaisance sont rendus en audience non publique.

A l'audience publique, il est donné lecture du rapport par le conseiller rapporteur, la parole est donnée aux parties ou à leur mandataire pour soutenir leurs conclusions écrites. Les débats terminés, le commissaire du gouvernement donne ses conclusions. Il est à noter qu'il doit donner ses conclusions dans toutes les affaires, sans exception, soumises à l'examen du conseil de préfecture. Si une partie, dans ses conclusions orales, présente des conclusions nouvelles ou un moyen nouveau, le conseil de préfecture, dans l'intérêt de la défense, doit prescrire un supplément d'instruction ; si, cependant, il se juge suffisamment éclairé pour repousser immédiatement les conclusions nouvelles ou les moyens nouveaux, il a la faculté de statuer sur-le-champ (art. 45, 46).

Pour la police des audiences, les règles tracées par le Code de procédure civile sont applicables aux conseils de préfecture. L'article 85 du Code de procédure permet au juge d'interdire aux parties le droit de se défendre elles-mêmes, s'il reconnaît que la passion ou l'inexpérience les empêche de discuter leurs causes avec convenance et clarté. Le conseil de préfecture a le même droit avec extension à l'encontre des défenseurs des parties autres que les avocats et les avoués. Les articles 88 et suivants du Code de procédure, relatifs aux délits qui pourraient être commis aux audiences par les spectateurs, reçoivent également leur application devant les conseils de préfecture. En outre, les conseils de préfecture comme les tribunaux ordinaires ont le droit de prononcer, même d'office, suivant la gravité des circonstances, des injonctions, de supprimer des écrits, de les déclarer calomnieux et d'ordonner l'impression et l'affiche des jugements (1036, C. proc.). Si la partie offensée réclame de plus des dommages-intérêts, la demande peut être l'objet de réserves, tant pour l'action publique que pour l'action civile, pour être ultérieurement suivie devant la juridiction compétente (art. 41 de la loi du 29 juillet 1881 sur la presse). Enfin, le conseil de préfecture peut faire des injonctions aux avocats ou aux avoués pour le maintien du bon ordre de l'audience, mais s'il estime qu'il y a lieu de recourir à l'action disciplinaire, il n'a que le droit de la provoquer par des réserves et la constatation des faits qui pourraient la motiver (art. 50).

Les arrêtés des conseils de préfecture sont, en toute matière, rendus par trois conseillers au moins, président compris, ou par des conseillers délibérant toujours, pour éviter les partages, en nombre impair. La délibération a lieu hors la présence des parties et la décision est prononcée en séance publique. Les arrêtés doivent, à peine de nullité : 1° constater qu'il a été statué en audience publique; 2° contenir les noms et conclusions des parties, le visa des pièces et des dispositions législatives appliquées. Lorsque le conseil de préfecture statue en matière répressive, l'arrêté doit rapporter textuellement comme pour les juridictions pénales, les dispositions légales dont il est fait application; 3° mentionner l'audition des parties et du commissaire du gouvernement ; 4° indiquer les motifs de la décision ; 5° indiquer les noms dés membres qui ont concouru à la décision ; 6° la minute de la décision doit être signée par le président, le rapporteur et le secrétaire-greffier dans un délai de vingt-quatre heures. La minute et les pièces de l'instruction sont remises à la garde du secrétaire-greffier (art. 48, 49).

Ce n'est plus le secrétaire général de la préfecture qui a qualité pour délivrer les expéditions des arrêtés, mais le secrétaire-greffier du conseil de préfecture à qui la loi confie la minute de ses décisions [1].

La notification des arrêtés des conseils de préfecture est faite au domicile réel des parties et non au domicile élu ou au domicile du mandataire. En principe, elle doit être faite par exploit d'huissier, sans qu'il y ait lieu de distinguer si le litige était pendant entre deux particuliers ou un particulier et une personne morale comme le département, la commune ou un établissement public ; mais, elle doit être faite par voie administrative, par les soins du préfet, lorsque l'instance aura été engagée par l'État ou contre l'État, ou lorsque le conseil de préfecture aura statué en matière répressive. En matière de contributions

---

[1] Le décret du 8 janvier 1890 fixant les allocations pour la procédure à suivre devant les conseils de préfecture ne tarife pas les expéditions à délivrer par le secrétaire-greffier. Il faut donc se reporter à l'article 37 de la loi du 7 messidor an VII, fixant les droits d'expédition des pièces conservées dans les dépôts publics, étendu par avis du Conseil d'État du 18 août 1807 aux expéditions des décisions des autorités administratives de préfecture, sous-préfecture et des municipalités. En outre, les expéditions doivent être sur timbre (art. 63 de la loi du 28 février 1816). Une instruction ministérielle du 31 juillet 1890 porte que le produit de cette rétribution est perçu par le secrétaire-greffier et versé dans les caisses du département.

directes, de taxes assimilées ainsi qu'en matière électorale, la notification a lieu, suivant la pratique antérieure, soit par simple lettre d'avis pour les premières [1], soit par simple copie adressée par le préfet à l'intéressé pour la seconde catégorie de contestations (art. 51).

Bien que les arrêtés des conseils de préfecture ne soient pas revêtus de la même formule que les jugements des tribunaux civils, ils sont exécutoires par eux-mêmes et ils emportent hypothèque (art. 49). Il est de règle certaine que le recours au Conseil d'État n'en suspend pas l'exécution; cependant, les conseils de préfecture peuvent en subordonner l'exécution à charge de donner caution ou de justifier de solvabilité suffisante (art. 24 de la loi du 24 mai 1872).

Des voies de recours. — Les arrêtés contentieux des conseils de préfecture peuvent être attaqués par la voie de l'opposition, pour les arrêtés rendus par défaut, de la tierce opposition, par la voie du pourvoi devant le Conseil d'État qui est à la fois recours d'appel et recours en cassation. La voie extraordinaire de la requête civile n'a pas d'application en cette matière; la requête civile, en effet, n'est admise que contre les décisions rendues en dernier ressort et les arrêtés des conseils de préfecture ne présentent jamais ce caractère.

De l'opposition. — Les arrêtés rendus par un conseil de préfecture sur les requêtes et mémoires en défense des parties sont seuls considérés comme contradictoires alors même qu'elles n'auraient pas directement ou indirectement par mandataire présenté d'observations orales à l'audience.

---

[1] Circulaire du directeur général des contributions directes du 1er février 1890.

C'est là une conséquence du principe que l'instruction est écrite (art. 53, § 1). Les arrêtés rendus, en dehors de ces conditions, sont considérés comme rendus par défaut; même de simples observations orales, non accompagnées de conclusions écrites, ne suffisent pas pour rendre l'arrêté contradictoire[1]. Toutefois, par exception, si, après une expertise, les parties n'ont pas été appelées à prendre connaissance du rapport des experts, elles peuvent encore former opposition (art. 53, § 2). Le législateur a considéré que l'expertise exerçant ordinairement une grande influence sur la décision, il était nécessaire de réserver le droit de la discuter devant le conseil, même aux parties qui n'ont pas été mises en mesure d'en prendre connaissance au greffe.

Il n'y a pas à distinguer, comme en matière civile, les jugements par défaut faute de constitution d'avoué et les jugements par défaut faute de conclure. Devant les conseils de préfecture, en effet, les parties n'étant pas obligées d'employer d'intermédiaire, et pouvant se défendre soit elles-mêmes, soit par mandataire facultatif, il ne saurait être question de défaut faute de constitution d'avoué. Le jugement de défaut-congé ne peut pas non plus se présenter parce que le conseil est saisi de la demande par une requête et la décision sera toujours contradictoire, à l'égard du demandeur, alors même que la demande ne serait pas soutenue par des observations orales.

Le délai pour former opposition à peine de déchéance court à dater de la notification qui en est faite à la partie, à l'exclusion du mandataire, au domicile réel (art. 51 et 52). Il est d'un mois; il est franc et peut être augmenté,

---

[1] Instruction ministérielle du 31 juillet 1890.

suivant le principe général, en raison des distances (argument de l'art. 58).

Lorsque la demande est formée contre plusieurs parties dont les unes comparaissent et les autres font défaut, le conseil surseoit à statuer au fond, ordonne que le sursis sera notifié aux défaillants avec invitation à produire leur défense dans un délai déterminé. A l'expiration du délai, il est statué à l'encontre de toutes les parties, par une seule décision qui n'est susceptible d'opposition de la part d'aucune des parties (art. 54).

L'opposition se forme et il est procédé à son instruction dans les mêmes conditions que pour les demandes introductives ; elle est portée devant le conseil qui a rendu la décision, suivant la règle générale, et elle suspend l'exécution des condamnations prononcées. Toutefois le conseil de préfecture peut ordonner l'exécution provisoire de sa décision (art. 52, § 3, et 55).

De la tierce opposition. — Comme devant les tribunaux ordinaires, les tiers peuvent former tierce opposition aux décisions des conseils de préfecture qui préjudicient à leurs droits et lors desquelles ils n'ont été appelés ni par eux-mêmes ni par ceux qu'ils représentent. La tierce opposition s'introduit et s'instruit comme les demandes principales (art. 6). La loi de 1889 étant muette sur les effets de la tierce opposition, il s'ensuit qu'il importe d'appliquer les règles du Code de procédure civile sur cette matière.

Du recours au Conseil d'État (art. 57 à 62). — L'appel des décisions rendues par le conseil de préfecture est porté devant le Conseil d'État. Le recours est toujours ouvert et sans aucune distinction, en toute matière. Les conditions du recours sont fixées par la loi du 24 mai 1872 sur la réorganisation du Conseil d'État qui porte, dans son article 24, que « le décret du 22 juillet 1806, les lois « et règlements relatifs à l'instruction et au jugement des « affaires contentieuses continueront à être observés de- « vant la section et l'assemblée du Conseil d'État statuant « au contentieux. »

Le délai de l'appel contre les décisions rendues au contentieux par les conseils de préfecture est limité, en principe, à deux mois, au lieu de trois mois. Il y a là une réduction analogue à celle qui a été opérée, pour les délais d'appel devant les cours et du pourvoi devant la Cour de cassation, par les lois du 3 mai et du 2 juin 1862. Le délai est fixé à deux mois à moins qu'une loi spéciale n'ait fixé un autre délai, comme en matière électorale (loi du 5 avril 1884, art. 40). Conformément à la règle générale posée par l'article 1033 du Code de procédure, le délai est franc et ne comprend ni le jour de la signification ni celui de l'échéance; il est augmenté en raison des distances lorsque le requérant est domicilié hors la France continentale[1].

Suivant qu'il s'agit de décision contradictoire ou de décision par défaut, le point de départ du délai de recours diffère. Pour les arrêtés rendus contradictoirement, il commence à courir à compter de leur notification; la connaissance acquise par une autre voie que la signification n'équivaut pas à la signification. Exceptionnellement : 1° lorsque le conseil de préfecture statue en matière répressive le délai court, mais contre l'administration seulement, à partir de la date de l'arrêté et non de sa signification; c'est le système de la loi du 31 mai 1851 sur la

---

[1] Article 73 du Code de procédure et loi du 3 mai 1862.

police du roulage, qui est généralisé ; 2° en matière électorale, le délai d'un mois court, contre le préfet, de la date de l'arrêté.

De règle générale, la notification ne fait courir les délais que contre celui qui l'a faite, en vertu de la maxime « nul ne se forclôt soi-même, » à moins qu'elle n'ait été faite sans réserves, car, en ce cas, elle équivaudrait à acquiescement. Cependant le délai du pourvoi contre l'État ou les administrations représentées par le préfet, court à dater du jour où la notification de l'arrêté a été faite par les parties au préfet, soit même à dater du jour où la notification a été faite aux parties par les soins du préfet.

Pour les arrêtés rendus par défaut, le délai de deux mois pour le recours commence à courir de l'expiration du délai d'opposition, au profit de la partie défaillante.

L'appel des arrêtés simplement préparatoires, c'est-à-dire de ceux qui sont rendus pour l'instruction de la cause et qui tendent à mettre le procès en état de recevoir jugement définitif (art. 452, C. pr.), ne peut être interjeté qu'après le jugement définitif et concurremment avec lui. Le point de départ du délai est la signification de l'arrêté définitif, et son exécution, même sans réserves, ne constitue pas une fin de non-recevoir. Au contraire, l'appel des arrêtés interlocutoires, c'est-à-dire de ceux qui ordonnent une mesure d'instruction qui préjuge le fond, peut être interjeté avant l'arrêté définitif ; le délai ne court qu'à partir de la notification de l'arrêté définitif, mais son exécution, sans réserves, vaudrait acquiescement.

En principe, le recours au Conseil d'État doit être introduit par le ministère d'un avocat au Conseil d'État. Exception cependant est faite en matière : 1° de contributions

directes ou de taxes assimilées à ces contributions pour
le recouvrement; 2° d'élections; 3° de contraventions de
grande voirie et autres contraventions dont la répression
appartient au conseil de préfecture ainsi que d'anticipations
sur les chemins vicinaux. Dans ces diverses matières, le recours est dispensé de frais. La dispense des frais comprend
l'exemption des droits de timbre : cependant pour les
contributions et taxes assimilées, l'exemption ne s'étend
qu'aux réclamations portant sur une cote inférieure à 30
francs. Pour les prestations en nature, l'immunité est complète. Le recours est formé, en principe, par le dépôt
d'une requête au secrétariat général du Conseil d'État;
toutefois, pour les affaires dispensées de frais, le recours
peut être déposé en outre soit à la préfecture soit à la sous-
préfecture et ce dépôt interrompt le délai de deux mois.

Des dépens. — Comme en matière civile, le principe
d'équité en vertu duquel toute partie qui succombe est
condamnée aux dépens est applicable devant les conseils
de préfecture. De même, d'une façon plus large que devant
les tribunaux ordinaires où la faculté de compensation est
limitée au cas où les plaideurs sont unis par un lien de
parenté ou bien au cas où ils voient respectivement repousser une partie de leurs prétentions, les dépens peuvent,
devant le conseil de préfecture, être compensés en totalité
ou en partie, en raison uniquement des circonstances de
l'affaire.

La même règle est applicable, par une disposition expresse introduite dans la loi pour mettre un terme à une
longue controverse, à l'administration dans les affaires
relatives au domaine de l'État, aux marchés passés pour
un service public et aux dommages de la compétence du
conseil de préfecture, c'est-à-dire dans toutes les affaires où

l'administration agit comme personne privée et non comme exerçant l'action publique.

En matière répressive, la partie qui est acquittée ne peut être tenue d'aucuns dépens. De plus, en matière électorale, l'instruction des réclamations s'effectuant par voie administrative et sans frais, aucune condamnation aux dépens ne peut être prononcée.

La liquidation et la taxe des frais d'expertise peuvent être faites séparément avant toute décision au fond, par arrêté du président du conseil de préfecture, sauf le droit pour les experts et les parties de contester, dans le délai de trois jours à partir de la notification de l'arrêté de taxe, ces opérations devant le conseil de préfecture statuant en chambre du conseil. Ordinairement la liquidation des dépens sera faite par l'arrêté même qui tranche le litige; cependant elle pourra être faite ultérieurement par le président du conseil, après avis du conseiller rapporteur. Dans ce dernier cas, les parties peuvent former opposition à l'arrêté de taxe, dans le délai de huit jours à partir de la notification, devant le conseil réuni en chambre du conseil (art. 62 à 68).

Un décret du 8 janvier 1890 a fixé les allocations pour la procédure à suivre devant les conseils de préfecture. Il convient de remarquer les dispositions minutieuses prises pour écarter certains abus en empêchant que l'expertise, ce mode d'instruction si fréquent devant la juridiction administrative, n'entraîne des retards et des frais exagérés.

Jurisprudence. — Les dépens, mis à la charge de la partie qui succombe par le conseil de préfecture, peuvent comprendre les frais de timbre, le cas échéant, de signification de la décision, si ces actes de procédure ne sont pas accomplis par voie administrative; mais ils ne peuvent comprendre les frais d'un procès-verbal de constat dressé par un juge de paix à la requête d'une partie [1].

Il a été jugé, sous l'empire de la législation antérieure à la loi du 12 juillet 1889, complétée, en ce qui concerne les dépens, par le décret du 8 janvier 1890, que le tarif du 16 février 1807, n'était pas légalement applicable pour le règlement des frais et honoraires d'un expert désigné par le conseil de préfecture [2].

Un avocat, revêtu de sa robe, plaidant devant un conseil de préfecture, ne peut être condamné aux peines édictées par l'article 91 du Code de procédure civile, cette disposition atteignant seulement ceux qui outragent ou menacent les juges ou les officiers de justice dans l'exercice de leurs fonctions et ne pouvant concerner les auxiliaires de la justice, soumis à une discipline et à des devoirs particuliers. Mais, le conseil de préfecture est investi du droit que les articles 16, 43 de l'ordonnance du 20 novembre 1822 et 41 de la loi du 29 juillet 1881 confèrent à tous les tribunaux de réprimer les fautes commises à leurs audiences par les avocats [3].

La requête en défense écrite sur papier non timbré, en contravention aux articles 12 et 24 de la loi du 13 brumaire an VII, doit être tenue pour nulle et non avenue ; par suite, la décision du conseil de préfecture doit être considérée comme rendue par défaut à l'égard du contrevenant [4].

---

[1] Cons. d'Ét. cont., 2 août 1885.

[2] Cons. d'Ét. cont., 18 décembre 1885.

[3] Cons. d'Ét. cont., 5 mars 1886. Voir les conclusions de M. Vavasseur de Précourt, commissaire du gouvernement, dans la *Revue générale d'administration*, année 1886, t. I, p. 59.

[4] Cons. préf. Seine, 23 juin 1886.

Bien que mention de la signature du conseiller rapporteur ne soit pas faite sur l'expédition d'un arrêté du conseil de préfecture, cet arrêté n'est pas entaché de nullité s'il est vérifié que la minute porte cette signature [1].

L'ordonnance de référé rendue, en application de l'article 24 de la loi du 12 juillet 1889, par le président du conseil de préfecture ou le conseiller délégué, ne peut être frappée d'opposition par le défendeur éventuel [2].

Droit comparé. — *Alsace-Lorraine*. — Ordonnance du 23 mars 1889 sur la procédure à suivre devant les conseils de départemehts [3].

Italie. — Loi sur l'organisation de la justice administrative (Chap. II, titre I, procédure à suivre devant la junte provinciale administrative).

PROCESSIONS. — **Jurisprudence**. — L'arrêté pris par un maire en vue du maintien du bon ordre et de la tranquillité publique, et portant que les processions ainsi que toutes autres manifestations extérieures du culte, à l'exception des enterrements, ne pourront avoir lieu sur la voie publique, est légal et obligatoire; et, la manifestation du culte qui se produit non dans l'intérieur d'une église mais sous le porche de l'église constitue une manifestation extérieure du culte et tombe sous le coup de l'article 471, § 15 du Code pénal [4].

PROTESTANTISME. — **Jurisprudence**. — Les décisions du consistoire en matière électorale portant sur les

---

[1] Cons. d'Ét. cont., 6 mai 1887.
[2] Cons. préf. Seine, 20 août 1889.
[3] *Ann. de législ. étr.*, année 1889, p. 288.
[4] Cass. crim., 19 février 1887, *J. Pal.*, 1887, p. 421.

conditions religieuses de l'électorat, même sur les questions de domicile, sont susceptibles d'être déférées au ministre des cultes, sauf appel au Conseil d'État [1].

Aux termes de l'article 6 du décret du 12 avril 1880, les tribunaux civils sont les juges compétents, en appel, des décisions de l'Église réformée relatives aux conditions civiles exigées pour l'inscription au registre électoral des paroisses réformées [2].

Les protestants qui n'ont pas leur résidence dans une paroisse ne peuvent réclamer leur inscription sur les registres électoraux de la paroisse établie au chef-lieu du consistoire, bien qu'ils soient rattachés, au point de vue administratif, au consistoire le plus voisin [3].

En matière d'élections consistoriales, la juridiction civile est incompétente, pour statuer, par interprétation d'actes administratifs contestés, sur le point de savoir si une localité est comprise dans la circonscription d'une paroisse déterminée [4].

RÉCLAMATIONS. (*Contributions directes.*) — **Législation.** — Le mode d'expertise, au cas de réclamations en matière de contributions directes ou de taxes assimilées, a été modifié par la loi du 29 décembre 1884 (art. 5). S'il y a désaccord entre l'expert de l'administration et celui du réclamant, à la demande de l'une ou de l'autre des parties, et facultativement, il peut être pro-

---

[1] Cons. d'Ét. cont., 13 mars 1885. Voir les conclusions du commissaire du gouvernement. *Revue générale d'administration*, 1885, t. III, p. 63.

[2] Cass. civ., 19 juin 1883.

[3] Cass. civ., 24 juillet 1885, *J. Pal.*, 1888, p. 38.

[4] Cass. civ., 12 juillet 1887, *J. Pal.*, 1888, p. 38.

cédé à une tierce expertise. Le tiers expert est désigné, sans frais, et sur requête de la partie la plus diligente, par le juge de paix du canton; il doit déposer son rapport dans la quinzaine de sa nomination. En ce qui concerne les frais de l'expertise et de la tierce expertise, la loi admet le droit commun en matière de ventilation de frais; ils sont, à la charge de la partie qui succombe ou compensés, suivant l'appréciation du juge administratif, en tout ou en partie, si les parties succombent respectivement sur quelques chefs (art. 130, 131 du Code de procédure).

— Le délai pour la présentation des demandes en décharge est, en principe de trois mois, à dater de la publication du rôle (loi du 4 avril 1884, art. 8). Toutefois, d'après une innovation de la loi du 29 décembre 1884 (art. 4), dans les cas de faux ou de double emploi, le délai de réclamation ne commence à courir que du jour où les poursuites administratives ne laissent plus de doute au contribuable sur les cotisations mises à sa charge.

De plus, dans les cas où les cotes sont reconnues former double emploi ou avoir été mal établies par suite d'erreurs matérielles, soit d'écriture, soit de taxation, l'administration peut, en l'absence même de réclamation de la part du contribuable, et sans limitation de délai, soumettre d'office au conseil de préfecture, pour qu'il en prononce le dégrèvement, les états particuliers de ces cotes indûment imposées (loi du 21 juillet 1887, art. 3).

— La procédure, en matière de réclamation, a été simplifiée quand il s'agit d'erreurs, de nature à être constatées après un simple examen sommaire. Le contribuable qui prétend être surtaxé ou indûment imposé a le choix entre ces deux sortes de recours : ou former devant le conseil de préfecture, dans le délai de trois mois, à partir de la publication du rôle, sa demande en décharge ou en réduction ou exposer sa réclamation par une déclaration déposée, dans le mois qui suit la publication du rôle, à la mairie du lieu de l'imposition. Celles de ces déclarations, reçues sans frais et sans formalités, qui, après examen sommaire, auront pu être immédiatement reconnues fondées, seront analysées par les agents mêmes des contributions directes sur un état qui sera revêtu de l'avis du maire, du contrôleur et du directeur. Le conseil de préfecture prononce les dégrèvements proposés, sauf pour les cotes qu'il croira devoir maintenir au rôle. Cette procédure nouvelle n'est que préparatoire en quelque sorte; les contribuables dont les déclarations n'auraient pas été portées ou maintenues sur l'état de dégrèvements et ceux sur la cote desquels le conseil de préfecture n'a pas été appelé à statuer, sont avisés, et ils conservent la faculté de produire leurs demandes devant le conseil de préfecture, dans les formes ordinaires et dans un délai d'un mois, à dater de cet avertissement (loi du 21 juillet 1887, art. 2).

— La procédure contentieuse, spéciale aux réclamations en matière de contributions directes et de taxes assimilées pour le recouvrement et dont l'assiette et la répartition sont confiées à l'administration des contributions directes, a été formellement maintenue par l'article 11 de la loi du 22 juillet 1889 sur la procédure à suivre devant les conseils de préfecture.

Jurisprudence. — En matière de contributions directes, les frais d'expertise ne sont pas calculés d'après le tarif civil fixé par le décret du 16 février 1807; ils ne comprennent, pour frais de voyage, que ceux de déplacement dans les limites seulement du département où l'expertise a eu lieu[1].

En cas de désaccord entre les experts, la tierce expertise est purement facultative (art. 5 de la loi du 29 décembre 1884) et la requête au juge de paix à fin de nomination d'un tiers expert doit être, à peine de déchéance, formée avant l'audience indiquée pour l'appel de l'affaire devant le conseil de préfecture[2].

RECOUVREMENT (*Contributions directes*). — **Jurisprudence**. — Le litige ayant pour objet la restitution d'une somme remise à la perception pour paiement de contribution, n'ayant pas reçu cette destination, et dont le versement n'a pas été constaté par une quittance régulière, est de la compétence de l'autorité judiciaire sans qu'il s'élève une question préjudicielle de nature à être renvoyée devant la juridiction administrative[3].

Le privilège établi au profit du Trésor public sur les revenus des biens immeubles sujets à la contribution, pour la contribution foncière de l'année échue et de l'année courante, s'étend aux revenus de tous les immeubles sans qu'il y ait lieu de distinguer si les biens ont changé de maître ou sont restés aux mains du même propriétaire[4].

L'action en répétition contre les percepteurs ayant perçu des contributions directes ou indirectes autres que celles autorisées par la loi de finances est de la compétence de l'autorité judiciaire qui a le droit de vérifier si l'imposition a été légalement établie, sans que sa décision puisse être

---

[1] Cons. d'Ét. cont., 8 juin 1888.
[2] Cons. d'Ét. cont., 15 mars 1889.
[3] Trib. confl., 15 décembre 1888.
[4] Cass. civ., 26 mai 1886, *Pal.*, 1886, p. 618.

subordonnée à l'appréciation, par l'autorité administrative, des actes qui ont servi de base à l'établissement de cette imposition.

RECRUTEMENT. — La loi du 15 juillet 1889 sur le recrutement de l'armée n'a en rien modifié les principes généraux posés par la loi militaire antérieure du 27 juillet 1872 ; seules, de simples modifications de détail ont été apportées en cette matière[2], notamment par les articles 11 et 12.

Aux termes de l'article 11 « les individus déclarés fran« çais en vertu de l'article 1 de la loi du 16 décembre « 1874[3] sont portés dans les communes où ils sont domi-

---

[1] Cass. civ., 12 mars et 16 juillet 1888, *Pal.*, 1890, p. 1278.

[2] Voir également la loi du 2 février 1891 qui modifie l'article 17 de la loi du 15 juillet 1889. Aux termes de ce dernier article les omis, quelle que soit la cause de l'omission, devaient être inscrits en tête de la liste du tirage et par suite être affectés à l'armée de mer. La loi du 2 février 1891 fait une distinction entre les omis autres que les omis par suite de fraude ou de manœuvres qui continuent à être inscrits, sans distinction, en tête de la liste du tirage : 1° ceux qui n'ont pas été inscrits pour des causes indépendantes de leur volonté. 2° ceux dont l'omission peut être imputée à leur propre négligence. Seront inscrits après les omis de l'article 69, les omis qui ne réclament pas et seulement ceux qui, ayant produit une réclamation en temps utile, n'auront pas vu leurs explications accueillies par le conseil de révision. Ceux, dont les justifications auront été jugées suffisantes, conserveront le bénéfice du numéro qu'ils auront obtenu provisoirement au tirage.

[3] Art. 1er. — « Est français tout individu né en France d'un étran« ger qui lui-même y est né, à moins que, dans l'année qui suivra « l'époque de sa majorité, telle qu'elle est fixée par la loi française, « il ne réclame la qualité d'étranger par une déclaration faite, soit « devant l'autorité municipale du lieu de sa résidence, soit devant « les agents diplomatiques et consulaires de France à l'étranger, et « qu'il ne justifie avoir conservé sa nationalité d'origine par une « attestation en due forme de son gouvernement. »

« ciliés, sur les tableaux de recensement de la classe dont
« la formation suit l'époque de leur majorité. Ils sont sou-
« mis au service militaire s'ils n'établissent pas leur qua-
« lité d'étranger. Les individus nés en France d'étrangers
« et résidant en France sont également portés, dans les
« communes où ils sont domiciliés, sur les tableaux de
« recensement de la classe dont la formation suit l'époque
« de leur majorité telle qu'elle est fixée par la loi fran-
« çaise. Ils peuvent réclamer contre leur inscription lors
« de l'examen du tableau de recensement et lors de leur
« convocation au conseil de révision. S'ils ne réclament
« pas, le tirage au sort équivaudra à la déclaration pré-
« vue à l'article 9 du Code civil[1]. S'ils se font rayer, ils
« seront immédiatement déchus du bénéfice dudit article.
« — Les mêmes dispositions sont applicables aux indivi-
« dus résidant en France et nés en pays étranger, soit
« d'un étranger qui depuis lors a été naturalisé français,
« soit d'un français ayant perdu la qualité de français
« mais qui l'a recouvrée ultérieurement, si ces individus
« étaient mineurs lorsque leurs parents ont acquis ou
« recouvré la nationalité française. »

Aux termes de l'article 12 « les individus devenus fran-
« çais par voie de naturalisation, réintégration ou décla-
« ration faites conformément aux lois, sont portés sur les

---

[1] Article 9 du Code civil modifié par la loi du 26 juin 1889 sur la
nationalité : « Tout individu né en France d'un étranger et qui n'y est
« pas domicilié à l'époque de sa majorité pourra, jusqu'à l'âge de 22
« ans accomplis, faire sa soumission de fixer en France son domicile,
« et s'il y établit dans l'année à compter de sa soumission, réclamer
« la qualité de français par une déclaration qui sera enregistrée au
« ministère de la justice. § 2..... § 3. Il devient également français
« si, ayant été porté sur le tableau de recensement, il prend part aux
« opérations de recrutement sans opposer son extranéité. »

« tableaux de recensement de la première classe formée
« après leur changement de nationalité. — Les individus
« inscrits sur les tableaux de recensement en vertu du
« présent article et de l'article précédent ne sont assu-
« jettis qu'aux obligations de service de la classe à
« laquelle ils appartiennent par leur âge. »

RÉFÉRENDAIRES AU SCEAU. — Législation. —
Depuis de longues années l'institution des référendaires
au sceau [1], qui se rattachait à un ensemble d'institutions
supprimées pour la plupart, ne présentait plus d'utilité
réelle. Leur intervention n'était légalement obligatoire
que pour la poursuite des affaires de titres et de majorats.
Or, les lois des 12 mai 1835 et 7 mai 1849 ont aboli, après
deux transmissions, les majorats formés de biens particuliers. D'un autre côté, le pouvoir exécutif a décidé (10
mai 1875) qu'en présence de la constitution nouvelle il
n'y avait aucune suite à donner aux demandes tendant au
relèvement ou à la collation de titres français ; et le garde
des sceaux, s'inspirant des mêmes principes, a décidé
qu'il n'y avait plus lieu d'accorder à des Français le droit
de porter en France des titres étrangers (7 juin 1876) [2].

[1] Nous ne saurions, contrairement à l'opinion émise par M. Batbie,
dans le second volume de son *Traité*, reconnaître aux référendaires
au sceau la qualité d'officiers ministériels. Bien qu'assujettis, à partir d'une certaine époque et sur leur demande, au versement d'une
sorte de cautionnement, les référendaires n'ont jamais eu en droit,
sinon en fait, par suite d'une tolérance administrative le droit, comme
les notaires et les officiers ministériels en général, de céder leurs
charges et de présenter leur successeur à la nomination du pouvoir
exécutif (Avis du Conseil d'État des 15 mars 1828, 12 août 1840).

[2] La statistique effectuée pour les dix années qui ont précédé le
décret de 1892 révèle que le nombre des affaires de titres et de majorats ne s'est pas élevé, en moyenne, à plus de 7 par année.

Quant aux autres attributions des référendaires au sceau concernant les autres affaires du ressort du bureau du sceau (naturalisation, réintégration dans la qualité de français, dispenses de parenté, d'alliance, d'âge en vue d'un mariage, autorisation de servir en pays étranger) l'emploi de leur ministère n'a jamais été que purement facultatif pour les parties. Dans ces conditions, un décret du 11 juin 1892 a prononcé la suppression des référendaires au sceau. Cette suppression aura lieu par voie d'extinction, en ce sens qu'il ne sera plus pourvu aux vacances qui se produiront dans la compagnie par décès, démission ou destitution.

REGISTRE MATRICULE. — Législation. — Le registre matricule, aux termes de l'article 36 de la loi du 15 juillet 1889, sur le recrutement de l'armée, est tenu par subdivision de région. Il doit comprendre tous les jeunes gens inscrits sur la liste de recrutement cantonal.

RÈGLEMENTS D'EAU. — Jurisprudence. — Si le pouvoir réglementaire en matière de cours d'eau est exclusivement confié aux préfets, ce pouvoir ne fait pas obstacle à ce que le pouvoir municipal prenne, en ce qui concerne la jouissance des cours d'eau traversant la commune, les mesures de police commandées par l'intérêt des habitants, sauf le droit de réformation réservé à l'autorité supérieure[1].

REMPLACEMENT MILITAIRE. — La substitution de numéros entre frères était autorisée, sous l'empire de

---

[1] Cass. crim., 19 mai 1892, *Pal.*, 1892, p. 472.

la loi du 27 juillet 1872 (art. 28) si celui qui se présentait comme substituant était reconnu propre au service par le conseil de révision. La loi du 15 juillet 1889 a supprimé cette substitution. Ainsi disparaît de notre législation militaire la dernière trace du remplacement.

RENGAGEMENTS. — Dans l'armée de terre, les caporaux, brigadiers ainsi que les soldats décorés, médaillés ou inscrits sur les listes d'aptitude au grade de caporal ou de brigadier peuvent contracter, pendant le cours de leur dernière année de service sous les drapeaux, des rengagements pour deux, trois ou cinq ans. En outre, dans la cavalerie, tout soldat peut, dans le cours de sa troisième année de service, contracter un rengagement d'un an [1].

Des avantages particuliers ont été institués pour encourager les rengagements. Le cavalier qui contracte, à l'expiration de ses trois années, un rengagement d'un an, reçoit, pendant la quatrième année, une solde de haute-paye. De plus, cette quatrième année lui était comptée, dans la durée du service militaire, pour quatre ans ; il ne restait donc que trois ans dans la réserve de l'armée active, et, par suite, il passait dans l'armée territoriale et dans la réserve de cette armée trois ans avant la classe à laquelle il appartient. Mais cette disposition, tout exceptionnelle, a été abrogée par une loi du 19 juillet 1892. Pour les autres corps, le rengagé, pour une première période de cinq ans, a droit à une prime dont le montant est fixé par décret et à une haute-paye journalière déterminée par les tarifs de solde ; le rengagé, pour une pre-

---

[1] Voir le décret du 28 septembre 1889 relatif aux engagements volontaires et aux rengagements.

mière période de deux ans ou de trois ans, reçoit une prime réduite égale, dans le premier cas au tiers, et dans le second cas à la moitié de la prime totale.

Dans les troupes coloniales, tout homme est admis, après six mois de service, à contracter un rengagement de deux, trois et cinq années. Le premier rengagement donne droit à une prime et à des gratifications annuelles dont le montant est fixé par décret. Peuvent être admis à se rengager, pour les troupes coloniales, avec le bénéfice de ces avantages : 1° les militaires de toutes armes; 2° les hommes de la réserve de l'armée active, âgés de moins de 28 ans; 3° les hommes des régiments étrangers autorisés par le ministre de la Guerre.

Dans les équipages de la flotte, les rengagements peuvent être contractés, pendant la dernière année de service, pour une durée de trois ou cinq ans. Les rengagés jouissent des mêmes avantages pécuniaires que ceux qui sont accordés aux marins provenant de l'inscription maritime[1].

Les rengagements sont renouvelables jusqu'à une durée totale de quinze années de service effectif pour l'armée de terre et les troupes coloniales; et jusqu'à une durée de vingt-cinq ans de service effectif pour les équipages de la flotte. Après cinq années de rengagement, pour les troupes de l'armée de terre, les hautes-payes journalières sont, sans nouvelle prime, augmentées de moitié pour les caporaux ou brigadiers et d'un tiers pour les soldats. Après quinze années de service effectif, les rengagés ont droit à une pension proportionnelle. Pour les troupes co-

---

[1] Voir décret du 24 décembre 1889 relatif aux engagements volontaires et aux rengagements dans les corps des équipages de la flotte et décret du 28 janvier 1890 relatif aux engagements et rengagements dans les troupes de la marine.

loniales, les rengagements ultérieurs ne donnent droit qu'aux gratifications annuelles ; mais les hautes-payes journalières sont augmentées de trois ans en trois ans.

A la différence des engagements qui sont reçus par les maires des chefs-lieux de canton, les rengagements sont contractés devant les sous-intendants militaires (art. 63 à 68 de la loi du 15 juillet 1889).

— La réduction du service militaire à trois ans a eu pour conséquence la nécessité plus rigoureuse encore, de cons-tituer, avec plus de solidité, les cadres inférieurs de l'ar-mée et d'assurer le maintien sous les drapeaux du plus grand nombre possible de sous-officiers. Pour atteindre ce but, une loi du 18 mars 1889, modifiée par la loi du 6 janvier 1892, a eu pour objet d'augmenter les avantages concédés aux sous-officiers rengagés par la législation an-térieure[1]. Elle leur crée au corps en premier lieu une situa-tion à peu près équivalente à celle qu'ils trouveraient dans la vie civile; elle leur assure, en second lieu, après quinze années de services militaires, une pension proportionnelle de retraite et leur confère un droit absolu à un emploi civil en rapport avec leurs capacités[2]. Un règlement d'adminis-tration publique, du 4 juillet 1890, a dressé la liste des emplois réservés aux sous-officiers rengagés et a déter-miné les matières et le mode de l'examen destiné à cons-tater l'aptitude professionnelle des candidats.

RÉPARTITION. — Voir : *Impôt foncier.* — **Législa-tion.** — L'impôt foncier sur les propriétés bâties a été

---

[1] Loi du 24 juillet 1873 ; loi du 10 juillet 1874 ; loi du 22 juin 1878 ; loi du 23 juillet 1881.

[2] V. rapport au Sénat, *Journal officiel,* 27 avril 1888, *Déb. parl.,* p. 607.

transformé, d'impôt de répartition qu'il était, en impôt de quotité par la loi du 8 août 1890 (art. 4). « Le produit des « immeubles bâtis, porte l'exposé des motifs de cette loi, « est essentiellement mobile. Une foule de circonstances « peuvent, à intervalles, plus ou moins rapprochés, le « faire varier dans des proportions sensibles, soit en plus « soit en moins. D'un autre côté, si, en ce qui concerne les « propriétés rurales, la stabilité des cotisations est un en- « couragement pour les améliorations de diverses sortes « que l'agriculture comporte, aucun motif analogue ne peut « être invoqué en faveur des propriétés bâties. Il est donc « tout à la fois de l'intérêt des redevables et du Trésor « que l'impôt suive les fluctuations des valeurs locatives, « ce qui ne peut être obtenu avec le système de la répar- « tition[1]. » Mais le caractère d'impôt de répartition a été maintenu pour la contribution foncière sur les propriétés non bâties[2].

RÉUNION (Droit de). — Jurisprudence. — Le défaut de constitution préalable d'un bureau, chargé de maintenir l'ordre dans une réunion publique, constitue une contravention dont la responsabilité pénale incombe aux signataires de la déclaration prescrite par la loi aux organisateurs[3].

La responsabilité, par suite de l'infraction résultant de la présence de femmes et de jeunes gens non électeurs à une réunion publique, n'incombe pas aux membres du

---

[1] Exposé des motifs du ministre des finances, *Journal officiel, Doc. parl.*, Chambre des députés, avril 1890, p. 287, et *Journal officiel*, Sénat, *Doc. parl.*, de septembre 1890, p. 244.

[2] Art. 14 et 15 de la loi du 8 août 1890.

[3] Cass. crim., 29 mars 1889, *Pal.*, 1889, p. 688.

bureau, qui ne sont également pas responsables des désordres commis au cours de la réunion s'ils ont procédé à l'expulsion des auteurs, et levé la séance à première réquisition du commissaire de police délégué[1].

Droit comparé. — V. *Droit constitutionnel.*

Lübeck. — Loi du 15 septembre 1888 sur les réunions et les associations publiques.

Portugal. — Décret du 29 mars 1890 sur les réunions publiques[2].

RÉVISION. — Voir : *Taxe militaire.* — **Législation.** — La nouvelle loi sur le recrutement de l'armée, du 15 juillet 1889, institue un double conseil de révision : 1° le conseil de révision cantonal; 2° le conseil de révision départemental (art. 18 et 34).

Le conseil de révision cantonal est composé : 1° du préfet, président; à son défaut du secrétaire-général de la préfecture et, exceptionnellement, du vice-président du conseil de préfecture ou d'un conseiller de préfecture désigné par le préfet; 2° d'un conseiller de préfecture désigné par le préfet; 3° d'un membre du conseil général autre que l'élu du canton, désigné par la commission départementale et, en cas d'empêchement, par un autre conseiller général désigné d'office, sous la même réserve, par le préfet; 4° d'un conseiller d'arrondissement autre que le représentant élu dans le canton, également désigné par la commission départementale et, en cas d'absence, par un autre membre de la même assemblée désigné par le préfet; 5° d'un officier général ou supérieur désigné

---

[1] Cass. crim., 24 janvier 1890, *Pal.*, 1890, p. 431.
[2] *Ann. de législ. étr.*, année 1890, p. 457.

par l'autorité militaire. Aux séances du conseil de révision assistent un sous-intendant militaire qui est entendu dans l'intérêt de la loi toutes les fois qu'il le demande ; le commandant de recrutement ; un médecin militaire ou, à défaut, un médecin civil désigné par l'autorité militaire. En outre, le sous-préfet de l'arrondissement et les maires des communes sont admis à présenter des observations (art. 18).

Le conseil de révision peut délibérer, si le nombre des membres présents est réduit à quatre, à la condition toutefois que le président, l'officier général ou supérieur ainsi que deux membres civils soient présents. La décision ne peut être prise qu'à la majorité de trois voix. La voix du président n'est pas prépondérante ; et, en cas de partage, la décision est ajournée.

Il se réunit dans les divers cantons ; néanmoins, et à titre exceptionnel, le préfet peut réunir plusieurs cantons et faire exécuter au même lieu les opérations. Les jeunes gens sont convoqués devant le conseil de révision pour y être examinés et entendus ; en cas d'absence et faute par eux d'obtenir un délai, il est procédé comme s'ils étaient présents.

Les décisions du conseil de révision sont, en principe, définitives. Toutefois s'il s'élève devant lui une contestation, soit sur le caractère politique de certaines condamnations qui emportent exclusion de l'armée (art. 6), soit sur des questions relatives à l'état ou à la jouissance des droits civils des jeunes gens inscrits aux tableaux de recensement, le conseil de révision doit ajourner sa décision ou ne prend qu'une décision conditionnelle. Les contestations, de la compétence des tribunaux civils, sont jugées contradictoirement avec le préfet, devant le tribunal civil du lieu du domicile, statuant sans délai. Le délai de l'appel et du recours en cassation, qui est porté directement devant la chambre civile, est réduit à quinze jours francs à partir du jugement attaqué (art. 31).

Les décisions définitives des conseils de révision peuvent cependant être attaquées devant le Conseil d'État pour incompétence, excès de pouvoir ou violation de la loi. L'ancienne législation réservait au ministre de la guerre seul le droit de se pourvoir devant le Conseil d'État ; la loi nouvelle, même en cas de violation de la loi, a, dans un sentiment d'équité, étendu ce droit aux parties lésées. Mais, pour éviter des abus, elle dispose que le recours au Conseil d'État n'aura, d'aucune façon, d'effet suspensif. De plus, l'annulation prononcée sur le recours du ministre de la guerre profite aux parties lésées (art. 32).

Le conseil départemental de révision est composé des mêmes membres que le conseil cantonal auxquels il est adjoint deux autres membres du conseil général également désignés par la commission départementale (art. 34).

Le conseil de révision cantonal juge, en séance publique, les réclamations auxquelles les opérations du recrutement peuvent donner lieu et statue sur les causes d'exemption et de dispense prévues par la loi.

Comme sous l'empire de la législation de 1872, la nouvelle loi ne reconnaît qu'une cause d'exemption : les infirmités rendant impropre à tout service non seulement actif mais encore auxiliaire.

Sont de droit dispensés en temps de paix, mais assujettis à une année de service : 1° l'aîné d'orphelins de père et de mère ou l'aîné d'orphelins de mère dont le père est déclaré absent ou interdit ; 2° le fils unique ou l'aîné des fils, ou à défaut de fils ou de gendre, le petit-fils unique ou l'aîné des petits-fils d'une femme veuve ou dont le mari a été légalement déclaré absent ou interdit, ou d'un père aveugle ou âgé de soixante-neuf ans révolus ; 3° le fils unique ou l'aîné des fils d'une famille de sept enfants au moins. Dans ces trois cas, le frère puîné jouit de la dispense lorsque l'aîné est aveugle ou atteint d'une infirmité incurable le rendant impotent; 4° le plus âgé des deux frères inscrits la même année sur les listes de recrutement; 5° l'inscrit dont un frère est présent sous les drapeaux au moment de l'appel de la classe; 6° l'inscrit dont le frère est mort en activité de service ou a été réformé ou mis à la retraite pour blessures ou infirmités.

Ces dispenses ne peuvent être invoquées que par les enfants légitimes. La demande, accompagnée des pièces authentiques constatant la situation des intéressés, est adressée, avant le tirage au sort, au maire de la commune du domicile (art. 21)[1].

Sont également dispensés en temps de paix, après un an de présence sous les drapeaux, mais à *titre conditionnel* : 1° les jeunes gens qui contractent l'engagement de servir pendant dix ans dans les fonctions de l'instruction publique, ainsi que ceux, laïques ou membres des congrégations religieuses vouées à l'enseignement et reconnues d'utilité publique, qui prennent l'engagement de servir pendant dix ans dans les écoles françaises d'Orient et d'Afrique, subventionnées par le gouvernement français. La dispense cesse d'avoir effet et les dispensés doivent accomplir les deux années de service dont ils avaient été dispensés, si, dans l'année qui suit l'année de service, ils n'ont

---

[1] Voir en outre la loi du 6 novembre 1890 qui a apporté de légères modifications à l'article 21 de la loi du 15 juillet 1889.

pas obtenu un emploi de professeur, de maître répétiteur ou d'instituteur; 2° les jeunes gens qui ont obtenu ou qui poursuivent leurs études en vue d'obtenir certains diplômes (licencé ès-lettres, ès-sciences, docteur en droit, docteur en médecine, pharmacien de première classe, de l'école des chartes, de l'école des langues orientales vivantes, etc.). La dispense cesse lorsqu'ils n'ont pas obtenu le diplôme avant l'âge de vingt-six ans; 3° les jeunes gens exerçant les industries d'art, désignés par un jury d'État départemental formé de patrons et d'ouvriers. Toutefois le nombre des inscrits dispensés à ce titre ne peut dépasser un demi pour cent du contingent à incorporer pour trois ans; 4° les jeunes gens admis, à titre d'élèves ecclésiastiques, à continuer leurs études en vue d'exercer le ministère dans l'un des cultes reconnus par l'État. Pour eux, la dispense cesse si, à l'âge de vingt-six ans, ils ne sont pas pourvus d'un emploi de ministre du culte. En cas de mobilisation, les élèves ecclésiastiques sont versés dans le service de santé.

Les dispensés conditionnels sont rappelés, en outre, pendant quatre semaines dans le cours de l'année qui précède leur passage dans la réserve de l'armée active (art. 23 et 24)[1].

Sont en outre facultativement dispensés du service en temps de paix, pendant la durée de leur séjour à l'étranger, les jeunes gens qui, avant l'âge de dix-neuf ans révolus, ont établi leur résidence à l'étranger, hors d'Europe, et qui y occupent une situation régulière. Toutefois, s'ils rentrent en France avant l'âge de trente ans, ils doivent accomplir

---

[1] Voir au surplus les décrets du 23 novembre 1889 et du 31 mai 1890 portant règlement d'administration publique pour l'exécution de l'article 23 de la loi du 15 juillet 1889 sur le recrutement de l'armée.

le service actif sans qu'ils puissent être retenus sous les drapeaux au delà de trente ans ; s'ils rentrent en France, après cet âge, ils ne sont soumis qu'aux obligations de la classe à laquelle ils appartiennent (art. 50).

Le conseil de révision départemental, réuni au chef-lieu du département, après l'établissement des listes du recrutement cantonal, prononce en séance publique, sur les dispenses à titre de soutiens de famille. La liste des jeunes gens qui remplissent effectivement les devoirs de soutiens indispensables de famille et qui peuvent être dispensés en temps de paix, après une année de service, est présentée au conseil de révision après avis motivé du conseil municipal de la commune du domicile de l'inscrit. Toutefois le nombre des jeunes gens dispensés à ce titre ne peut dépasser 5 p. 0/0 du contingent à incorporer pour trois ans. Tous les ans, le maire de chaque commune présente au conseil de révision cantonal une délibération du conseil municipal faisant connnaître la situation des jeunes gens renvoyés dans leurs foyers comme soutiens de famille et le conseil départemental de révision décide s'il convient ou non de maintenir ces dispenses (art. 34 et 22).

Jurisprudence. — Le bénéfice de la dispense accordée par l'article 21, § 1er, de la loi du 15 juillet 1889, à l'aîné d'orphelins de père et de mère ou à l'aîné d'orphelins de mère dont le père est légalement déclaré absent ou interdit, n'est pas applicable lorsque, au jour de la décision du conseil de révision, il n'existe aucun lien légal de filiation entre l'enfant naturel et ses père et mère[1].

La dispense établie par l'article 21 de la même loi (§ 2)

---

[1] Cons. d'Ét. cont., 13 mars 1891.

au profit du fils unique ou du fils aîné d'une femme veuve ne peut être invoquée par le fils, issu d'un premier mariage dissous par la mort du mari, alors que la femme, qui a contracté un second mariage, est divorcée au moment où est rendue la décision du conseil de révision[1].

La durée du service comptant du 1er novembre de l'année de l'inscription sur les tableaux de recensement, aux termes de l'article 40 de la loi du 15 juillet 1889, le militaire en activité de service ne confère la dispense à son frère que s'il doit être encore présent sous les drapeaux à cette date[2].

ROUTES. — Jurisprudence. — Lorsqu'une ancienne route nationale a été déclassée en tout ou en partie, qu'elle n'a fait l'objet d'aucun autre classement postérieur et que son sol n'a non plus fait l'objet d'aucune aliénation ni d'aucun établissement de servitude, le déclassement a par lui-même un double effet : d'une part, il fait perdre à la partie retranchée son caractère de domaine public et la fait rentrer dans le domaine privé de l'État ; d'autre part, il fait cesser tous les droits de passage ou autres qui ne dérivaient, au profit des propriétaires riverains, que de la situation des lieux. Par suite, si la mesure administrative porte préjudice à ceux-ci, ils peuvent seulement se pourvoir à fin d'indemnité, mais c'est à l'administration des domaines seule qu'il appartient de leur réserver, au besoin, un chemin d'exploitation, comme aussi de faire respecter ses droits de propriété privée contre toute entreprise commise par l'un des riverains sur la partie classée[3].

[1] Cons d'Ét. cont., 26 décembre 1891.
[2] Cons. d'Et. cont., 1er juillet 1892.
[3] Cass. civ., 22 mai 1889, *Pal.*, 1890, p. 622.

Le fait de poser, sans autorisation, au-dessus du sol d'une route nationale des câbles destinés au service de l'éclairage et au transport à distance de l'énergie électrique, constitue une contravention de grande voirie, l'article 552 du Code civil applicable au domaine public comme au domaine privé, donnant à l'État le droit de s'opposer à toute entreprise faite tant sur sa propriété qu'au-dessus et au-dessous d'elle[1].

Il appartient à l'autorité administrative de connaître, par application de l'article 4 de la loi du 28 pluviôse an VIII, de la demande en dommages-intérêts faite en réparation du préjudice causé par un accident survenu par suite de l'existence d'une excavation sur une route départementale et motivée tant sur le défaut d'entretien de la route que sur l'insuffisance de surveillance par le département de l'état de cette voie publique et l'absence de précautions prises par le maire après la formation de l'excavation[2].

Commet une contravention de grande voirie le propriétaire qui effectue sans autorisation des dépôts de déblais et de matériaux en saillie sur les alignements d'une route nationale, encore qu'il n'aurait pas reçu le prix des parcelles non bâties réunies à la voie publique par l'effet de l'approbation du plan d'alignement[3].

RUES ET PLACES. — Jurisprudence. — La demande tendant à obtenir réparation du dommage causé à une propriété par suite de la désaffectation et de la transformation en terrains à bâtir d'une voie publique dont la

---

[1] Cons. préf. Rhône, 22 février 1889.
[2] Trib. confl., 11 juillet 1891.
[3] Cons. d'Ét., 21 novembre 1890.

propriété est riveraine, est de la compétence du conseil de préfecture[1].

Est entaché d'excès de pouvoir l'arrêté municipal ordonnant la démolition d'un bâtiment pour cause de péril imminent alors qu'il n'a pas été d'une part procédé à l'expertise contradictoire prescrite par la loi et que, d'autre part, le maire avait le temps nécessaire pour faire procéder aux opérations d'expertise[2].

Les travaux qui consistent dans la réfection de la toiture d'une maison ne sont pas, en général, de nature à conforter l'ensemble de la construction; par suite doit être annulé, comme entaché d'excès de pouvoir, l'arrêté municipal qui refuse au propriétaire l'autorisation d'exécuter ces travaux[3].

Les voies ouvertes sur des terrains privés et non classées parmi les voies publiques d'une commune conservent leur caractère de propriétés particulières; par suite le maire excède ses pouvoirs en prescrivant des travaux relatifs à la viabilité desdites rues qui, au point de vue de la voirie, ne sont pas placées sous la surveillance de l'autorité municipale[4].

Le propriétaire d'un immeuble riverain d'un emplacement servant de lieu de promenade aux habitants et employé pour les fêtes et la tenue des marchés, n'a pas de droit d'accès sur cet emplacement s'il n'a été l'objet d'aucun classement et n'a pas, par sa destination, le caractère de voie publique[5].

---

[1] Cons. d'Ét. cont., 18 juillet 1884.
[2] Cons. d'Ét. cont., 29 janvier 1886.
[3] Cons. d'Ét. cont., 19 mars 1886.
[4] Cass. crim., 21 mai 1886, *Pal.*, 1887, p. 321.
[5] Cons. d'Ét. cont., 11 mars 1887.

L'infraction à l'arrêté municipal prescrivant l'enlèvement d'une construction préexistante sur la voie publique ne constitue pas la contravention de dépôt de matériaux sur la voie publique dont l'élément essentiel est le dépôt d'objets mobiliers susceptibles de déplacement; un tel arrêté étant illégal comme entaché d'excès de pouvoir[1].

L'action dirigée contre une ville et tendant à obtenir réparation du préjudice résultant de l'inexécution des obligations imposées par le droit commun aux propriétaires de maisons séparées par un mur mitoyen au cas de démolition ou de travaux exécutés dans l'une des maisons contiguës, rentre dans les limites d'une question touchant à la co-propriété d'un mur mitoyen et est de la compétence de l'autorité judiciaire, si, au moment de la démolition de l'immeuble communal, aucun acte de l'autorité compétente n'avait autorisé l'ouverture de la rue pour le percement de laquelle il avait été acquis[2].

Il appartient au maire, en dehors du cas prévu par l'article 6 du décret du 26 mars 1852, de réglementer, dans l'intérêt de la salubrité et de la commodité de la circulation et en vertu des pouvoirs de police que lui confère la loi du 5 avril 1884, l'exercice du droit des propriétaires riverains de la voie publique de faire écouler sur cette voie les eaux pluviales et ménagères de leurs maisons; spécialement de leur prescrire de tenir en bon état les gargouilles existantes et d'établir des gargouilles au droit des écoulements d'eau là où il existe des bordures de trottoirs ou des carrés en pavés[3].

Le propriétaire d'un immeuble situé en bordure d'un

---

[1] Cass. crim., 10 juin 1887.
[2] Trib. confl., 1er juin 1889.
[3] Cons. d'Ét. cont., 13 décembre 1889.

terrain communal, non classé, n'a pas droit d'accès sur ce terrain, alors même qu'il serait laissé à l'usage du public[1].

L'obligation pour le propriétaire d'immeubles urbains, riverains de la voie publique, de supporter sur ces immeubles les plaques indicatives du nom des rues, est une charge imposée aux propriétaires en vue de l'utilité générale, dans un intérêt de police, par des règlements municipaux légalement pris. L'inexécution de ces règlements constitue une contravention de petite voirie dont la sanction réside dans l'article 471, n° 15, du Code pénal, mais elle ne peut servir de fondement à une action possessoire dirigée au nom de l'administration municipale contre le propriétaire contrevenant[2].

Il n'appartient pas au juge de police de rechercher si des travaux faits en contravention d'un règlement, légalement pris dans le cercle des attributions municipales, sont ou non contraires à la sécurité et à la salubrité publiques[3].

SECOURS MUTUELS (Sociétés de). — **Jurisprudence.** — Les tribunaux civils sont compétents pour connaître des contestations qui s'élèvent entre les membres des sociétés de secours mutuels[4].

La fourniture des registres et imprimés, nécessaires aux

---

[1] Cons. d'Ét. cont., 2 mai 1890.

[2] Cass. civ., 8 juillet 1890, *Pal.*, 1890, p. 1080.

[3] Cass. crim., 11 mars 1892.

[4] Paris, 30 décembre 1885, *Pal.*, 1886, p. 323; Rennes, 30 octobre 1889, *Pal.*, 1891, p. 228; Toulouse, 14 janvier 1889, *Pal.*, 1892, p. 1327.
Cette question de compétence est controversée. Dans le même sens, Cass., 20 décembre 1882 (*Pal.*, 1884. 1. 450). Voir, en outre, Cons. d'Ét., 16 novembre 1877.

sociétés de secours mutuels régulièrement approuvées, constitue une dépense obligatoire pour la commune, sans distinction entre les sociétés libres qui ont soumis leurs statuts à l'approbation préfectorale et celles dont la création a été provoquée par l'administration [1].

SECTIONS DE COMMUNE. — Jurisprudence. — Le conseil de préfecture est compétent à l'effet de statuer sur la question de délimitation de sections lorsqu'il est saisi d'une réclamation tendant à obtenir décharge de contributions, en centimes additionnels, imposées aux habitants de certaines sections et formées par des propriétaires prétendant que leurs immeubles ne sont pas situés sur le territoire de ces sections [2].

Les tribunaux de l'ordre judiciaire ne sont pas compétents pour ordonner le partage des biens indivis entre une commune et une section de commune. Mais, si les biens communaux et patrimoniaux sont la propriété de la commune, être moral, les habitants ont sur ces biens un droit personnel du fait de l'habitation; et il est de la compétence des tribunaux civils de reconnaître la propriété sur les biens communaux d'une section de commune distraite pour être rattachée à une commune voisine [3].

SEINE (Conseil général). — Législation. — Le conseil général du département de la Seine, soumis à une législation spéciale, n'avait pas, par suite, le bénéfice de la publicité de ses séances, introduite pour les conseils généraux des autres départements par la loi du 10 août

[1] Cons. d'Et. cont., 23 novembre 1888.
[2] Cons. d'Ét. cont., 10 juillet 1885.
[3] C. Paris, 23 décembre 1887.

1871 (art. 28). La loi du 5 juillet 1886 a étendu le système de la publicité des discussions à ce conseil général, en même temps qu'au conseil municipal de Paris.

SEL (Impôt sur le). — **Législation.** — Le sel est soumis à un régime douanier spécial et tout à fait exceptionnel (loi du 7 mai 1881, tableau A, tarif d'entrée). Le tarif général stipule que les sels étrangers paient à l'entrée les droits suivants : 1° par terre, par les frontières belges et luxembourgeoises : sels blancs 3 fr. 30 par 100 kilogrammes, sels autres que blancs 2 fr. 40 par 100 kilogrammes; 2° par terre, par les autres frontières : sels blancs 0 fr. 60 par 100 kilogrammes, sels autres que blancs 0 fr. 60 par 100 kilogrammes. Le motif de cette distinction est que la Belgique ne produit pas de sels et qu'elle s'approvisionne de sels en Angleterre, presque pour la totalité de sa consommation, et ce sont les sels anglais, qui, dans l'intérêt de l'industrie nationale, étaient frappés d'un droit plus élevé. L'expérience a prouvé que les conditions de cette protection à notre industrie salinière n'étaient point suffisantes, les sels étrangers, et particulièrement les sels anglais et allemands, entrant par la frontière à droit d'entrée réduit. En conséquence, la loi du 19 avril 1889 a modifié le tarif général des douanes pour l'importation des sels étrangers d'après un tableau y annexé. Les sels marin, de saline et gemme, bruts ou raffinés autres que blancs, sont imposés, introduits par mer ou par terre et par 100 kilogrammes 2 fr. 40 pour les produits d'origine européenne, 2 fr. 40 pour les produits, importés directement d'un pays extra-européen, 6 francs pour ceux importés des entrepôts d'Europe. Les mêmes sels venant du Sénégal ou des dépendances de cette colonie sont exempts de taxe. Les sels raffinés blancs, importés par mer ou par terre, et par 100 kilogrammes sont soumis à un droit de 3 fr. 30 pour les produits d'origine européenne, du même droit, pour les produits importés directement d'un pays sis hors d'Europe, et de 6 fr. 90 pour ceux provenant des entrepôts d'Europe. Enfin, ces mêmes sels blancs provenant du Sénégal ne sont pas soumis au droit d'entrée.

Droit comparé. — *Grèce*. — Loi du 2 janvier 1886 sur la vente du sel [1].

Portugal. — Décret du 24 juillet 1886 abolissant l'impôt sur le sel.

Genève. — Loi du 21 mars 1888, sur la vente du sel, modifiant la loi générale du 7 novembre 1887 sur les contributions publiques.

Serbie. — Loi du 17 mars 1890 sur le monopole du sel.

— Loi du 21 mars 1891 modifiant la précédente.

Colombie. — Loi du 28 janvier 1887 sur la vente du sel marin.

SÉNAT. — **Jurisprudence**. — Les protestations relatives à l'élection des délégués sénatoriaux ou des suppléants doivent être jugées, sauf recours au Conseil d'État, par le conseil de préfecture ; le recours contre la décision de ce tribunal doit être, à peine de nullité, déposé au secrétariat de la préfecture ou de la sous-préfecture dans le délai d'un mois à partir de la notification faite aux parties intéressées et le préfet doit transmettre le recours au ministre de l'Intérieur qui l'adresse au Conseil d'État [2].

[1] *Ann. de législ. étr.*, année 1885, p. 573.
[2] Cons. d'Ét. cont., 9 janvier 1885.

Bien qu'un conseil municipal se compose, en fait et par erreur, d'un nombre de membres supérieur à celui que comporte le chiffre réel de la population de la commune, cette irrégularité n'a pas pour effet de lui conférer le droit de désigner un nombre de délégués sénatoriaux plus grand que celui que le conseil municipal, légalement constitué, serait autorisé à élire ; dès lors, les opérations électorales auxquelles il a été procédé pour la désignation des délégués dans ces conditions, doivent être annulées par le conseil de préfecture [1].

Doit être annulée l'élection du délégué sénatorial d'un conseil municipal si elle a été précédée d'un débat public, contrairement à la loi du 2 août 1875 [2].

Droit comparé. — Voir : *Droit constitutionnel.*

SERVITUDES MILITAIRES. — Jurisprudence. — La distance de 25 mètres des murs d'enceinte des magasins à poudre, à partir de laquelle une construction peut seulement être élevée, doit être comptée, dans le cas où les magasins à poudre sont protégés par un remblai en terre, du pied même de ce remblai [3].

— Les terrains situés auprès des fortifications de Paris sont soumis aux servitudes militaires applicables à la première zone de 250 mètres, mesurée sur les capitales des bastions et à partir de la crête de leurs glacis [4].

SOCIÉTÉS (*Enregistrement*). — Jurisprudence. — Il y a formation de société nouvelle et non continuation

---

[1] Cons. d'Ét. cont., 30 janvier 1885.
[2] Cons. d'Ét. cont., 29 janvier 1886.
[3] Cons. d'Ét. cont., 4 décembre 1885.
[4] Cons. d'Ét. cont., 4 juin 1886.

de la première société, au cas où, une société étant dissoute, une autre société est formée avec une partie de son actif et avec le même personnel lors même que l'objet, la dénomination, le siège social et la durée soient différents ; par suite l'apport fait par les anciens associés à la société nouvelle d'un établissement industriel dépendant de la société dissoute, à charge du passif le grevant, constitue une cession à titre onéreux soumis au droit proportionnel de mutation[1].

Les actes de formation des associations en participation sont passibles du droit fixe gradué sur les actes de formation de société[2].

Constitue la création d'une nouvelle société et donne ouverture au droit proportionnel de mutation sur l'apport de l'actif de la société ancienne à la société nouvelle, à charge du passif, la transformation d'une société en commandite par actions en une société anonyme si les statuts sociaux n'autorisent pas cette transformation et s'il est donné à la société transformée une extension d'opérations, non prévue aux statuts primitifs, au point d'en modifier entièrement l'objet[3].

SOUS-PRÉFETS. — Les règles concernant l'avancement sur place des sous-préfets ont été modifiées par le décret du **22 mars 1887** dont il a déjà été question au sujet de l'avancement des préfets et des conseillers de préfecture. Il convient de noter que ses dispositions s'appliquent également aux secrétaires généraux de préfecture.

[1] Cass. req., 21 juillet 1884, *Pal.*, 1885, p. 674.
[2] Cass. civ., 30 décembre 1884, *Pal.*, 1886, p. 760.
[3] Cass. civ., 29 juillet 1890, *Pal.*, 1891, p. 418.

Pour les sous-préfets et les secrétaires généraux, compris dans la 2ᵉ classe, ces fonctionnaires peuvent, après trois ans de services dans le même poste ou de cinq ans dans des postes différents, mais de même classe, obtenir sur place le traitement de la classe supérieure. Ceux qui sont placés dans la troisième classe peuvent, sous les mêmes conditions, obtenir une augmentation annuelle de traitement fixée à 1,800 francs. Le tableau nominatif que le ministre de l'Intérieur doit soumettre au Parlement, à l'appui du budget (loi de finances du 26 février 1887), et indiquant les préfets, conseillers de préfecture recevant, à titre personnel, un traitement supérieur à celui de leur résidence, doit fournir les mêmes indications concernant les sous-préfets et secrétaires généraux de préfecture.

SUBVENTIONS EXTRAORDINAIRES. — **Jurisprudence.** — Les transports qui ont lieu à une décharge publique de terres et de décombres ainsi que l'exécution de terrassements constituent des entreprises industrielles de nature à entraîner l'imposition d'une subvention spéciale pour réparation de dégradations extraordinaires à un chemin vicinal[1].

Aucune disposition de loi n'exempte, d'une façon absolue, des droits de timbre les réclamations formées contre les arrêtés par lesquels les conseils de préfecture règlent, en exécution de l'article 14 de la loi du 21 mai 1836, à la demande des communes et après expertise, le montant des subventions spéciales à imposer aux industriels pour dégradations extraordinaires aux chemins vicinaux[2].

---

[1] Cons. d'Ét. cont., 26 mars 1886.
[2] Cons. d'Ét. cont., 19 mars 1886.

SUCCESSION (Droits de) (*Enregistrement*). — **Juris-prudence.** — L'administration de l'enregistrement n'est pas recevable à établir par toutes les preuves du droit commun, principalement par voie d'enquête, les omissions et insuffisances dans les déclarations de succession ; néanmoins la preuve de ces faits peut être tirée des actes des parties, des présomptions résultant des faits constants de la cause, des actes parvenus à la connaissance de la Régie ou que la loi soumet à son droit de recherche[1].

Si un événement postérieur au décès fait rentrer dans la succession des valeurs qui ne s'y trouvaient pas au jour de l'ouverture ou de la déclaration, cet événement fait naître un nouveau droit de mutation qui donne lieu à une déclaration supplémentaire dans les six mois du jour où il se produit[2].

En cas de succession vacante, le curateur représente l'hérédité, être moral non encore personnifié dans un héritier connu au nom duquel sont exercés tous les droits actifs et passifs du défunt ; par suite, il y a mutation de propriété du défunt à l'hérédité qui est tenue dès lors du paiement des droits[3].

Les droits de succession constituent une véritable dette de la succession, s'ouvrant au moment du décès du *de cujus ;* en conséquence, et par application du principe de la non-distraction des charges, le montant des droits de succession exigibles sur les legs particuliers ne peut être

---

[1] Cass. civ., 27 juin 1883, *Pal.*, 1885, p. 53. Cass. civ., 20 novembre 1889, *Pal.*, 1890, p. 829. Cass. civ., 19 juillet 1892, *Pal.*, 1892, p. 533.

[2] Cass. civ., 19 juillet 1887, *Pal.*, 1888, p. 942.

[3] Cass. civ., 19 octobre 1886, *Pal.*, 1887, p. 944.

déduit de l'actif de l'hérédité pour le calcul des droits dûs par le légataire universel en usufruit[1].

Doivent être distraites des valeurs soumises au droit de mutation lors du décès du donateur les sommes par lui données en avancement d'hoirie par acte entre-vifs soumis déjà au droit de mutation[2].

Est passible du droit de mutation par décès le montant d'un prêt différé non retiré du Crédit foncier au moment du décès de l'emprunteur, cette valeur faisant partie de sa succession[3].

L'omission, dans une déclaration de succession, résultant d'une erreur émanant des déclarants, donne lieu à l'application d'un droit en sus encore que la déclaration renvoie à divers documents s'il n'est établi que ces documents ont été joints à l'appui de la déclaration faite au receveur[4].

SUCRES (Impôt sur les). — **Législation.** — Pour porter remède à une crise aiguë qui frappait l'industrie sucrière, indigène et coloniale, une loi du 29 juillet 1884 frappait non la totalité du sucre produit, mais la matière première, la betterave. Elle établit par 100 kilogrammes de betteraves le rendement (5 ou 6 0/0 suivant les procédés de fabrication) sur lequel l'impôt fut seulement perçu. L'effet de cette législation a été d'augmenter dans des proportions considérables la richesse saccharine de la betterave et le progrès des procédés d'extraction, mais aussi de diminuer sensiblement les recettes budgétaires. Les lois

---

[1] Cass. req., 19 novembre 1888, *Pal.*, 1890, p. 670.
[2] Cass. civ., 28 octobre 1889, *Pal.*, 1891, p. 1314 et la note.
[3] Sol. Rég., *Pal.*, 1892, p. 31.
[4] Cass. civ., 22 juillet 1891, *Pal.*, 1892, p. 161.

des 27 mai 1887, 4 juillet 1887 et 24 juillet 1888, tout en conservant les principes de la loi de 1884, ont eu pour objet, dans le but d'assurer le rendement de l'impôt : 1° de relever le rendement légal établi par la loi de 1884 ; 2° de frapper d'un droit les bonis de fabrication que cette dernière avait déclaré indemnes.

Enfin une loi du 5 août 1890 a eu pour but d'assurer au Trésor des recettes plus importantes encore sur l'industrie sucrière, tout en respectant le principe de la loi de 1884 qui continue à former la base de la législation sur le régime des sucres. Pour l'atteindre, elle a recours à une série de mesures : 1° l'élévation de la taxe réduite sur les sucres extraits des betteraves au delà du rendement légal et sur les sucres provenant des colonies, affranchis de la taxe normale à titre de déchets de fabrication. Les sucres indigènes et coloniaux représentant des excédents de rendement ou des déchets de fabrication sont soumis à une taxe spéciale de 30 francs par 100 kilogrammes de sucre raffiné. En outre, les sucres de toute origine employés au sucrage des vins, cidres et poirés continuent à être frappés de la taxe de 24 francs par 100 kilogrammes de sucre raffiné ; 2° l'élévation du droit sur les glucoses. Le droit sur les glucoses indigènes est porté à 13 fr. 50, par 100 kilogrammes, décimes et demi-décimes compris (art. 4) ; 3° l'établissement dans les raffineries, de la surveillance permanente des agents des contributions indirectes. Un décret d'administration publique, rendu en exécution de la loi du 5 août 1890, a déterminé les conditions de l'exercice dans les raffineries de sucre et les obligations à remplir par les raffineurs.

Relativement aux sucres étrangers, la loi du 11 janvier 1892, fixant le tarif général des douanes, porte, article 2,

§ 2, qu'ils continuent à acquitter les surtaxes établies par les lois des 19 juillet 1880 et 5 août 1890.

Droit comparé. — *Belgique.* — Loi du 28 juillet 1885 sur l'impôt des sucres[1]. — Loi du 16 avril 1887 codifiant la législation sur les sucres[2]. — Loi du 2 avril 1889 concernant l'impôt sur les sucres[3]. — Loi du 27 mai 1890 modifiant la loi du 16 août 1887 sur les sucres[4].

Allemagne. — Loi du 1er juin 1886 établissant un impôt sur le sucre[5]. — Loi du 9 juillet 1887 relative à l'impôt sur le sucre[6].

Autriche. — Loi du 20 juin 1888 sur l'impôt du sucre[7].

Hongrie. — Loi des 23-31 décembre 1887 élevant les droits sur le sucre. — Loi des 20-23 juin 1888 sur l'impôt du sucre[8].

Maurice. — Ordonnance du 10 décembre 1889 frappant le sucre d'un droit additionnel d'exportation.

SYNDICATS PROFESSIONNELS. — **Jurisprudence.** — Les pièces que les fondateurs d'un syndicat professionnel sont tenus de déposer à l'administration, préalablement à leur fonctionnement régulier, sont exemptes du droit et de la formalité du timbre[9].

Les médecins, n'ayant à défendre aucun intérêt indus-

---

[1] *Ann. de législ. étr.*, année 1885, p. 360.

[2] *Ann. de législ. étr.*, année 1887, p. 556.

[3] *Ann. de législ. étr.*, année 1889, p. 499.

[4] *Ann. de législ. étr.*, année 1890, p. 498.

[5] *Ann. de législ. étr.*, année 1886, p. 137.

[6] *Ann. de législ. étr.*, année 1887, p. 193.

[7] *Ann. de législ. étr.*, année 1888, p. 481.

[8] *Ann. de législ. étr.*, année 1888, pp. 481-488.

[9] Déc min. fin., 21 juillet 1884 et Instr. de la Régie du 25 mars 1885, *Pal.*, 1886, p. 224.

triel, commercial ou agricole et n'ayant aucun intérêt économique se rattachant d'un façon générale à l'un des intérêts précédents, ne peuvent régulièrement former un syndicat professionnel dans les termes de la loi du 21 mars 1884[1]. Il en est différemment des pharmaciens dont la profession est celle de commerçants, bien que soumise à une réglementation et à une justification d'études[2].

La création de syndicats ou associations professionnels est subordonnée à une double condition : 1° l'exercice d'une même profession ou d'un métier similaire; 2° l'existence entre les membres du syndicat d'une communauté d'intérêts économiques, industriels, commerciaux et agricoles : par suite, est constitué en violation de la loi un « syndicat des professeurs libres, hommes et dames » comprenant au nombre de ses membres non seulement des professeurs de belles-lettres, sciences et autres arts libéraux, de répétiteurs, maîtres et surveillants, mais encore des personnes se disant professeurs de menuiserie, de couture, coupe et autres travaux manuels[3].

Est recevable l'action en dommages-intérêts formée par un ouvrier congédié par son patron, sur ce motif que des menaces de grève et de mise en interdit ont été faites par des ouvriers constitués en syndicats, et intentée contre ceux qui ont déterminé son renvoi par des manœuvres combinées entre eux[4].

Aucune disposition de la loi du 21 mars 1884, sur les syndicats professionnels, ne permet au gouvernement d'au-

---

[1] Cass. crim., 27 juin 1885 et la note, *Pal.*, 1887, p. 660.

[2] C. Paris, 20 janvier 1886. Toulouse, 28 octobre 1886, *Pal.*, 1887, p. 702.

[3] C. de Paris, 4 juillet 1890, *Pal.*, 1891, p. 90.

[4] Cass. civ., 22 juin 1892.

toriser l'acceptation d'un legs de rentes annuelles et perpétuelles à une chambre syndicale[1].

TABACS. — **Jurisprudence.** — L'unique sanction mise par la loi à l'obligation qu'elle impose au planteur autorisé de détruire les tiges et souches de sa plantation, immédiatement après la récolte, consiste dans leur destruction, à la diligence de l'administration, sur le refus du cultivateur, et aux frais de ce dernier ; elle ne peut être complétée par l'application de la peine réprimant l'infraction à un règlement légalement fait par l'autorité administrative, alors qu'un arrêté préfectoral rappelant aux planteurs les prescriptions de la législation spéciale[2].

Le monopole des tabacs, attribué à la régie des contributions indirectes au profit de l'État, comprend la revente aussi bien que la vente des tabacs; par suite, si la seule fabrication de cigarettes à la main, en dehors du cas prévu par l'article 221 de la loi du 28 avril 1816, n'est pas punie, il en est autrement de la vente de ces mêmes cigarettes fussent-elles fabriquées avec du tabac revêtu des marques de la Régie[3].

Droit comparé. — *Belgique.* — Loi du 23 août 1885, modifiant l'impôt sur le tabac. — Loi du 12 août 1887 relative aux droits sur le tabac indigène[4]. — Loi du 21 mai 1888 modifiant la législation sur les tabacs.

Hongrie. — Loi des 21-24 décembre 1887 sur la réforme de l'impôt sur les tabacs[5].

---

[1] Avis du Conseil d'État, 30 juillet 1891.

[2] Cass. crim., 5 juin 1890, *Pal.*, 1890, p. 1008.

[3] Cass. crim., 13 et 19 novembre 1891, *Pal.*, 1891, p. 1327 et suivantes.

[4] *Ann. de législ. étr.*, année 1887, p. 549.

[5] *Ann. de législ. étr.*, année 1887, p. 475.

Serbie. — Loi du **22** septembre **1885** sur le monopole du tabac. — Loi du **14** mars **1890** sur le monopole du tabac.

Grèce. — Loi du **12** avril **1887** sur l'impôt des tabacs.

Espagne. — Loi du **22** avril **1887** autorisant la régie du monopole de la fabrication et de la vente des tabacs.

Portugal. — Décret du **27** janvier **1887** et loi du **18** août **1887** modifiant le régime des tabacs[1]. — Loi du **22** mai **1888** instituant la régie des tabacs[2]. — Loi du **17** septembre **1890** sur le monopole de la fabrication des tabacs.

Égypte. — Décrets des **18** avril **1888**, **19** avril **1888**, **7** juin **1888** sur les tabacs.

TAXE MILITAIRE. — **Législation.** — L'institution d'une taxe militaire, comme conséquence de l'obligation du service militaire personnel, est une innovation de la loi du **15** juillet **1889** dans notre législation militaire. Elle a été empruntée au régime militaire de la Suisse et de l'Autriche. « Chacun, dans la mesure de ses forces et de ses moyens, « doit contribuer à la défense du pays ; celui qui, par des « causes quelconques, se trouve empêché de donner son « concours *personnel,* ne saurait voir une injustice ou un « abus dans l'obligation, à lui imposée, de payer une taxe « modique. C'est un impôt proportionnel légitime et pa- « triotique ; et il n'y a rien là qui ressemble dans la « moindre mesure à une exonération à prix d'argent, puis- « que toutes les causes pouvant empêcher de servir sont « rigoureusement prévues par la loi. L'établissement de « la taxe militaire, comme dit justement l'exposé des mo-

---

[1] *Ann. de législ. étr.*, année 1887, p. 525.
[2] *Ann. de législ. étr.*, année 1888, p. 563.

« tifs, est une question d'équité et de morale[1] » (art. 35).

Sont soumis au paiement d'une taxe militaire annuelle les inscrits qui, par suite d'exemption, d'ajournement, de classement dans les services auxiliaires ou dans la seconde partie du contingent, de dispense, ou pour tout autre motif bénéficieront de l'exonération du service dans l'armée active, à l'exception seulement : 1° des hommes réformés ou admis à la retraite pour blessures ou pour infirmités contractées dans les armées ; 2° les contribuables se trouvant dans un état d'indigence notoire.

La taxe militaire se compose de deux éléments : 1° une taxe fixe de 6 francs : 2° d'une taxe proportionnelle égale au montant en principal de la cote mobilière et personnelle de l'assujetti.

Cette double taxe est réduite à proportion du temps pendant lequel l'assujetti n'a pas bénéficié de l'exonération établie à son profit dans le service de l'armée active. Elle cesse par trois années de présence effective des assujettis sous les drapeaux ou par leur inscription sur les registres matricules de l'inscription maritime ; de même à partir du 1ᵉʳ janvier qui suit le passage de l'assujetti dans la réserve de l'armée territoriale.

La taxe militaire est recouvrée et les demandes en remise ou en décharge sont instruites et jugées comme en matière de contributions directes.

Un règlement d'administration publique, en date du 30 décembre 1890, a déterminé les mesures d'exécution relatives à l'application de la nouvelle taxe.

---

[1] Rapport à la Chambre des députés, *Journal officiel*, *Doc. parl.* de 1887, p. 203.

TIMBRE. — Voir : *Enregistrement.* — **Législation**.
— Le décret du 8 juillet 1885 a créé des timbres mobiles spéciaux pour les effets de commerce et les warrants endossés séparément des récépissés. Les effets sont divisés en quatre catégories, à chacune desquelles correspond un timbre spécial et comprenant chacune une somme de 10,000 francs, à partir de 20,000 à 60,000 francs. Au-dessus de 60,000 francs, le paiement du droit de timbre, pour les effets négociables, est constaté au moyen de plusieurs timbres, aucun timbre spécial pour cette classe n'ayant été établi. La quotité du droit résultant de la législation en vigueur est indiquée sur le timbre mobile.

— L'article 7 de la loi de finances du 17 juillet 1889 avait organisé un nouveau régime pour la fixation et la perception du droit de timbre des récépissés et lettres de voitures délivrés par les compagnies de chemins de fer pour les transports effectués en petite vitesse, droit de timbre dû en exécution des lois du 13 mai 1863 et du 30 mars 1872. Le nouveau régime devait recevoir son application à partir du 1er janvier 1890 ; mais il a rencontré de telles difficultés qu'il a dû être rapporté avant sa mise à exécution. La loi du 26 décembre 1889 a abrogé l'article 7 de la loi de finances et rétabli, sans modification, les dispositions législatives antérieurement en vigueur.

Un type spécial pour le timbrage à l'extraordinaire des quittances délivrées par les comptables de deniers publics a été modifié par le décret du 5 février 1889. Le montant de ce droit de quittance, réduit à 0 fr. 20 par la loi du 28 juillet 1865 (art. 4) a été élevé à 0 fr. 25 par la loi du 23 août 1871 (art. 2). Le type spécial indique le montant du droit actuel de 0 fr. 25.

Par décret du 16 janvier 1890, il a été créé trois nouveaux types de timbres mobiles : 1° à 0 fr. 35 pour les récépissés de chemins de fer concernant les transports en grande vitesse; 2° à 0 fr. 70 pour les récépissés de transports autres que ceux effectués en grande vitesse ; 3° à 0 fr. 15, en principal, pour les affiches. Le même décret laissant au ministre des finances le pouvoir d'en changer la couleur, modifie en outre le type des timbres mobiles destinés à l'acquittement des droits — de timbre proportionnel — de timbre de dimension — des quittances délivrées par les comptables des deniers publics — de quittances ou décharges de sommes ou valeurs — des récépissés de chemins de fer accompagnant les marchandises venant de l'extérieur — des connaissements créés en France ou venant de l'étranger — des papiers destinés aux affiches — des copies d'exploits ou significations.

Les timbres mobiles établis pour l'acquittement des droits de timbre des connaissements supplémentaires créés en France (Loi du 23 mars 1872, art. 5) et pour le paiement du droit de timbre des connaissements créés en France (loi du 25 mai 1872, art. 4) doivent être oblitérés soit immédiatement par le chargeur ou l'expéditeur, soit dans un délai maximum de deux jours par les agents des bureaux de douanes.

Jurisprudence. — Les quittances délivrées par le caissier d'un syndicat d'établissements financiers constitué pour l'émission d'un emprunt municipal, et agissant comme mandataire de la commune, sont passibles du droit de timbre de 0 fr. 25 dû pour les quittances délivrées par les comptables de deniers publics [1].

Les rôles et états dressés par les municipalités pour le

----

[1] Cass. req., 30 juin 1884, *Pal.*, 1885, p. 665.

recouvrement des taxes locales perçues dans leur intérêt sont des écrits pouvant être produits comme pièces justificatives dans le sens de l'article 12 de la loi du 13 brumaire an VII et sont assujettis au timbre de dimension[1].

— Les affiches apposées pour donner connaissance des dispositions de la loi du 19 mai-3 juin 1874 sur le travail des enfants et des filles mineures employées dans l'industrie sont affranchies du timbre en vertu de la loi du 9 vendémiaire an VI, comme ayant un caractère manifeste d'administration générale et touchant à l'ordre public, sans distinction entre les mesures ordonnées par cette loi; par suite, les affiches relatives aux fonctions de la commission locale aussi bien que celles qui se rapportent aux conditions de travail ou à l'exercice de l'inspection. Toutefois la gratuité n'est assurée qu'aux affiches ayant pour objet l'accomplissement de la mission déléguée par le législateur aux commissaires locaux[2].

En vertu de la loi du 29 juillet 1881, sur la liberté de la presse, c'est aux agents du ministère public et non à l'administration de l'enregistrement qu'il appartient de poursuivre les contraventions résultant de ce que des affiches assujetties au timbre ont été imprimées sur papier blanc[3].

Chaque quittance donnée et emportant libération, reçu ou décharge, est soumise au timbre de 0 fr. 10, soit qu'il s'agisse d'une seule et même créance, soit qu'il s'agisse de créances différentes[4].

---

[1] C. des comptes, 1er février 1892.

[2] Déc. min. fin., 28 janvier 1884, *Pal.*, 1885, p. 605. Instr. Régie, 25 mars 1885, *Pal.*, 1886, p. 112.

[3] Décision du 28 janvier 1884, *suprà*.

[4] C. cass., 29 avril 1884, *Pal.*, 1885, p. 542.

Les récépissés de cautionnements soit provisoires, soit définitifs versés à la Caisse des dépôts et consignations par les entrepreneurs de travaux publics en garantie de leurs obligations sont soumis au droit de timbre de 0 fr. 25 comme émanant d'un comptable de deniers publics [1].

Les affiches électorales apposées par un candidat à la députation, même inéligible, sont exemptes du droit de timbre; toutefois en sont passibles celles qui sont apposées par le candidat avant le dépôt de la déclaration prescrite par la loi du 17 juillet 1889 sur les candidatures multiples [2].

Sont exigibles, et la restitution n'en peut être demandée par la partie qui les a acquittés, les droits de timbre et amendes dont est passible un acte, alors même que l'annulation en a été prononcée par justice [3].

Droit comparé. — Voir : *Enregistrement.* — *Prusse.* — Loi du 19 mai 1889 réduisant les droits de timbre sur les locations et aliénations à titre onéreux d'immeubles [4].

Bavière. — Ordonnance du 19 septembre 1885 sur le timbre impérial.

Saxe. — Loi du 13 novembre 1886 sur le timbre.

Brunswick. — Avis du ministre d'État du 26 septembre 1885 sur la perception du droit de timbre.

Lübeck. — Loi du 10 juillet 1889 sur le timbre.

Hongrie. — Loi du 21-24 décembre 1887 portant modification des droits de timbre et de mutation.

Suisse. — *Argovie.* — Ordonnance du Conseil d'État du

---

[1] Déc. min. fin., 29 avril 1887 et instr. régie, 3 novembre 1887, *Pal.*, 1888, p. 111.

[2] Déc. min. fin., 18 septembre 1889, *Pal.*, 1891, p. 478.

[3] Sol. Régie, 14 février 1891, *Pal.*, 1892. 2. 264.

[4] *Ann. de législ. étr.*, année 1889, p. 240.

1er avril 1886 pour l'exécution de l'ordonnance du 27 novembre 1885 sur la perception de l'impôt du timbre. — Ordonnance du 18 janvier 1889 modifiant l'ordonnance précédente.

Tessin. — Loi du 11 janvier 1887. — Loi relative au timbre des chèques.

Zug. — Ordonnance du 30 novembre 1887 sur l'impôt du timbre.

Italie. — Loi du 14 juillet 1887 et décret réglementaire du 15 juillet 1887 portant modification aux lois sur l'enregistrement et le timbre. — Loi du 12 juillet 1888 modifiant les droits d'enregistrement et de timbre. — Loi du 30 mars 1890 approuvant les droits de timbre sur les obligations de crédit agricole.

Monaco. — Ordonnance du 23 août 1887 sur les timbres mobiles[1].

Grèce. — Loi du 30 novembre 1885 portant application de l'impôt du timbre[2]. — Loi du 30 décembre 1887 sur le timbre[3]. — Loi du 29 décembre 1889 modifiant la loi du 30 décembre 1887[4].

Roumanie. — Loi du 19 mars 1886 modifiant divers articles de la loi sur le timbre.

Russie. — Avis du conseil de l'Empire, du 19 mai 1887, portant élévation de l'impôt du timbre. — Avis du conseil de l'Empire, du 29 février 1888, élevant les droits de timbre sur les titres portant intérêts[5].

---

[1] *Ann. de législ. étr.*, année 1887, p. 543.
[2] *Ann. de législ. étr.*, année 1885, p. 572.
[3] *Ann. de législ. étr.*, année 1888, p. 880.
[4] *Ann. de législ. étr.*, année 1890, p. 770.
[5] *Ann. de législ. étr.*, année 1888, p. 806.

Mexique. — Loi du 23 janvier 1885 sur le timbre[1]. — Loi du 31 mars 1887 contenant refonte de la loi du timbre[2].

Colombie. — Loi du 6 octobre 1885 sur le timbre national. — Lois des 20 janvier 1887, 10 juin 1887, 24 novembre 1888 sur le timbre.

Equateur. — Loi du 28 août 1886 sur le timbre.

Maurice. — Ordonnance du 19 décembre 1888 portant création d'un droit de timbre sur les quittances.

TRAVAUX PUBLICS. — **Législation.** — Le décret du 4 juin 1888 a admis les sociétés d'ouvriers français, régulièrement constituées, à soumissionner les fournitures, ainsi que les travaux qui font l'objet des adjudications ou des marchés de gré à gré réalisés par l'État. Il détermine en même temps les conditions de cette admission. La société doit préalablement produire : 1° la liste nominative de ses membres ; 2° l'acte constitutif de la société ; 3° des certificats de capacité délivrés, dans la forme usitée, aux administrateurs ou associés spécialement délégués à l'exécution des fournitures ou travaux (art. 2 et 3). Les sociétés ouvrières, que le pouvoir exécutif avait en vue de seconder, sont dispensées de fournir un cautionnement, lorsque le montant prévu des fournitures est inférieur à 50,000 fr. (art. 4). A égalité de rabais entre une soumission d'entrepreneur et une soumission de société ouvrière, la préférence est donnée à cette dernière ; mais, en cas de concours entre plusieurs soumissions de sociétés ouvrières, il est procédé à une réadjudication entre ces sociétés

---

[1] *Ann. de législ. étr.*, année 1885, p. 665.
[2] *Ann. de législ. étr.*, année 1887, p. 933.

(art. 5). Les à-compte sur les fournitures livrées et les travaux exécutés sont payés tous les quinze jours aux sociétés ouvrières, déduction faite des retenues prévues au cahier des charges (art. 6). Pour les marchés de fournitures et de travaux dépendant des services de la guerre et de la marine, l'application de ces dispositions peut cependant être écartée par les ministres, si l'intérêt de l'État l'exige (art. 8).

Le Conseil d'État, se fondant sur ce que les marchés intéressant les départements n'ont été l'objet d'aucune réglementation spéciale et ont toujours été assimilés aux marchés de l'État et soumis aux mêmes formalités, a émis l'avis que les dispositions précédentes du décret du 4 juin 1888, sont applicables aux marchés passés au nom des départements [1].

— On sait qu'un décret de la Convention nationale des 26 pluviôse-28 ventôse an II a prescrit : 1° que les créanciers particuliers des entrepreneurs des ouvrages faits pour le compte de l'État ne peuvent faire opposition sur les fonds déposés dans les caisses publiques au nom des entrepreneurs; 2° que cette disposition toutefois n'est pas applicable aux créances provenant du salaire dû aux ouvriers de l'entreprise et aux sommes dues pour fournitures de matériaux; 3° que les sommes restant dues aux entrepreneurs après la réception des ouvrages peuvent seulement être saisies-arrêtées, après paiement des salaires et des fournitures, par les créanciers particuliers des entrepreneurs. La jurisprudence, se fondant sur ce que ce décret constituait un privilège en faveur des entrepreneurs un véritable privilège et sur ce que les privilèges

---

[1] Avis du 27 juin 1889.

sont de droit étroit, s'est constamment refusée à étendre les dispositions spéciales aux travaux publics autres que ceux exécutés pour le compte de l'État.

La loi du 29 juillet 1891 a eu pour objet de rendre applicables les règles du décret précité à « tous les travaux ayant le caractère de travaux publics. » Quels sont ces travaux? Aucune loi n'a donné des travaux publics une définition générale; mais, la jurisprudence ayant eu à combler cette lacune, l'on peut dire avec elle, que les travaux publics sont ceux qui ont été déclarés tels par la loi ou reconnus tels par la jurisprudence. On peut citer, à titre d'exemple, les travaux des départements, des communes, des établissements publics, des compagnies subventionnées par une de ces personnes morales, ceux de desséchement de màrais, des associations syndicales autorisées, de drainage, ceux qui ont été déclarés d'utilité publique, ceux qui sont exécutés par les compagnies de chemins de fer lorsqu'ils ont été autorisés par l'administration, enfin par les chambres de commerce ou de navigation.

En outre, le décret de l'an II avait mis sur la même ligne, au point de vue du privilège, les ouvriers et les fournisseurs de matériaux. La loi actuelle, prenant en considération la situation de l'ouvrier plus précaire, en général, que celle du fournisseur, décide que le privilège de l'ouvrier primera celui du fournisseur.

— Une loi du 29 décembre 1892 a pour but d'exiger, dans le silence de la législation antérieure, certaines formalités pour garantir la propriété privée dans le cas d'étude des travaux publics, alors qu'il s'agit, par exemple, de faire des fouilles, d'abattre certains arbres. Elle interdit formellement l'introduction des agents de l'administration à l'intérieur des habitations. Pour les autres propriétés, une distinction doit être faite. S'il s'agit d'une propriété non close, les agents ou délégués de l'administration peuvent pénétrer en vertu de l'autorisation donnée par arrêté préfectoral, affiché dans la commune dix jours au moins à l'avance. S'agit-il d'une propriété close, l'arrêté préfectoral donnant l'autorisation doit être notifié cinq jours au moins à l'avance, individuellement à chaque propriétaire intéressé, en son absence au gardien de la propriété, et, à défaut, à la personne du propriétaire à la mairie. Les agents peuvent, après cette notification requérir, pour obtenir l'entrée de la propriété, l'assistance du juge de paix. L'arrêté préfectoral d'autorisation est périmé de plein droit s'il ne reçoit pas son exécution dans les six mois de sa date.

L'indemnité, en réparation du dommage causé à la propriété par les études préalables, est fixée, à la fin des travaux, soit à l'amiable soit, en cas de désaccord, par le conseil de préfecture d'après les règles de la procédure générale (loi du 22 juillet 1889). En principe, un état des lieux, antérieur à l'entrée des agents, est inutile; toutefois défense leur est faite d'abattre des arbres fruitiers, d'ornement ou de haute futaie avant que les parties soient d'accord sur leur valeur où, à défaut d'accord, avant qu'il ait été procédé à une constatation contradictoire destinée à fournir les éléments nécessaires de l'indemnité due au propriétaire.

Jurisprudence. — S'il y a désaccord entre les experts chargés de procéder à l'évaluation de l'indemnité due à raison d'occupation de terrains et de matériaux effectués à l'occasion de travaux exécutés pour le compte de l'État, il doit être procédé à une tierce expertise, et le tiers expert est de droit l'ingénieur en chef du département. La délégation spéciale faite par l'ingénieur en chef à un ingénieur ordinaire de l'arrondissement n'est pas de nature à conférer à celui-ci les pouvoirs nécessaires pour procéder à la tierce expertise [1].

L'indemnité due pour dommages causés par l'exécution de travaux publics à une propriété privée peut être compensée en partie par l'indemnité de plus-value directe et immédiate résultant de la transformation, de la voie sur laquelle elle prend façade, de l'état d'impasse en celui de rue large et commodément accessible [2].

Le fait que le versement préalable du cautionnement a été exigé, au cas de réadjudication, des concurrents alors que l'engagement de les fournir avait seulement été stipulé lors de la première adjudication, n'est pas une cause de nullité de la réadjudication [3].

Lorsque les dommages causés à un immeuble proviennent principalement de l'exécution d'un travail public et pour une très faible partie de la faute personnelle de l'entrepreneur, c'est à bon droit que le propriétaire dirige son action tant contre l'État que contre l'entrepreneur ; et le ministre n'est pas fondé à décliner la responsabilité incombant au maître de l'ouvrage lorsqu'il a été exactement procédé au départ entre les dommages résultant, du fait même de l'exécution des travaux et ceux qui, étant imputables à la négligence ou à l'imprudence de l'entrepreneur, ont été laissés antérieurement à sa charge [4].

[1] Cons. d'Ét. cont., 3 décembre 1885.

[2] Cons. d'Ét. cont., 16 avril 1886. Voir les conclusions du commissaire du gouvernement, *Revue générale d'administration*, année 1886, 2, 316.

[3] Cons. d'Ét. cont., 31 mai 1889.

[4] Cons. d'Ét. cont., 29 novembre 1889.

Le privilège des ouvriers et fournisseurs des entrepreneurs des travaux faits ou à faire pour le compte de l'État ne porte que sur le prix des travaux encore dû et non sur le cautionnement fourni par l'entrepreneur à l'État (à l'exception des fournitures faites pour le service de la guerre[1]), quelles que soient à cet égard les stipulations d'une convention spéciale ou du cahier des charges imposées à l'entrepreneur, qui sont légalement inopérantes[2].

Les tribunaux administratifs sont seuls compétents pour statuer sur une demande en paiement du reliquat du décompte de l'entreprise, formée par l'entrepreneur des travaux de construction d'un établissement scolaire, en vertu d'une convention intervenue, postérieurement au décompte, entre les parties[3].

Il appartient au conseil de préfecture de statuer, par application de l'article 4 de la loi du 28 pluviôse an VIII, sur les réclamations des particuliers se plaignant de torts ou dommages résultant de l'exécution des travaux publics, qu'il s'agisse de torts ou dommages éprouvés par les personnes aussi bien que de ceux qui sont causés aux propriétés[4].

Les contestations élevées, même par le syndic d'un entrepreneur agissant au nom de la masse des créanciers en nullité de la convention, intervenue entre l'administration et l'entrepreneur, portant résiliation d'un marché de travaux publics et réglant les conditions de la résilia-

---

[1] Décret du 12 décembre 1880.

[2] Cass. civ., 4 mars 1889, *Pal.*, 1890, 1, 157.

[3] Trib. confl., 25 avril 1885.

[4] Cons. d'Ét. cont., 8 août 1886, *Revue générale d'administration*, 1886, 3, 301.

tion, sont de la compétence exclusive du conseil de préfecture [1].

S'il appartient au juge de paix de vérifier les conditions de l'établissement de la servitude de drainage et d'en assurer l'exercice quand cet établissement est conforme aux lois, il ne peut, sans empiéter sur le domaine de l'autorité administrative, modifier l'affectation spéciale ou le mode d'exécution des travaux publics régulièrement décrétés par l'administration [2].

L'autorité judiciaire n'est pas compétente pour interpréter l'arrèté préfectoral portant autorisation d'effectuer des opérations d'études dans une propriété privée, lorsqu'une contradiction formelle s'élève sur le sens et l'étendue de l'autorisation accordée par l'autorité administrative [3].

Est de la compétence de l'autorité judiciaire, comme résultant d'un quasi-contrat, la demande tendant à obtenir une indemnité à raison des dommages causés à diverses parcelles de terrain occupées par l'autorité militaire, pour l'établissement d'un camp [4].

Les tribunaux civils sont compétents pour statuer sur la demande en réparation du dommage causé à la propriété d'un tiers par l'imprudence ou la négligence d'ouvriers chargés de l'exécution d'un travail communal lorsque, d'une part, le préjudice ne se rattache pas à l'exécution des travaux publics et n'en est pas la conséquence directe et immédiate, et lorsque, d'autre part, ces actes d'imprudence revêtent le caractère de délit, alors

---

[1] Cass. req., 15 juin 1887.
[2] Cass. civ., 29 octobre 1888, *Pal.*, 1889, p. 253.
[3] Trib. confl., 7 juillet 1888.
[4] Cons. d'Ét. cont., 3 août 1888.

même qu'aucune poursuite n'aurait été exercée devant la juridiction criminelle[1].

La gêne momentanée causée à la circulation d'une rue par l'exécution de travaux d'ouverture d'une rue transversale n'ouvre pas le droit à indemnité pour les propriétaires riverains si cette gêne n'excède pas, par sa durée ou sa gravité, la mesure des sujétions que les riverains des voies publiques sont tenus de supporter[2].

Les tribunaux ordinaires sont compétents pour connaître de la souscription, faite en vue de travaux publics, lorsqu'elle consiste exclusivement en une cession gratuite de terrains[3].

Le procès-verbal d'adjudication de travaux communaux, dressé en la forme administrative, a le caractère d'acte authentique et fait foi jusqu'à inscription de faux[4].

Constitue un marché de travaux publics et non un simple marché de fournitures, la convention par laquelle un particulier s'engage à livrer à une commune une certaine quantité d'eau, à faire les travaux de recherche et d'adduction des eaux depuis l'origine de la source jusqu'à la canalisation de la commune, à établir les tuyaux au

---

[1] Cass. civ., 15 janvier 1889, *Pal.*, 1889, p. 157. La doctrine qui découle de cet arrêt est en contradiction avec celle adoptée par le tribunal des conflits qui a jugé, à deux reprises, que, si l'acte délictueux n'a fait l'objet d'aucune poursuite correctionnelle, la compétence des juges ordinaires disparaît pour faire place à celle des tribunaux administratifs. Trib. confl., 17 janvier 1880, 17 avril 1886.

[2] Cons. d'Él. cont., 12 décembre 1884.

[3] Cass. civ., 18 janvier 1887, *Pal.*, 1887, p. 121. Le Conseil d'État admet la même doctrine (17 juillet 1862), mais le tribunal des conflits a pris parti pour la compétence des tribunaux administratifs (27 mai 1876, 11 janvier 1890).

[4] Cons. d'Ét. cont., 4 février 1887.

point de jonction, enfin à céder un périmètre de protection de la source vendue. Par suite, le litige né au sujet de cette convention est de la compétence de la juridiction administrative [1].

Les contestations relatives à l'éclairage au gaz d'une ville entre la compagnie concessionnaire et les abonnés sont de la compétence de l'autorité judiciaire, sauf renvoi préjudiciel à l'autorité administrative au cas où il y a lieu à interprétation du cahier des charges [2].

Mais les contestations pendantes entre la ville et le concessionnaire du service de l'éclairage sont de la compétence de la juridiction administrative, le cahier des charges de la concession constituant un marché de travaux publics [3].

Un contribuable n'est pas fondé, par application de l'article 123 de la loi du 5 avril 1884, au nom de la commune, à poursuivre devant le conseil de préfecture l'exécution du cahier des charges, lorsqu'aucune contestation ne s'élève entre la commune et l'entrepreneur au sujet du sens ou de la portée [d'un marché de travaux publics [4].

La juridiction administrative est compétente pour connaître de la demande formée par un usinier à l'effet d'obtenir la réparation du dommage résultant pour son usine de la dérivation de source par une ville, quoique la ville détourne un cube d'eau supérieur à celui prévu par le décret d'autorisation [5].

La compétence de l'autorité administrative en matière

---

[1] Trib. confl., 22 mars 1890.
[2] Cass. civ., 21 janvier 1890, *Pal*, 1890, p. 377.
[3] Cass. civ., 2 mars 1891, *Pal.*, 1891, p. 393.
[4] Cons. d'Ét. cont., 14 novembre 1890.
[5] Cons. d'Ét. cont., 4 juillet 1891.

de travaux publics est limitée aux difficultés qui s'élèvent entre les entrepreneurs et l'administration ; mais il appartient à l'autorité judiciaire de statuer sur toutes les autres contestations notamment de l'interprétation, au sujet de la demande d'un tiers qui s'en prévaut, des conventions passées entre l'administration et les entrepreneurs [1].

Si la loi accorde aux ouvriers et fournisseurs et par suite aux sous-traitants, un privilège sur les fonds de l'État affectés au paiement de l'entreprise, ceux-ci n'ont pas une créance directe contre l'entrepreneur substitué à l'entrepreneur primitif et n'ayant contracté aucune obligation envers eux [2].

Les demandes en garantie qui se rattachent à l'exécution des travaux publics sont de la compétence du conseil de préfecture comme celles tendant à la réparation du préjudice résultant de l'exécution de ces travaux [3].

Le délai de dix années pendant lequel peuvent être intentées les actions en responsabilité contre les architectes et les entrepreneurs de travaux publics communaux court, en principe, de la réception définitive ou, en cas de retard apporté à la réception définitive, de la prise de possession de l'immeuble entièrement terminé [4].

Droit comparé. — *Italie.* — Loi du 11 juillet 1889 sur les syndicats pour la construction des routes provinciales.

Espagne. — Loi du 3 mai 1890 additionnelle sur les travaux publics [5].

---

[1] Cass. civ., 13 juillet 1886, *Pal.*, 1887, p. 407. Cass. civ., 15 juin 1887, *Pal.*, 1888, p. 508. Cass. civ., 10 février 1891, *Pal.*, 1891, p. 627.

[2] Cass. civ., 10 février 1891, *Pal.*, 1891, p. 627.

[3] Trib. confl., 7 mai 1892.

[4] Cons. d'Ét. cont., 19 décembre 1890.

[5] *Ann. de législ. étr.*, année 1890, p. 416.

Égypte. — Décret du 26 août 1889 portant règlement pour le service de la voirie. — Arrêté ministériel réglementaire du 8 septembre 1889 [1].

New-York. — Chap. 308 des lois de 1889. Loi pour fixer le montant des salaires dans les travaux publics.

— Loi du 29 avril 1890 (chap. 218) abrogeant l'article 1 de la loi précitée.

Brésil. — Décret du 26 avril 1890 relatif à l'inspection générale des travaux publics.

Californie. — Loi du 18 mars 1885 sur les travaux publics communaux [2]. — Loi du 14 mars 1889 relative aux travaux dans les rues modifiant la précédente [3].

Costa-Rica. — Décret du 22 décembre 1889 portant interdiction de faire exécuter en régie les travaux importants [4]. — Décret du 22 décembre 1889 contenant règlement des conditions dans lesquelles le gouvernement doit traiter avec l'industrie privée [5].

USUFRUIT (*Enregistrement*). — **Jurisprudence.** — Lorsqu'il s'agit de la transmission gratuite de l'usufruit temporaire d'un immeuble rural, le droit de mutation doit être calculé sur la somme produite par le revenu annuel de l'immeuble donné en usufruit multiplié par le nombre des années assigné à l'usufruit et augmenté d'un quart [6].

---

[1] *Ann. de législ. étr.*, année 1889, pp. 877-878.

[2] *Ann. de législ. étr.*, année 1885, p. 641.

[3] *Ann. de législ. étr.*, année 1889, p. 903.

[4] *Ann. de législ. étr.*, année 1889, p. 954.

[5] *Ann. de législ. étr.*, année 1889, p. 955.

[6] Sol. Rég., 26 novembre 1890, *Pal.*, 1892, p. 128.

VALEURS MOBILIÈRES (Impôt sur les). — Législation. — La loi du 29 décembre 1884 dispose que les impôts établis par la loi du 28 décembre 1880 (cette loi soumet à l'impôt sur le revenu même les associations dans lesquelles les bénéfices ne doivent pas être distribués (art. 3) et prescrit que les droits de mutation par décès ou de donation seront perçus (art. 4) suivant les cas lors de l'accroissement survenu par suite des clauses de reversion contenues dans les statuts des sociétés ou associations civiles qui admettaient l'adjonction de nouveaux membres) doivent être appliqués « à toutes les congrégations religieuses autorisées ou non autorisées. »

On s'est posé la question de savoir si cette disposition de la loi de 1884 visait à la fois les deux impôts résultant de la loi de 1880 et par suite si les congrégations religieuses autorisées ou non autorisées étaient assujetties à la fois à l'impôt sur le revenu et au droit d'accroissement? Ou bien la loi de 1884, précisant davantage les dispositions de la loi de 1880, avait-elle entendu dire que les congrégations non autorisées seraient soumises à ces deux impôts (art. 3 et 4) et les congrégations autorisées seulement à l'impôt sur le revenu (art. 3). La question se résumait ainsi à savoir si le droit d'accroissement devait atteindre les congrégations autorisées. La question a été portée devant la Cour de cassation qui, dans un arrêt du 27 novembre 1889 (*Pal.*, 1890, 1, 1285), a déclaré les congrégations autorisées soumises au droit d'accroissement en se fondant sur la généralité des termes de la loi de 1884.

En présence de cet arrêt de la Cour suprême et pour couper court aux hésitations de l'administration, un député a proposé de faire état dans le budget de 1891 des ressources que devait donner le recouvrement de cet impôt, depuis 1884. Le débat s'est ainsi engagé ; il a donné lieu à de nombreux amendements et à une longue discussion tant à la Chambre qu'au Sénat. Mais l'article 19 de la loi de finances de l'exercice 1891 a été voté par le Parlement avec le chiffre proposé par la commission [1].

— La taxe sur le revenu des valeurs mobilières, fixée à 3 0/0 par les lois des 29 juin 1872, 21 juin 1875, 28 décembre 1880, 29 décembre 1884, a été augmentée de 1 0/0 par la loi du 26 décembre 1890 (art. 4). A partir du 1er janvier 1891, elle est fixée à 4 0/0. L'établissement de cette surtaxe a rencontré une vive résistance devant le Sénat. C'est qu'en effet elle a pour conséquence d'imposer au revenu des valeurs mobilières une charge qui n'est pas inférieure à 10 0/0 [2]. Mais elle était rendue nécessaire par les exigences budgétaires.

Droit comparé. — Voir : *Impôts.*

VENTE IMMOBILIÈRE. *(Enregistrement).* — **Jurisprudence.** — La disposition de la loi du 23 octobre 1884, ordonnant, en termes généraux et absolus, la restitution des droits de timbre, d'enregistrement et autres sur les ventes judiciaires d'immeubles dont le prix principal d'adjudication est inférieur à 2,000 francs, s'applique aux ventes judiciaires par licitation d'immeubles appartenant à des majeurs [3].

En cas de surenchère, la nouvelle adjudication se subs-

---

[1] Loi du 26 décembre 1890. Voir *Journ. off.* du 10 décembre 1890, *Déb. parl.*, p. 2504.

[2] Voir le rapport au Sénat de la commission du budget, *Journal officiel* du 14 décembre 1890, *Déb. parl.*, p. 1141.

[3] Cass. civ., 6 avril 1887, *Pal.*, 1887, p. 1066.

titue à la première et le nouveau prix a seul un caractère définitif; dès lors, la nouvelle adjudication d'un seul lot qui a fait l'objet d'une surenchère ne peut être traitée isolément comme une vente distincte donnant lieu à l'application de la loi du 23 octobre 1884, quand bien même le prix du lot surenchéri se trouverait inférieur à 2,000 francs, si ce prix, réuni à celui des autres lots, dépasse cette somme [1].

En cas de revente sur folle enchère, à la suite d'une surenchère du sixième, si le prix de la revente n'atteint pas 2,000 francs, les droits de timbre et d'enregistrement, perçus sur les actes de procédure de la surenchère, doivent être restitués, mais la restitution ne porte que sur les droits relatifs à la procédure de folle enchère et ne s'étend pas aux droits perçus sur les actes faits depuis le commencement des poursuites et notamment sur les actes antérieurs à l'adjudication primitive et à l'adjudication sur surenchère [2].

Pour l'application de la loi du 23 octobre 1884 qui autorise la restitution des droits de timbre, d'enregistrement, sur les ventes produisant un prix inférieur à 2,000 francs en principal, le prix principal est tout ce qui profite directement au vendeur, à ses créanciers ou autres ayants-cause; par suite, les frais de l'adjudication fol enchérie, les frais de l'adjudication sur folle enchère, payés par l'adjudicataire sur folle enchère ne doivent pas entrer en ligne de compte [3].

---

[1] Cass. civ., 18 mai 1887, *Pal.*, 1888, p. 937. V. Cass., 1er décembre 1891, *Pal.*, 1892, p. 36.

[2] Cass. civ., 14 janvier 1889, *Pal.*, 1890, p. 1149 et les conclusions de l'avocat général.

[3] Sol. Rég., 21 avril 1891, *Pal.*, 1892, p. 2, 32.

VOIRIE. — **Jurisprudence.** — En matière de contraventions de grande voirie, le recours incident du ministre, tendant au relèvement de l'amende prononcée par le conseil de préfecture n'est pas recevable s'il est formé plus de trois mois après l'arrêté attaqué[1].

Une compagnie de chemins de fer n'étant pas partie devant le conseil de préfecture dans une instance tendant à la répression des contraventions de grande voirie commises sur la voie ferrée n'a pas qualité, au cas où une vérification des clôtures de la voie est ordonnée, pour désigner un expert chargé de procéder à cette mesure d'instruction[2].

Le conseil de préfecture est saisi de la répression d'une contravention de grande voirie par l'acte du préfet lui déférant le procès-verbal; par suite, le vice résultant du défaut de citation, à l'origine de la poursuite, peut être couvert par la connaissance acquise du procès-verbal et l'opposition faite par le contrevenant à l'arrêté rendu contre lui par défaut[3].

Le propriétaire qui a pratiqué des fouilles dans le sol de la voie publique peut être condamné, par le juge des contraventions de grande voirie, en outre de l'amende, à la réparation du dommage causé, mais non à une indemnité représentative de la valeur des terres enlevées ayant une valeur industrielle[4].

VOITURES (Impôt sur les). — **Législation.** — L'article 3 de la loi de finances du 29 décembre 1884, en vue de

---

[1] Cons. d'Ét. cont., 17 juin 1887.
[2] Cons. d'Ét. cont., 28 mars 1890.
[3] Cons. d'Ét. cont., 7 mars 1890.
[4] Cons. d'Ét. cont., 12 novembre 1892.

mettre fin à des exemptions nombreuses en pratique, dispose que les personnes qui, possédant des chevaux et des voitures imposables, ont été omises aux rôles primitifs de la taxe spéciale, seront imposées par voie de rôles supplémentaires. L'inscription au rôle supplémentaire porte sur les possesseurs de voitures, chevaux, mulets, dès une époque antérieure au 1er janvier, non inscrits au rôle ordinaire. Elle a lieu sans préjudice des accroissements de taxe encourue pour défaut ou inexactitude de déclaration ; toutefois la taxe n'est due qu'à partir du 1er janvier de l'année pour laquelle le rôle primitif a été émis.

Jurisprudence. — N'est pas soumis à l'impôt sur les voitures le locataire de voitures et de chevaux conduits et entretenus par une personne au service de la compagnie bailleresse qui continue ainsi à les détenir par son préposé[1].

VOITURES PUBLIQUES. — **Législation.** — La loi de finances du 24 janvier 1892 contient diverses dispositions relatives à l'impôt sur les voitures publiques (art. 26, 27, 28) : 1° elle supprime, à partir du 1er avril 1892, la taxe additionnelle de 10 p. 0/0 établie par l'article 12 de la loi du 16 septembre 1871, sur le prix des places des voyageurs transportés par chemins de fer, voitures publiques, bateaux à vapeur ou autres consacrés au public ainsi que sur le prix de transport des bagages et des messageries à grande vitesse par les mêmes voies ; 2° elle supprime également, à partir de la même date, et en totalité, les taxes proportionnelles perçues sur les prix nets de transport en grande vitesse des messageries, denrées et bes-

---

[1] Cons. d'Ét. cont., 27 décembre 1889.

tiaux. Toutefois, les excédents de bagages, finances et chiens restent passibles de la taxe de 12 p. 0/0; 3° elle soumet, à dater de la même époque, les chemins de fer d'intérêt local et les tramways à traction mécanique, quelle que soit leur longueur, à une taxe proportionnelle de 3 p. 0/0 sur le prix des places des voyageurs et du transport des bagages en grande vitesse. Cependant les tramways, à traction mécanique, sur le réseau desquels le prix des places est inférieur à 0 fr. 30 peuvent être maintenus au droit fixe.

FIN.